PÓS-ESCRITO ÀS *MIGALHAS FILOSÓFICAS*

Vol. I

Dados Internacionais de Catalogação na Publicação (CIP)
(Câmara Brasileira do Livro, SP, Brasil)

Kierkegaard, Søren Aabye, 1813-1855.
 Pós-escrito às Migalhas filosóficas, vol. I
Søren Aabye Kierkegaard; tradução de Álvaro Luiz Montenegro Valls e Marília
Murta de Almeida. – Petrópolis, RJ : Vozes, 2013. (Coleção Pensamento Humano)

 Título original : Afsluttende uvidenskabelig Efterskrift til de philosophiske Smuler

 4ª reimpressão, 2025.

 ISBN 978-85-326-4628-6

 1. Apologética 2. Cristianismo – Filosofia I. Título. II. Série.

13-07221   CDD-198.9

Índices para catálogo sistemático:
1. Kierkegaard : Filosofia dinamarquesa   198.9

PÓS-ESCRITO CONCLUSIVO NÃO CIENTÍFICO ÀS *MIGALHAS FILOSÓFICAS*

Coletânea mímico-patético-dialética,
contribuição existencial, por Johannes Climacus

Editado por Søren Aabye Kierkegaard

Vol. I

Tradução de Álvaro Luiz Montenegro Valls e
Marília Murta de Almeida

EDITORA VOZES

Petrópolis

Tradução do original em dinamarquês intitulado
Afsluttende uvidenskabelig Efterskrift til de philosophiske Smuler

© desta tradução:
2013, Editora Vozes Ltda.
Rua Frei Luís, 100
25689-900 Petrópolis, RJ
www.vozes.com.br
Brasil

Todos os direitos reservados. Nenhuma parte desta obra poderá ser reproduzida ou transmitida por qualquer forma e/ou quaisquer meios (eletrônico ou mecânico, incluindo fotocópia e gravação) ou arquivada em qualquer sistema ou banco de dados sem permissão escrita da editora.

CONSELHO EDITORIAL	PRODUÇÃO EDITORIAL
Diretor	Anna Catharina Miranda
Volney J. Berkenbrock	Eric Parrot
	Jailson Scota
Editores	Marcelo Telles
Aline dos Santos Carneiro	Mirela de Oliveira
Edrian Josué Pasini	Natália França
Marilac Loraine Oleniki	Priscilla A.F. Alves
Welder Lancieri Marchini	Rafael de Oliveira
	Samuel Rezende
Conselheiros	Verônica M. Guedes
Elói Dionísio Piva	
Francisco Morás	
Teobaldo Heidemann	
Thiago Alexandre Hayakawa	
Secretário executivo	
Leonardo A.R.T. dos Santos	

Editoração: Maria da Conceição B. de Sousa
Diagramação: Sheilandre Desenv. Gráfico
Capa: WM design

ISBN 978-85-326-4628-6

Este livro foi composto e impresso pela Editora Vozes Ltda.

APRESENTAÇÃO
DA TRADUÇÃO BRASILEIRA

A obra *Afsluttende uvidenskabelig Efterskrift til de philosophiske Smuler*, de 1846, aqui traduzida, que a Editora Vozes agora traz a público, constitui um dos mais importantes escritos de Søren Kierkegaard, com o qual o autor, pela pena do pseudônimo Johannes Climacus, tentava encerrar, aos 33 anos, sua já alentada produção. O ano de 1846 foi, pode-se perfeitamente dizer, crítico para Kierkegaard, em que ele revisou seu projeto existencial e autoral. O *Pós-escrito conclusivo* situa-se, portanto, entre o primeiro e o segundo percurso da obra toda, inclusive comentando criticamente as obras anteriores, numa curiosa situação em que um autor pseudônimo resenha obras do autor real. Em termos filosóficos, este livro, que durante sua composição usava o título provisório de *Logiske Problemer af Johannes Climacus, udgivne af S. Kierkegaard* (Problemas lógicos de Johannes Climacus, editados por S. Kierkegaard), contém o núcleo de sua crítica à lógica hegeliana (mesmo que muitas vezes não esteja discutindo com o mestre e sim com seus epígonos, como Heiberg, Martensen, Adler ou Nielsen). O autor se apoia aqui, de maneira extremamente complexa, antes de mais nada em dois pensadores alemães, do século XVIII e do XIX: G.E. Lessing e F.A. Trendelenburg. E leva em conta também, com muita atenção, Pascal e Feuerbach. Além disso, ao final do 2º volume, veremos Kierkegaard assumir publicamente a responsabilidade civil por todos os escritos pseudônimos publicados até então.

Contendo esta obra, na edição de 2002 dos *Skrifter*, 573 páginas, nada pequenas, optamos por apresentá-la em dois volumes, tal como já o fizeram alemães e franceses. A tradução do segundo volume já está bastante avançada, e esperamos conseguir entregá-la completa dentro de aproximadamente mais um ano. Desta vez, além da inestimável ajuda de Else Hagelund (conterrânea do autor do original e incansável no acompanhamento do trabalho, linha por linha, quase palavra por palavra), contamos também com a competente colaboração de Marília Murta de Almeida, e graças a esta Mestre em Filosofia pela UFMG nossa tradução avançou mais rápido e talvez com um estilo melhor.

O trabalho foi meticuloso e escrupuloso. Marília, baseada nos Hong, digitou em português uma versão prévia, que foi sendo confrontada com uma leitura em voz alta do original dinamarquês por Else (que lia pela *SV3*) e com o volume 7 dos *SKS*, estudado palavra por palavra, vírgula por vírgula. A cada solução encontrada, conferíamos algumas das melhores traduções em outras línguas: no alemão, a de Hans Martin Junghans, editada por E. Hirsch (Gütersloh), e a da *DTV*, de B. e S. Diderichsen (apoiados por Niels Thulstrup, Hermann Diem e Walter Rest); no francês, a do verdadeiramente grande Paul Petit (Gallimard), e a de Paul-Henri Tisseau, das *Œuvres Complètes* (de l'Orante); em inglês, consultamos a mais antiga, de D.F. Swenson e W. Lowrie, a do casal Howard e Edna Hong (Princeton), e a de Alastair Hannay (Cambridge); no castelhano, lidamos com a mexicana, de Nassim Bravo Jordán (da Universidad Panamericana), e com a espanhola, de Javier Teira e Nekane Legarreta (editora Sígueme). Entre os bons dicionários, sempre que preciso fomos ao Molbech (de 1833) e ao Falk und Torp (etimológico). O resultado, bastante distinto da versão provisória, foi revisto quanto ao português por Marília.

Evitamos utilizar brasileirismos ou gíria (e nem temos culpa se Kierkegaard usava sempre o *tu* e não o *você*), mas também tratamos de acompanhar o autor tanto nos altos voos da especulação quanto nas brincadeiras e gracejos, nas ironias e eventualmente em algum sarcasmo. Climacus, pelo menos, é um autor que canta (ou até ri escondido) enquanto trabalha duro... Mas não é demais prevenir: algum termo mais chocante deve, em geral, estar traduzindo outro termo que, na língua materna deste autor, também era chocante ou irreverente. Recusamos, além disso, cortar os parágrafos, que muitas vezes são longos, e mantivemos em geral sua pontuação, com suas vírgulas e ponto e vírgula. Usamos também, como o autor, o "traço de suspensão", um travessão (–) equivalente às nossas reticências, pois indica – um suspense! Às vezes tivemos que ousar um pouco, justamente para sermos bem fiéis ao original. E embora saibamos que alguns consideram que uma tradução bonita nunca é fiel e que uma tradução fiel não pode ser bonita, demos o melhor de nossas forças para homenagear este autor, de quem festejamos em 2013 o bicentenário do nascimento, com um texto em nossa língua materna que, apesar de todas as nossas limitações, buscou ser de leitura estimulante e agradável, sem deixar de ser muito fiel. Pois cremos que existem sim as fiéis, porém bonitas, como também as bonitas, porém fiéis.

O aparato crítico que se encontra nas notas dessas edições foi para nós altamente esclarecedor, mas optamos por reduzir ao máximo a parte de erudição, em favor de notas de rodapé que muitas vezes apenas reproduzem o original dinamarquês. Nesses casos, ou é para que o leitor perceba qual termo o autor utilizou (p. ex., se escreveu *Individ* ou *den Enkelte*, se escreveu *Tilværelse* ou *Existents*), ou é para que o leitor brasileiro vá se familiarizando com o vocabulário essencial de Kierkegaard. Neste sentido, entendemos nossa tradução em primeiro lugar como um instrumento de trabalho, isto é, de estudo. Para paginação de referência optamos por indicar a 1ª edição dinamarquesa (*SV1*), tal como o fazem as *Gesammelte Werke*, os *Kierkegaards Writings* e a edição mexicana. O *Pós-escrito* por certo merece muitos volumes de explicações e referências eruditas, mas como em nosso idioma ele só era conhecido por umas 50 páginas dos *Textos selecionados* por Ernani C. Reichmann (dos anos 70), consideramos que traria maior proveito publicá-lo o mais rápido possível (ainda que em duas etapas, em dois volumes de texto), sem tantos comentários. Temos de agradecer sinceramente ao CNPq, que continua apoiando nossas investigações no campo, de modo que as próprias traduções são ao menos um produto marginal dessas pesquisas.

Álvaro L.M. Valls
Porto Alegre, Dezembro de 2012.

*Αλλά δη γ', ω Σωκρατες, τι οιει ταυτ'ειναι ξυναπαντα;
κνισματα τοι εστι και περιτμηματα των λογων,
'οπερ αρτι ελεγον,
κατα βραχυ διηρημενα.*

Hippias Maior, § 304. A

[Mas agora, Sócrates, a que pensas que tudo isso leva?
São, como eu disse há pouco, meras aparas e fragmentos de discursos, decompostos.]

SUMÁRIO

Vol. I

Prefácio, 11

Introdução, 15

Primeira parte – O problema objetivo da verdade do cristianismo, 25

Capítulo 1 A consideração histórica, 29
  § 1 A Sagrada Escritura, 30
  § 2 A Igreja, 40
  § 3 Os muitos séculos como prova da verdade do cristianismo, 51

Capítulo 2 A consideração especulativa, 55

Segunda parte – O problema subjetivo – A relação do sujeito com a verdade do cristianismo, ou o tornar-se cristão, 63

Seção 1 Algo sobre Lessing, 65

Capítulo 1 Expressão de gratidão a Lessing, 65

Capítulo 2 Teses possíveis e reais de Lessing, 75
  1 O pensador subjetivo existente presta atenção à dialética da comunicação, 76
  2 O pensador subjetivo existente, em sua relação existencial com a verdade, é tão negativo quanto positivo, tem tanto de cômico quanto essencialmente tem de *pathos*, e está continuamente em processo de vir-a-ser, i. é, está esforçando-se, 88
  3 Lessing disse *que verdades históricas contingentes nunca podem se tornar uma demonstração de verdades racionais eternas; e também que a transição, pela qual se quer construir sobre uma informação histórica uma verdade eterna, é um salto*, 97
  4 Lessing disse: *Se Deus me oferecesse, fechada em Sua mão direita, toda verdade, e em Sua esquerda o impulso único, sempre animado, para a verdade, embora com o acréscimo de me enganar sempre e eternamente, e me dissesse: Escolhe! – eu me prostraria com humildade ante Sua mão esquerda, e diria: Pai, dá-me! pois a verdade pura é de fato só para Ti e mais ninguém!*, 110

Seção 2 O problema subjetivo, ou como tem que ser a subjetividade, para que o problema possa se apresentar a ela, 133

Capítulo 1 O tornar-se subjetivo, 133

  Como a ética teria de julgar, caso o tornar-se subjetivo não fosse a mais alta tarefa posta a um ser humano; o que teria de ser desconsiderado na sua compreensão mais precisa; exemplos de um pensamento orientado ao tornar-se subjetivo, 133

Capítulo 2 A verdade subjetiva, a interioridade; a verdade é a subjetividade, 199

Apêndice – Olhada sobre um labor simultâneo na literatura dinamarquesa, 265

Vol. II

Capítulo 3 A subjetividade real, a [subjetividade] ética; o pensador subjetivo, 13
  § 1 O existir; realidade [*Virkelighed*], 13
  § 2 Possibilidade superior à realidade; realidade superior à possibilidade; a idealidade poética, intelectual; a idealidade ética, 32
  § 3 A contemporaneidade dos momentos particulares da subjetividade na subjetividade existente; contemporaneidade como oposição ao processo especulativo, 60
  § 4 O pensador subjetivo; sua tarefa, sua forma, i. é, seu estilo, 67

Capítulo 4 O problema das *Migalhas*: como pode uma felicidade eterna ser construída sobre um saber histórico?, 79

  Sectio I – Para a orientação no plano das *Migalhas*, 79

  § 1 Que o ponto de partida foi tomado no paganismo, e por quê?, 79
  § 2 A importância de um acordo provisório a respeito do que é o cristianismo, antes que se possa falar de uma mediação entre o cristianismo e a especulação; a ausência de um acordo favorece a mediação, embora sua ausência torne a mediação ilusória; o surgimento do acordo impede a mediação, 87
  § 3 O problema das *Migalhas* como um problema introdutório, não ao cristianismo, mas ao tornar-se cristão, 98

  Sectio II – O problema propriamente dito, 102

  A felicidade eterna do indivíduo é decidida no tempo através de uma relação para com algo histórico que, além disso, é histórico de tal modo que sua composição contém algo que, de acordo com sua natureza, não pode tornar-se histórico e que, então, deve se tornar tal em virtude do absurdo, 102

  A. O patético, 104

    Parêntese [*Mellemsætning*] entre A e B

  B. O dialético, 275

    Apêndice a B. A repercussão do dialético sobre o patético leva a um *pathos* mais agudo, e os momentos contemporâneos deste *pathos*

Capítulo 5 Conclusão, 303

Adendo – O entendimento com o leitor, 333

  – Uma primeira e última explicação, 341

PREFÁCIO
[VII V]

Raramente, talvez, um empreendimento literário foi tão favorecido pelo destino em relação aos desejos do autor como o foram minhas *Migalhas Filosóficas*. Cético e reticente em relação a qualquer opinião própria e autocrítica, ouso dizer, sem sombra de dúvida e com verdade, uma única coisa sobre o destino do pequeno opúsculo: ele não despertou nenhuma sensação, absolutamente nenhuma. Imperturbado, de acordo com o mote ("melhor bem enforcado do que mal casado"), o autor enforcado, sim, bem enforcado, permaneceu enforcado; ninguém, nem mesmo por gracejo, de brincadeira, lhe perguntou em favor de quem estava, a rigor, enforcado. Mas era assim que se preferia: melhor estar bem enforcado do que, por um casamento infeliz, aparentado com o mundo inteiro num cunhadio sistemático. Confiando na natureza daquele opúsculo eu esperava que isso houvesse de acontecer, mas em vista da alvoroçada efervescência de nossa época, em vista dos incessantes presságios da profecia, da visão e da especulação, temi ver meu desejo frustrado por algum engano. Mesmo quando se é um viajante muito sem importância, é sempre melindroso chegar a uma cidade na hora em que todos estão na mais tensa e, contudo, na mais diversificada expectativa, alguns com canhões montados e detonadores acesos, [VII VI] com fogos de artifício e estandartes iluminados de prontidão; alguns com a prefeitura festivamente decorada, todos os do comitê de recepção muito bem calçados, discursos prontos; alguns com a pena preparada para a urgência sistemática, e o vasto caderno de anotações aberto em antecipação à chegada *incognito* daquele que estava prometido: um engano é sempre possível. Equívocos literários desse tipo pertencem à ordem do dia.

Louvado seja o destino por isso não ter acontecido. Sem qualquer alvoroço, sem derramamento de sangue nem de tinta, o opúsculo permaneceu não noticiado, não foi resenhado nem mencionado em lugar algum; nenhum clangor literário sobre ele fez crescer a efervescência; nenhum clamor científico levou a extraviar-se a multidão esperançosa; com relação a ele nenhuma proclamação do posto supremo pôs de pé a burguesia do mundo literário. Tal como o empreendimento, por si mesmo, era destituído de toda feitiçaria, assim também o destino o dispensou de qualquer alarme falso. Graças a isso, o autor, *qua* autor, está também na afortunada posição de não dever absolutamente nada a ninguém, quero dizer, a resenhistas, críticos, intermediários, comitês de avaliação etc., àqueles que são, no mundo literário, tal como os alfaiates no mundo burguês, os que "criam os homens": eles fornecem a moda para o autor, o ponto de vista ao leitor, com cuja ajuda e arte um livro chega a ser alguma coisa. Mas então dá-se com esses benfeitores o mesmo que, de acordo com o dito de Baggesen, se dá com os alfaiates: "Em troca eles matam as pessoas com as contas a pagar pela criação". Acaba-se por dever tudo a eles, sem nem mesmo poder pagar, por esse débito, com um novo livro, pois a importância do novo livro, se tiver alguma, será, por sua vez, devida à arte e à ajuda de tais benfeitores.

Encorajado por esse favor do destino, tenho agora a intenção de prosseguir. Sem ter sido embaraçado por qualquer coisa ou por qualquer relação apressada com as exigências da época, seguindo apenas minhas motivações internas, continuo, como já o fazia, [VII VIII] a amassar meus pensamentos até que, segundo o meu conceito, a massa fique boa. Aristóteles, em algum lugar, diz que as pessoas agora instituíram a ridícula regra segundo a qual a narrativa deve ser rápida, e ele continua, "Aqui se aplica a resposta dada ao que preparava a massa, quando este pergunta se deve fazê-la rija ou macia: 'Ora, não é possível fazer a massa no ponto certo?'" A única coisa que temo é provocar sensação, especialmente a de aprovação. Embora nossa época seja despreconceituosa, liberal e especulativa, embora as demandas sagradas dos direitos pessoais advogadas por muitos estimados oradores sejam saudadas com aclamação, parece-me, todavia, que o problema em questão não é compreendido de modo suficientemente dialético, pois, de outro modo, dificilmente os esforços dos escolhidos seriam pagos com júbilo ruidoso, um triplo hurra à meia noite, procissões à luz de archotes, e outras intervenções perturbadoras do direito individual. Parece razoável que, em assuntos lícitos, cada um tenha o direito de fazer o que lhe aprouver. Uma interferência só se consuma quando o que uma pessoa faz põe a outra na obrigação de fazer algo em troca. Qualquer expressão de desagrado é portanto lícita, porque não interfere com uma obrigação na vida de outra pessoa. Assim, se a multidão apresenta a um homem um *pereat* [*lat.*: "que morra"], aí não ocorre a mínima interferência em sua liberdade; ele não é solicitado a fazer qualquer coisa; nada se exige dele. Ele pode, imperturbado, ficar refestelado em sua sala, fumar seu charuto, ocupar-se com seus pensamentos, divertir-se com sua amada, ficar à vontade em seu roupão, dormir tranquilamente como nos seus verdes anos – de fato, ele pode até ausentar-se, porque sua presença pessoal não é, de modo algum, requisitada. Mas com uma procissão à luz de archotes é diferente; se o homenageado está ausente, tem de correr logo para casa; se acabou de acender um gostoso charuto, deve livrar-se dele imediatamente; se já foi para a cama, tem de se levantar em seguida, quase não tem tempo de vestir as calças, e então tem de sair, de cabeça descoberta, ao ar livre para pronunciar um discurso. [VII VIII] O que se aplica a proeminentes individualidades, em relação a tais manifestações de uma multidão popular, também se aplica do mesmo modo a nós, gente humilde, em uma escala menor. Um ataque literário, p. ex., não constitui uma interferência na liberdade pessoal do autor; pois – por que não seria permitido a cada um expressar sua opinião? E aquele que foi atacado pode calmamente dirigir-se a seu trabalho, encher seu cachimbo, deixar o ataque sem ser lido etc. Uma aprovação, pelo contrário, é mais questionável. Uma resenha crítica que expulsa alguém do campo da literatura não constitui uma interferência, porém uma resenha crítica que lhe designa um lugar dentro deste campo é de se desconfiar. Um transeunte que ri de alguém não o obriga a fazer absolutamente nada; pelo contrário, antes lhe fica devendo alguma coisa, porque este lhe deu uma oportunidade de rir. Cada um se ocupa com seus negócios sem qualquer reciprocidade que perturbe ou obrigue. Um transeunte que olha com arrogância para alguém, e com seu olhar sugere que o considera indigno de uma saudação, não o obriga a fazer nada; ao contrário, ele o libera de fazer uma coisa, dispensa-o da inconveniência de tirar o chapéu. Um admirador, ao contrário, não é tão fácil de se descartar. Seus delicados obséquios facilmente se transformam numa imposição tão grande para o coitado do admira-

do que, antes de se dar conta, tem graves taxas e tributos impostos pela vida afora, ainda que fosse o mais independente de todos. Se um autor toma emprestada uma ideia de um outro autor sem nomeá-lo, e faz um mau uso daquilo que tomou emprestado, não interfere nos direitos pessoais do outro. Mas se ele nomeia seu autor, talvez até com admiração, como aquele em relação ao qual está em débito – por aquilo de que fez mau uso, aí o constrange em alto grau. Por isso, compreendido dialeticamente, o negativo não é uma interferência, mas só o positivo o é. Que estranho! Tal como aquela nação amante da liberdade da América do Norte inventou a punição mais cruel, o silêncio: assim também uma época liberal e despreconceituosa inventou a mais antiliberal das chicanas – procissões à luz de archotes à noite, aclamações três vezes ao dia, um triplo *hip-hip-hurra* para os grandes, e semelhantes chicanas em menor escala para a gente humilde. O princípio da associação coagida[1] é precisamente não liberal.
[VII IX]

O que aqui se oferece é outra vez um opúsculo *proprio marte, proprio stipendio, propriis auspiciis* [*lat.*: por mão própria, por custo próprio, por interesse próprio]. O autor é proprietário à medida que é o possuidor privado de qualquer pequena migalha que possui, mas, por outro lado, está tão longe de possuir servos quanto de ser ele mesmo um desses. Sua esperança é que o destino novamente favoreça este pequeno empreendimento e, acima de tudo, o poupe da eventualidade tragicômica de que um ou outro vidente, em profunda seriedade, ou um *Gaudieb* [*al.*: gatuno], por pilhéria, apareça e faça a época presente imaginar que isto que aí segue é algo de importante, e depois vá embora deixando o autor empenhado, como aquele jovem campônio que foi penhorado[2].

J.C.

---

1. *Socialitetens Princip.*

2. Referência à comedia de L. Holberg (1684-1754) *Den Pantsatte Bonde-Dreng* (O campônio no penhor).

INTRODUÇÃO
[VII 1]

Talvez te lembres, meu querido leitor, de que havia uma observação ao final das *Migalhas filosóficas*, algo que parecia ser a promessa de uma continuação. Considerada como uma promessa, aquela expressão ("se algum dia eu chegar a escrever uma continuação") era certamente tão negligente quanto possível, tão distante quanto possível de um compromisso solene[3]. Não me senti, portanto, de maneira nenhuma amarrado por aquela promessa, ainda que desde o início tivesse a intenção de cumpri-la, e que os pré-requisitos para tanto já estivessem prontos ao mesmo tempo em que ela. Por conseguinte, a promessa poderia muito bem ter sido feita com grande solenidade, *in optima forma* [lat.: na melhor forma]; mas teria sido incoerente publicar um opúsculo constituído de tal forma a não ser capaz de, e a não querer, causar sensação, e então fazer nele uma promessa solene que, quando nada, por certo causa uma sensação e certamente teria causado uma enorme sensação. Sabes como essas coisas acontecem. Um autor publica um livro de muito bom tamanho; nem se passaram ainda oito dias, quando, por acaso, conversa com um leitor que, de modo cortês e simpático, pergunta, no ardor do entusiasmo, se não vai escrever logo outro livro. O autor fica encantado: ter um leitor que tão rapidamente lê de ponta a ponta um livro grande e, apesar da labuta, conserva o prazer. Ah, pobre autor enganado! No curso da conversa, aquele simpático e interessado leitor, que tão ardentemente aguarda pelo novo livro, admite, sim, ele admite que ainda não o leu, e que provavelmente nunca vai achar tempo para fazê-lo, mas que, em uma reunião social [VII 2] de que participou ouviu uma menção a um novo livro do mesmo autor, e ter certeza no assunto lhe interessa extraordinariamente. – Um autor publica um escrito e pensa mais ou menos assim: Agora tenho um mês de folga até que os senhores críticos consigam lê-lo até o fim. O que acontece?

---

3. *Tro-Lovelse:* lit. *promessa de fidelidade, noivado.*

Três dias depois, aparece um grito de alarme, sob a forma de uma apressada recensão, que finaliza com uma promessa de uma resenha crítica. Este alarme desperta uma formidável sensação. Pouco a pouco, o livro é esquecido; a resenha jamais aparece. Dois anos depois, surge uma conversa sobre aquele livro num certo grupo, e alguém bem informado o evoca à recordação dos que o esqueceram dizendo: Era aquele escrito, lembram, que foi resenhado por Fulano de tal. É assim que uma promessa satisfaz as exigências do tempo. Primeiro ela desperta a enorme sensação, e dois anos mais tarde quem fez a promessa ainda desfruta da honra de ser tido por aquele que a cumpriu. Pois a promessa interessa; mas se ele a cumprisse, só se teria prejudicado; pois a sua realização não interessa.

[VII 3] No que toca à minha promessa, sua forma displicente não era por acaso; pois a própria promessa, considerada *realiter* [*lat.*: realisticamente], não era nenhuma promessa, uma vez que ela já tinha sido cumprida no próprio opúsculo. Se se quer dividir um tema em uma parte mais fácil e uma mais difícil, o autor que faz a promessa comporta-se assim: começa com a parte mais fácil e promete a parte mais difícil como continuação. Uma tal promessa mostra seriedade e, sob todos os aspectos, merece ser aceita. Ao contrário, mostra mais leviandade quando ele apronta a parte mais difícil, e então promete uma continuação, especialmente uma de tal tipo que qualquer leitor que apenas tenha lido com atenção toda a primeira parte, caso de resto esteja provido da formação necessária, possa escrevê-la ele mesmo – se achar que vale a pena.

É esse o caso das *Migalhas filosóficas*: a continuação, como foi mencionado, deveria apenas dar ao problema uma vestimenta histórica. O problema era o difícil – se é que havia algo difícil em toda a questão; a vestimenta histórica é bastante fácil. Sem querer ofender ninguém, sou da opinião de que nem todo jovem graduado em Teologia teria sido capaz de apresentar o problema nem ao menos com o mesmo ritmo dialético com o qual isso está feito no opúsculo; sou também da opinião de que nem todo jovem graduado em Teologia, após ler o opúsculo, seria capaz de colocá-lo de lado e então, por conta própria, apresentar o problema com a mesma clareza dialética com a qual ele é elucidado no opúsculo. No que tange à continuação, de qualquer modo, permaneço convencido, ainda que sem saber se esta convicção lisonjearia alguém, de que todo jovem graduado em Teologia será capaz de escrevê-la – contanto que seja capaz de copiar as intrépidas e dialéticas posições e movimentos. – Essa era a natureza da promessa de continuação. Está, pois, correto que ela seja realizada num pós-escrito, e o autor não pode ser acusado daquela prática feminina de dizer a coisa mais importante, se é que toda esta questão tem alguma importância, em um pós-escrito. No essencial, não há continuação. Em outro sentido, a continuação poderia tornar-se interminável conforme a sabedoria e erudição daquele que pusesse o problema numa vestimenta histórica. Honra e glória ao saber e ao conhecimento; louvado seja aquele que domina o conteúdo material com a certeza do conhecimento, com a confiabilidade da autópsia. Mas, o dialético é, contudo, a força vital neste problema. Se o problema não ficar explicado em sua dialética, e se, por outro lado, um raro conhecimento e uma grande perspicácia forem aplicados aos pormenores, o problema se tornará mais e mais difícil para o que estiver interessado nele dialeticamente. Não se pode negar que, a respeito daquele problema, em termos de sólida erudição, perspicácia crítica e habilidade organizadora, muita coisa magnífica foi realizada por homens por quem o presente autor possui uma profunda veneração e cuja orientação em seu tempo de estudante ele desejou ser capaz de seguir com um talento maior do que o que possui, até que, com uma mistura de sentimentos de admiração por esses homens eminentes e de desalento em seu infortúnio desamparado e cheio de dúvidas, ele considerou ter descoberto que, a despeito daqueles excelentes esforços, o problema não tinha sido desenvolvido, mas reprimido. Se então a deliberação dialética nua mostra que *não há nenhuma aproximação*, que é um equívoco, uma *ilusão, querer introduzir-se* assim *quantitativamente na fé*; que é uma *tentação*[4] para o *crente* querer se preocupar com tais deliberações, uma tentação, contra a qual ele, mantendo-se na paixão da fé, deve combater com todas as forças, para que não acabe tendo êxito (NB: pela rendição à tentação, portanto pela maior das desgraças) em transformar a fé em alguma outra coisa, num outro tipo de certeza, substituindo-a pela probabilidade e pelas garantias, que haviam sido justamente desdenhadas quando ele, ainda no início, fez a transição qualitativa

---

4. *Anfægtelse*

do salto de não crente para crente – se este é o caso: então talvez todo aquele que, não completamente leigo na ciência erudita e não sem boa vontade para aprender, assim o compreendeu, também terá sentido o aperto de sua posição quando, em admiração, aprendeu a encarar modestamente sua própria insignificância com relação aos notáveis pela erudição e discernimento e merecida fama, de modo que, procurando a falha em si mesmo, repetidas vezes retornou a eles, e quando, em desalento, teve que dar razão a si próprio. A intrepidez dialética não se adquire tão facilmente, e o sentimento do próprio estado de abandono, embora se creia estar com a razão, o adeus à admiração por aqueles mestres confiáveis, [VII 4] são seu *discrimen* [*lat.*: sua prova decisiva]. A relação para com o dialético efetuada sob a forma de introdução pode ser comparada com a relação de um orador para com ele. O orador reclama o direito de falar e desenvolver seus argumentos em um discurso coerente; o outro o deseja também, já que espera aprender algo dele. Mas o orador tem raros talentos, tem grande conhecimento das paixões humanas, tem o poder da fantasia para representar e tem à sua disposição o horror, para o instante da decisão. Então ele fala; ele arrebata; o ouvinte fica perdido entre suas descrições; sua admiração pelo notável orador o coloca numa devoção feminina, ele sente seu coração bater, toda sua alma está comovida: agora o orador concentra toda seriedade e horror em sua figura; ordena que se cale toda objeção, deposita sua causa ante o trono do Onisciente, pergunta se alguém, sinceramente diante de Deus, ousa negar aquilo que apenas o mais ignorante, o mais desgraçadamente extraviado ousa negar; com suave emoção acrescenta a exortação a não ceder a tais dúvidas; a única coisa terrível é cair na tentação de fazê-lo; ele reconforta o aflito, arranca-o do pavor, como uma mãe faz com sua criança, que se sente protegida pelas mais ternas carícias: e o coitado do dialético vai para casa desconsolado. Ele percebe decerto que o problema ainda não foi exposto, e muito menos resolvido, mas ele ainda não tem bastante força para se contrapor vitoriosamente à força da eloquência. Com o amor infeliz da admiração, ele aqui compreende que também na eloquência tem de haver, afinal, uma enorme justificação. Quando então o dialético se libertou da hegemonia do orador, chega o sistemático e declara com a ênfase da especulação: só na conclusão do todo todas as coisas se esclarecerão. É importante aguentar então aqui por um longo tempo, antes que venha ao caso atrever-se a externar uma dúvida dialética. É claro que o dialético ouve com assombro o mesmo sistemático dizer: que o sistema ainda não está pronto. Ai, então só na conclusão tudo se tornará claro, mas ainda não há uma conclusão. O dialético, porém, ainda não adquiriu a intrepidez dialética, caso contrário este destemor logo o ensinaria a sorrir ironicamente sobre uma tal sugestão, na qual o prestidigitador a tal ponto protegeu-se com evasivas; pois é de fato ridículo tratar tudo como se já estivesse pronto e aí concluir dizendo que a conclusão está faltando. Com efeito, se está faltando a conclusão na conclusão, então falta também no início. Isso deveria, portanto, ter sido dito no início. Mas, se falta a conclusão no início, quer dizer: que não há nenhum sistema. [VII 5] Uma casa pode, com certeza, estar pronta, e pode estar faltando o cordão da sineta, mas em relação a uma construção científica a falta de uma conclusão tem o poder retroativo de tornar o início duvidoso e hipotético, ou seja, assistemático. Assim seria com a intrepidez dialética. Mas o dialético ainda não a adquiriu. Consequentemente, com recato juvenil, ele se abstém de qualquer conclusão no que se refere à ausência de uma conclusão – e, cheio de esperança, começa seu trabalho. Então ele lê, e se deixa surpreender, a admiração o cativa; ele se inclina ante o poder superior; lê e torna a ler e compreende alguma coisa, mas, acima de tudo, espera pelo reflexo esclarecedor que a conclusão há de lançar sobre o todo. E termina de ler o livro, mas sem ter encontrado exposto aquele problema. E o jovem dialético ainda possui toda a entusiástica confiança da juventude naquela renomada pessoa; sim, como uma donzela que só tem um único desejo, o de ser amada por um certo alguém, assim também ele uma só coisa deseja – converter-se em pensador; ai, e a pessoa tão famosa é quem tem em seu poder decidir o seu destino; pois se não a compreender, ele será rejeitado e com seu desejo único terá naufragado. Por isso, não ousa ainda confiar-se a alguém e colocá-lo a par de seu infortúnio, da vergonha de não compreender aquela pessoa renomada. Então recomeça do início, traduz para sua língua materna as passagens mais importantes, para certificar-se de que as compreende e de que não deixou passar desapercebida alguma coisa e, com isso, talvez tenha deixado de ver algo sobre o problema (pois não consegue compreender de jeito nenhum que o problema pudesse não ser encontrado); ele aprende de cor muito do que leu; assinala o curso do pensamento; leva o problema consigo por onde quer que vá, ocupando-se com ele; rasga as notas em pedacinhos e faz novas anotações: o que é que a gente não faz por causa de seu único desejo! Assim ele chega pela segunda vez ao final do livro, mas ainda não chegou perto do problema. Então ele compra um novo exemplar do mesmo livro, para não se deixar perturbar por recordações desanimadoras, viaja para um lugar desconhecido a fim de conseguir começar com novas forças – e o que acontece? Então ele persiste nesse caminho até que por fim aprende a intrepidez dialética. E aí o que acontece? Aí ele aprende a dar a César o que é de César: à renomada pessoa, sua admiração, mas também a agarrar com firmeza o seu problema, a despeito de todas as celebridades.

A introdução científica distrai com sua erudição, e a aparência que surge é a de que o problema esteja formulado no momento em que o douto pesquisar atingiu o seu máximo, i. é, como se o esforço crítico e erudito rumo à completude fosse a mesma coisa que o esforço rumo ao problema; o discurso retórico distrai por intimidar o dialético; a tendência sistemática promete tudo e não cumpre absolutamente nada. Desse modo, o problema não se apresenta por nenhum desses três caminhos e, especialmente, [VII 6] não pelo sistemático. Pois o sistema pressupõe a fé como dada (um sistema que não tem pressuposições!), em seguida, pressupõe que deveria interessar à fé compreender-se de um modo que não significasse permanecer na paixão da fé, o que é uma pressuposição (uma pressuposição para um sistema que não tem pressuposições!), e uma pressuposição ofensiva para a fé, uma pressuposição que mostra precisamente que a fé jamais foi o dado. A pressuposição do sistema de que a fé esteja dada dissolve-se em uma presunção na qual o sistema presumiu que sabia o que é a fé.

O problema que foi apresentado naquele opúsculo, ainda que sem a pretensão de tê-lo resolvido, já que o opúsculo queria tão somente apresentá-lo, era o seguinte: *Pode haver um ponto de partida histórico para uma consciência eterna? Como pode um tal ponto de partida interessar-me mais do que historicamente? Pode-se construir uma felicidade eterna sobre um saber histórico?* (Cf. a página de rosto). No opúsculo mesmo (p. 155), estava dito: "Como se sabe, o cristianismo é, com efeito, o único fenômeno histórico que, apesar de histórico, melhor dito, precisamente por causa do histórico, pretendeu ser para o indivíduo o ponto de partida de sua consciência eterna, pretendeu interessar-lhe de uma outra maneira que não a meramente histórica, pretendeu fundamentar-lhe a sua salvação em sua relação a algo histórico". Desse modo, o que está em questão no problema, em vestimenta histórica, é o cristianismo. Assim, o problema está relacionado ao cristianismo. Menos problematicamente na forma de um tratado, o problema poderia ter a seguinte redação: sobre as pressuposições apologéticas da fé, passagens aproximativas e prelúdios à fé, a introdução quantitativa à decisão da fé. O que haveria então para discutir seria um conjunto de considerações que são ou foram discutidas pelos teólogos em disciplinas introdutórias, na introdução à Dogmática, na Apologética.

Entretanto, com o intuito de evitar confusão, deve-se imediatamente relembrar que o problema não é o da verdade do cristianismo, mas sim sobre a relação do indivíduo com o cristianismo; por conseguinte, não é sobre o zelo sistemático, de um indivíduo indiferente, por arrumar as verdades do cristianismo em §§ (parágrafos), mas antes sobre o cuidado, do indivíduo infinitamente interessado, por sua própria relação com uma tal doutrina. Para exprimir isso do modo mais simples possível (usando a mim mesmo como num experimento): [VII 7] "Eu, Johannes Climacus, nascido e criado nesta cidade e tendo agora trinta anos de idade, um ser humano comum como a maioria das pessoas, assumo que o maior dos bens, chamado felicidade eterna, espera por mim do mesmo modo como espera por uma empregada doméstica ou um professor. Ouvi dizer que o cristianismo é um pré-requisito a este bem. E agora pergunto como posso entrar em relação com esta doutrina". "Que atrevimento sem igual", escuto um pensador dizer, "que horrível vaidade atrever-se a dar tal importância a um pequeno si-mesmo, neste mundo preocupado com a história universal, neste teocêntrico e especulativamente importante século dezenove". Isso me dá calafrios; se eu não me tivesse calejado contra os mais variados terrores, decerto teria colocado o rabo entre as pernas. Mas nesse aspecto eu me acho livre de qualquer culpa, pois não fui eu que me tornei tão atrevido por conta própria; é o cristianismo justamente que me compele a isso. Este atribui um peso de qualidade inteiramente diferente ao meu pequeno eu, e a todo e qualquer pequeno eu, já que deseja torná-lo eternamente feliz, se este tiver bastante sorte para ingressar nele. Ou seja, sem ter compreendido o cristianismo – já que eu apenas exponho o problema – pelo menos isso eu compreendi: que esse deseja fazer o indivíduo[5] eternamente feliz, e que pressupõe justamente neste indivíduo aquele interesse infinito pela própria felicidade como *conditio sine qua non* [*lat.*: condição imprescindível], um interesse com o qual este odeia pai e mãe, e assim também por certo desdenha sistemas e visões panorâmicas histórico-universais. Embora permanecendo do lado de fora, pelo menos isso eu compreendi, que o único crime imperdoável de lesa-majestade contra o cristianismo ocorre quando um indivíduo qualquer[6] supõe como já dada, sem mais nem menos, a sua relação para com ele. Por mais modesto que pudesse parecer, dado assim de lambuja, o cristianismo considera isso precisamente como insolência. Por isso, tenho de recusar, com o maior respeito, todo o apoio dos auxiliares teocêntricos e dos auxiliares de auxiliares que desse modo querem auxiliar-me a ingressar no cristianismo. Prefiro, portanto, permanecer onde estou, com meu interesse infinito, com o problema, com a possibilidade. De fato, não é impossível que aquele que esteja infinitamente interessado em sua própria felicidade eterna possa um dia tornar-se eternamente bem-aventurado; ao contrário, é certamente impossível que aquele que perdeu o senso para isso (o que afinal não pode ser outra coisa senão um cuidado *infinito*) consiga tornar-se eternamente bem-aventurado. Sim, uma vez perdido, talvez seja impossível obtê-lo de volta. [VII 8] As cinco virgens tolas tinham perdido a paixão da esperança. Por isso a lamparina apagou. Aí se ouviu um grito, avisando que o noivo estava chegando. Então elas correram até o mercador e compraram novo óleo, e queriam começar outra vez e deixar tudo por esquecido. Compreende-se, tudo foi realmente esquecido. A porta estava fechada e elas trancadas do lado de fora, e quando elas bateram à porta, o noivo lhes disse: eu não as conheço. E isso não era nenhum gracejo do noivo, mas uma verdade, pois num sentido espiritual elas se tinham tornado irreconhecíveis por terem perdido a paixão infinita.

    O problema objetivo seria então: o da verdade do cristianismo. O problema subjetivo é: o da relação do indivíduo com o cristianismo.

---

5. *den Enkelte*

6. *det enkelt Individ*

Dito de forma simples: Como posso, eu, Johannes Climacus, tomar parte na bem-aventurança que o cristianismo promete? O problema concerne apenas a mim: em parte porque, se for corretamente apresentado, há de concernir a todos do mesmo modo; e em parte porque todos os outros afinal de contas já têm a fé como algo dado, como uma bagatela que não consideram muito valiosa, ou como uma bagatela que só tem valor quando adornada com algumas provas. Portanto, a apresentação do problema não é falta de modéstia de minha parte, mas apenas uma espécie de loucura.

    Para que o meu problema possa agora se tornar bem nítido, apresentarei primeiro o problema objetivo e mostrarei como ele é tratado. Com isso, far-se-á justiça ao histórico. Depois apresentarei o problema subjetivo. Isso é, no fundo, mais do que a prometida continuação revestida do traje histórico, já que este traje já é fornecido à simples menção da palavra "cristianismo". A primeira parte é a continuação prometida; a segunda parte é uma tentativa renovada no mesmo sentido do opúsculo, uma nova abordagem do problema das *Migalhas*.

PRIMEIRA PARTE
O problema objetivo da verdade do cristianismo

[VII 11] Para a consideração objetiva, o cristianismo é uma *res in facto posita* [*lat.*: algo dado de fato], cuja verdade é questionada, contudo, de modo puramente objetivo, pois o modesto sujeito é objetivo demais para não deixar a si mesmo de fora ou ainda, *ohne weiter* [*al.*: sem mais nem menos], para incluir a si mesmo como alguém que facilmente possui a fé. Compreendida objetivamente, portanto, a verdade pode significar: (1) a verdade histórica; (2) a verdade filosófica. Considerada como verdade histórica, a verdade deve ser descoberta por um exame crítico das várias informações etc.; em resumo, do mesmo modo pelo qual uma verdade histórica é normalmente descoberta. Quando se pergunta pela verdade filosófica, aí se pergunta pela relação de uma doutrina, historicamente dada e ratificada, com a verdade eterna.

O sujeito que investiga, que especula e que se informa pergunta, assim, pela verdade, mas não pela verdade subjetiva, a verdade da apropriação. O sujeito que investiga está assim interessado, é claro, mas não está interessado pessoalmente, de modo infinito, na paixão que visa à sua bem-aventurança eterna, por sua relação com essa verdade. Que fique bem longe do sujeito objetivo tal falta de modéstia, tal vaidade.

O sujeito investigador tem então de estar num desses dois casos: ele tem de estar convencido, na fé, da verdade do cristianismo e de sua relação para com este, e, nesse caso, é decerto impossível que todo o resto possa interessar infinitamente, pois afinal de contas a fé é justamente o infinito interesse pelo cristianismo [VII 12], sendo qualquer outro interesse facilmente uma tentação; ou ele não está na fé, mas objetivamente na observação e, como tal, não está infinitamente interessado na decisão do problema.

Que isso fique aqui apenas dito previamente para chamar atenção ao que vai ser exposto na Segunda Parte: que por esse caminho o problema jamais surgirá de forma decisiva, isto é, nem se apresenta, porque o problema reside precisamente na decisão. Mesmo que o pesquisador científico trabalhe com zelo infatigável, mesmo que abrevie sua vida no serviço entusiástico da ciência; mesmo que o pensador especulativo não poupe tempo nem aplicação: eles não estão, no entanto, infinitamente, pessoalmente, apaixonadamente interessados; ao contrário: nem mesmo querem estar. Sua observação pretende ser objetiva, desinteressada. No que tange à relação do sujeito com a verdade reconhecida, aí se supõe que, tão logo a verdade objetiva tenha sido alcançada, a apropriação[7] fica sendo coisa de pouca monta, segue como um brinde, e *am Ende* [al.: em última análise], tudo o que tem a ver com o indivíduo é indiferente. Nisso se baseia, justamente, a realçada calma do pesquisador e a cômica irreflexão de quem apenas conversa sobre o que leu.

---

7. *Tilegnelsen*

CAPÍTULO 1
A consideração histórica

Quando se examina o cristianismo como um documento histórico, o importante é obter informações inteiramente confiáveis sobre o que a doutrina cristã propriamente é. Se o sujeito investigador estivesse infinitamente interessado em sua relação para com esta verdade, iria nesse ponto logo desesperar, porque nada é mais fácil de perceber do que isso, que em relação ao histórico a maior de todas as certezas ainda é apenas uma *aproximação*, e uma aproximação é algo pequeno demais para que se construa sobre ela alguma felicidade, e é tão diferente da felicidade eterna que nenhum resultado pode surgir dela. Entretanto, dado que o sujeito pesquisador só está interessado do ponto de vista histórico (quer ele, como crente, esteja ao mesmo tempo infinitamente interessado na verdade do cristianismo, o que faria com que todo o seu esforço pudesse facilmente envolvê-lo em várias contradições; quer ele permaneça do lado de fora, mesmo que sem nenhuma decisão apaixonadamente negativa como não crente), ele começa então seu trabalho, seus imensos estudos para os quais ele mesmo dará novas contribuições até o seu septuagésimo aniversário; [VII 13] quatorze dias antes de sua morte ele está, justamente, prevendo um novo escrito que irá lançar luz sobre todo um aspecto da discussão. Um estado de alma tão objetivo é, se a contradição não é um epigrama sobre ele, um epigrama sobre ele, um epigrama sobre a inquietude da subjetividade infinitamente interessada, que afinal bem que deveria ter respondido tal problema, que concerne à decisão sobre sua felicidade eterna, e que, em todo caso, por nenhum preço ousaria renunciar a seu infinito interesse, até o último momento.

Quando se pergunta historicamente sobre a verdade do cristianismo, ou sobre o que é ou o que não é a verdade do cristianismo, a Sagrada Escritura imediatamente se apresenta como um documento decisivo. A consideração histórica concentra-se por isso em primeiro lugar sobre a Bíblia.

§ 1
A Sagrada Escritura

Aqui o importante para o pesquisador é assegurar-se o máximo de confiabilidade possível; para mim, ao contrário, o que importa não é mostrar algum conhecimento científico, ou que não tenho nenhum. Segundo minha ponderação, é mais importante que seja compreendido e recordado o seguinte: que mesmo com a mais estupenda erudição e perseverança, e mesmo se as cabeças de todos os críticos estivessem montadas em um único pescoço, não se chegaria jamais a nada além de uma aproximação, e que há uma discrepância essencial entre isso e um interesse pessoal e infinito na própria felicidade eterna[8].

[VII 14] Se a Escritura é vista como o refúgio seguro, que decide o que o cristianismo é e o que ele não é, o importante é assegurar a Escritura de modo histórico-crítico[9].

Discute-se aqui então: a canonicidade de cada um dos livros, sua autenticidade, integridade, a axiopistia do autor, e uma garantia dogmática é posta: a inspiração[10]. Quando se pensa no trabalho

---

8. Ao enfatizar esta contradição, o opúsculo *Migalhas filosóficas* salientou ou anunciou o problema: o cristianismo é algo de histórico (em relação ao qual o mais elevado conhecimento é apenas uma aproximação, a mais magistral consideração histórica é apenas o mais magistral "tão-bom-quanto", ou "quase"), e contudo, *qua* histórico, e precisamente por meio do histórico, se propõe a ter significação decisiva para a felicidade eterna de alguém. Disso decorre naturalmente que a modesta realização do opúsculo consistiu apenas em apresentar o problema, desembaraçá-lo de toda tagarelice e de toda tentativa especulativa de explicação, a qual de fato só explica que o explicador pura e simplesmente não sabe do que é que trata a questão.

9. Ora, acontece que o dialético não pode ser excluído. Pode ser que uma geração, ou talvez duas, possam passar seus anos na presunção de ter encontrado um tapume que seria o fim do mundo e do dialético: não adianta nada. Desse modo, por um longo tempo julgou-se possível deixar o dialético fora do âmbito da fé, dizendo-se que a convicção desta se baseava na autoridade. Se alguém quisesse então interrogar, i. é, discutir dialeticamente com o crente, este, com uma certa *unbefangen* [*al.*: desinibida] franqueza colocaria a questão deste modo: eu não posso nem devo poder prestar contas disso, porque eu me amparo confiado em outros, na autoridade dos santos etc. Isto é uma ilusão, pois a dialética apenas se volta e interroga, i. é, discute com ele dialeticamente sobre o que seria então autoridade e por que razão ele agora considera esses santos como autoridade. Ela discute, portanto, dialeticamente com ele não sobre *a fé* que ele tem *ao confiar neles*, mas sobre *a fé* que ele deposita *neles*.

10. A desproporção [*Misforholdet*] entre inspiração e a investigação crítica é semelhante àquela entre felicidade eterna e considerações críticas, porque a inspiração é um objeto só para a fé. Ou se tem tanto zelo crítico porque os livros são inspirados? Então o crente que crê que

do povo inglês no túnel: o enorme dispêndio de energia, e de que modo o menor acidente poderia interromper todo o projeto por um longo tempo, tem-se uma noção apropriada de todo esse empreendimento crítico. Quanto tempo, quanta diligência, quantas habilidades notáveis, quanto conhecimento excepcional não foi requisitado de geração a geração em nome dessa obra maravilhosa[11]. [VII 15] E, entretanto, uma pequena dúvida dialética que subitamente toque as pressuposições aqui colocadas pode desarranjar todo o projeto por um longo tempo, desarranjar o caminho subterrâneo[12] ao cristianismo que se tentou construir objetivamente e cientificamente, em vez de permitir que o problema se elevasse ao que ele é: subjetivo. Ouve-se, ocasionalmente, iletrados, ou gente com estudo pela metade[13], ou gênios presunçosos, falarem com desprezo sobre o trabalho crítico referente aos escritos da Antiguidade; e como eles, sem fundamento, desprezam os cuidados meticulosos do erudito pesquisador a respeito do mais insignificante detalhe, o que constitui justamente o mérito desse: que, cientificamente, ele não encare nada como insignificante. Não, a erudita Filologia é totalmente legítima, e o presente autor certamente tem, não obstante, o maior respeito por aquilo que a erudição consagra. Mas da Teologia crítica erudita, ao contrário, não se recebe uma impressão tão pura. Todo o seu esforço padece, consciente ou inconscientemente, de uma certa duplicidade. Dá sempre a impressão de que dessa crítica deveria de repente resultar algo para a fé, algo concernente à fé. Aí está o seu aspecto duvidoso. Quando um filólogo publica um livro de Cícero, por exemplo, e o faz com grande perspicácia, com o aparato erudito em nobre obediência à força superior do espírito; quando sua engenhosidade e sua familiaridade com o tempo antigo, conquistada graças a uma infatigável diligência, ajudam seu senso de descoberta a remover dificuldades, a preparar o caminho para as ideias em meio à confusão de leituras di-

---

os livros são inspirados não está sabendo quais livros são os que ele crê serem inspirados. Ou será que a inspiração resulta da crítica, de modo que quando esta terminou o seu trabalho, ela também demonstrou que tais livros são inspirados? Neste caso, não se chega nunca a admitir a inspiração, pois o trabalho crítico é, em seu *maximum*, apenas uma aproximação.

11. *Underværk*

12. *underjordiske*. O prefixo *"under"*, ao significar "sub", faz um trocadilho com *"Under"*, prodígio [N.T.].

13. *Halvstuderede*

versas etc., – então se pode tranquilamente entregar-se à admiração, pois quando seu trabalho estiver pronto, daí nada de mais se seguirá, além da admirável façanha de que, graças à sua arte e competência, um texto antigo se tornou acessível da forma mais confiável. Mas de nenhum modo disso se segue que agora eu construa minha felicidade eterna baseada nesse livro, porque, eu o confesso, em relação à minha felicidade eterna essa perspicácia espantosa é para mim muito pouco; admito, sim, que minha admiração pelo filólogo seria antes triste do que alegre, se eu pensasse que ele tinha *in mente* [*lat*.: em mente] algo desse tipo. Mas é isso precisamente o que faz a erudita Teologia crítica; quando ela termina – e até aí nos mantém *in suspenso* [*lat*.: em suspenso], mas com essa verdadeira perspectiva em vista – conclui: *ergo* [*lat*.: portanto], agora podes construir tua felicidade eterna sobre esses escritos. Aquele que, como crente, estabelece a inspiração, deve consequentemente considerar todo e qualquer exame crítico – seja pró ou contra – como algo duvidoso, uma espécie de tentação. E aquele que, sem estar na fé, se aventura em considerações críticas, certamente não poderá querer que a inspiração resulte delas. A quem, então, tudo isso realmente interessa?

Mas a contradição não é notada porque a questão é tratada de modo puramente objetivo; [VII 16] de fato, ela ainda não está lá quando o próprio investigador se esquece do que tinha na cabeça, a não ser na medida em que, vez ou outra, ele a usa liricamente para encorajar-se no trabalho, ou liricamente polemiza, com o auxílio da eloquência. Suponhamos que um indivíduo se apresente e, com interesse pessoal e infinito, com toda a paixão deseje ligar sua felicidade eterna a esse resultado, ao resultado esperado – ele facilmente verá que não há nenhum resultado e nada a esperar, e a contradição irá levá-lo ao desespero. Basta a rejeição de Lutero da Epístola de Tiago para levá-lo ao desespero. Em relação a uma felicidade eterna e um interesse apaixonado e infinito por ela (aquela só pode estar no seio deste), qualquer pontinho é de importância, de infinita importância, ou inversamente: desesperar por causa da contradição irá ensiná-lo precisamente que não há proveito algum em insistir nesse caminho.

E contudo é assim que as coisas têm andado. Uma geração depois da outra baixou à sepultura; novas dificuldades surgiram, foram superadas, e novas dificuldades surgiram. Na herança que passa de geração em geração, levou-se adiante a ilusão de que o método é o correto, mas que os eruditos investigadores ainda não tiveram sucesso etc. Todos parecem sentir-se bem; e se tornam sempre mais objetivos. A atitude de interesse[14] pessoal, infinito e apaixonado do sujeito (que constitui a possibilidade da fé e, consequentemente, a fé; é a forma da felicidade eterna e, consequentemente, a felicidade eterna) desvanece-se mais e mais porque a decisão é adiada, e o adiamento é um resultado direto dos resultados do erudito investigador. Isto quer dizer: o problema simplesmente nem surgiu; a gente se tornou objetiva demais para ter uma felicidade eterna, porque esta felicidade é inseparável, precisamente, da atitude de interesse infinito, pessoal e apaixonado, e é precisamente a isso que se renuncia para se tornar objetivo; é precisamente isso que é surrupiado da gente pela objetividade. Com a ajuda dos pastores, que às vezes traem alguma erudição, a congregação recebe uma vaga ideia a respeito. A comunidade fiel acaba por se tornar um *Titulatur* [*lat.*: título honorífico], pois a comunidade torna-se objetiva tão somente por olhar para os pastores e então olha para frente à procura de um imenso resultado etc. De repente, um inimigo se lança com violência contra o cristianismo. Ele está tão bem informado dialeticamente quanto os investigadores eruditos e a congregação desavisada. Ele ataca um livro da Bíblia, uma sequência de livros. Instantaneamente acorre a erudita tropa de resgate[15] etc. etc.

[VII 17] Wessel disse que se mantinha fora dos lugares onde havia entrevero: do mesmo modo, não é nada próprio para um escritor de opúsculos vir insistindo com sua respeitosa petição a respeito de alguns exames dialéticos, ele se reduz a um cão numa pista de boliche; do mesmo modo, não é apropriado a um dialético, nu em pelo, entrar em uma disputa erudita na qual, a despeito de todo o talento e erudição *pro et contra* [*lat.*: a favor ou contra], em última instância não está decidido dialeticamente sobre o quê se está disputando. Se isto for uma pura controvérsia filológica, então deixemos que a erudição e o talento sejam honrados com admiração, como o merecem ser, mas, neste caso, isso não tem nada a ver com a fé. Se se tem algo oculto na cabeça, que se o deixe às claras para que se

---

14. *Interesserethed*
15. *Redningschor*

possa refletir sobre isso com toda a tranquilidade dialética. Aquele que defende a Bíblia em função da fé, certamente deve ter claro para consigo mesmo se todo o seu trabalho, se tiver sucesso conforme todas as expectativas possíveis, resultará em algo relacionado a isso, para que não fique preso entre os parênteses de seu labor e, em meio às dificuldades da erudição, esqueça o decisivo e dialético *claudatur* [*lat.*: fechar parêntese]. Aquele que ataca deve, do mesmo modo, ter avaliado se o ataque, caso tenha sucesso na maior escala possível, há de resultar em alguma coisa diferente de um resultado filológico, ou, quando muito, numa vitória *e concessis* [*lat.*: por concessões], na qual, note-se bem, pode-se perder tudo de outro modo, isto é, caso a concordância recíproca seja só um fantasma.

Para que se faça justiça ao dialético e sem perturbação só se pensem os pensamentos, convém assumir uma coisa e depois a outra.

Então eu suponho que, no tocante à Bíblia, conseguiu-se provar aquilo que todo teólogo erudito alguma vez, em seu momento mais feliz, poderia ter jamais desejado provar. Esses livros, e não outros, pertencem ao cânone; eles são autênticos, são completos; seus autores são fidedignos – pode-se até dizer que é como se cada uma de suas letras fosse inspirada (mais não se pode aí dizer, porque a inspiração é, com efeito, objeto da fé; é qualitativamente dialética, não é de se alcançar por meio de quantificação). Além disso, não há nenhum vestígio de contradição nos livros sagrados. Pois sejamos precavidos em nossa hipótese: basta que surja uma palavra como boato sobre tal coisa, para que os parênteses apareçam de novo e a inquietude filológico-crítica prontamente desencaminhe alguém. No geral, o que é necessário aqui para que [VII 18] a coisa possa ser fácil e simples é meramente uma precaução dietética, uma renúncia a qualquer interpolação erudita, que num 1, 2, 3 poderia degenerar para se tornar num parêntese de 100 anos. Talvez isso não seja tão fácil, e, tal como uma pessoa corre perigo em qualquer lugar que ande, do mesmo modo o desenvolvimento dialético corre perigo em qualquer lugar, corre o perigo de escorregar para dentro de um parêntese. Dá-se o mesmo com o grande ou o pequeno, e o que em geral torna as disputas tão aborrecidas de escutar para uma terceira pessoa é que na réplica ela já ingressou num parêntese e agora, cada vez mais acalorada, prossegue na direção enviesada afastando-se do verdadeiro assunto. Por isso, uma artimanha de esgrima é usada para provocar um pouco o oponente, a fim de se descobrir se se tem diante de si um corcel que aguenta a parada dialética ou um corredor de parênteses que sai a galope num upa-upa logo que vê um parêntese. Quantas vidas humanas inteiras não passam dessa maneira, desde a mais tenra juventude, a mover-se continuamente entre parênteses! Interrompo, contudo, essas observações moralizantes e direcionadas ao bem comum, com as quais eu tentei compensar minha falta de competência histórico-crítica. Então, suposto que tudo esteja em ordem com relação às Sagradas Escrituras – e daí? Alguém então que não tinha a fé chegou agora um único passo mais próximo da fé? Não, nem um único. Pois a fé não resulta de uma deliberação científica direta, e nem chega diretamente; ao contrário, perde-se nessa objetividade aquela atitude de interesse infinito, pessoal e apaixonado, que é a condição da fé, o *ubique et nusquam* [lat.: por toda parte e em nenhum lugar] através da qual a fé pode nascer. – Aquele que tinha a fé ganhou alguma coisa em relação ao poder e à força da fé? Não, nem um tiquinho; nesse conhecimento prolixo, nessa certeza que paira à porta da fé e suspira por ela, ele está antes numa posição tão perigosa que vai precisar de muito esforço, muito temor e tremor para não cair em tentação, e confundir conhecimento com fé. Enquanto que até agora a fé teve na incerteza um pedagogo proveitoso, ela deveria ter seu maior inimigo na certeza. De fato, se se exclui a paixão, a fé deixa de existir, e certeza e paixão não se atrelam juntas. Tomemos uma analogia para ilustrá-lo. Aquele que crê que existe um Deus e também uma Providência, tem assim mais facilidade de preservar a fé, mais facilidade de adquirir de modo determinado a fé (e não uma fantasia) num mundo imperfeito, onde a paixão é mantida vigilante, [VII 19] antes do que num mundo absolutamente perfeito. Em tal mundo, a fé é, de fato, impensável. Por isso, também se aprende que a fé será abolida, na eternidade. Que sorte, então, que esta hipótese desejada, o mais belo dos desejos da Teologia crítica, seja uma impossibilidade, porque mesmo sua mais perfeita realização seria ainda uma aproximação. E, de novo, que sorte para os homens da ciência que de modo algum a falha seja deles! Se todos os anjos unissem seus esforços, eles ainda assim só seriam capazes de produzir uma aproximação, porque no que se refere ao conhecimento histórico uma aproximação é a única certeza – mas também é pequena demais para que sobre ela se construa uma bem-aventurança eterna.

Eu suponho então o oposto, que os inimigos tiveram sucesso em provar o que queriam em relação às Escrituras, com uma certeza que supera o mais caloroso desejo do mais odioso dos inimigos – e daí? O inimigo, assim, aboliu o cristianismo? De modo algum. Ele prejudicou o crente? De modo algum, nem um tiquinho. Ganhou o direito de se eximir da responsabilidade de não ser um crente? De modo algum. Isto é, só porque esses livros não são desses autores, não são autênticos, não são *integri* [*lat.*: completos], não são inspirados (isso não pode ser refutado, pois é um objeto da fé), daí não segue que esses autores não existiram e, acima de tudo, que Cristo não tenha existido. Até aí, o crente está ainda igualmente livre para aceitar isso, igualmente livre, notem bem; pois se o aceitasse em virtude de uma demonstração, estaria a ponto de abandonar a fé. Se as coisas chegam tão longe, o crente terá sempre alguma culpa se foi ele mesmo quem convidou e quem começou a colocar a vitória nas mãos da descrença, ao desejar ele mesmo demonstrar. Aqui reside o nó da questão, e eu novamente retorno à Teologia erudita. Para quem serve a demonstração? A fé não precisa dela, pode até mesmo considerá-la sua inimiga. Ao contrário, quando a fé começa a se envergonhar de si mesma; quando, como uma amante que não se contenta com amar, mas que no fundo se envergonha de seu amado e por isso precisa provar que ele é algo de notável; portanto, quando a fé começa a perder a paixão; portanto, quando a fé começa a deixar de ser fé, aí a demonstração se torna necessária para que se possa desfrutar da consideração burguesa da descrença. Sobre as tolices retóricas perpetradas neste ponto pelos oradores eclesiásticos, pela confusão de categorias, aí, é melhor nem falar. A fé tomada em vão [VII 20] (um moderno sucedâneo do Evangelho de Jo 5,44: *como podereis crer, vós que recebeis glória uns dos outros?*) não irá e não poderá, naturalmente, suportar o martírio da fé, e, em nossos dias, uma exposição sobre a fé propriamente dita é talvez a exposição mais rara de se ouvir em toda a Europa. O pensamento especulativo compreendeu tudo, tudo, tudo! Mas o orador eclesiástico ainda mostra alguma reserva; ele admite que ainda não compreendeu tudo; admite que está se esforçando (pobre moço, isso é uma confusão de categorias!). "Se há alguém que tenha entendido tudo", ele diz, "então eu admito" (aí, ele se envergonha e não percebe que deveria usar de ironia contra os outros) "que não entendi e que não posso demonstrar tudo, e nós, gente humilde" (aí, ele sente sua humildade num lugar muito errado) "devemos nos contentar com a fé." (Pobre, incompreendida, maior de todas as paixões: fé, que tens de te contentar com um tal defensor; pobre mocinho pregador, que nem sabes do que estás falando! Pobre Peer Eriksen[16], pobretão na ciência, que não consegue acompanhar a ciência, mas que tem a fé, porque isso ele tem, a fé, aquela que transformou pescadores em apóstolos, a fé que pode mover montanhas – desde que alguém a tenha!)

Se o assunto é tratado objetivamente, o sujeito não pode relacionar-se apaixonadamente com a decisão; e, menos ainda, estar apaixonadamente, infinitamente interessado. É uma autocontradição e, nesse sentido, é cômico interessar-se infinitamente em relação a algo que em seu ponto máximo continua sempre apenas uma aproximação. Se a paixão é adicionada apesar disso, aparece o zelotismo. Para a paixão infinitamente interessada cada pingo do *i* terá um valor infinito[17]. A falha não está na paixão infinitamente interessada, mas no fato de que seu objeto se tenha tornado um objeto aproximativo. O exame objetivo, de qualquer modo, permanece de geração em geração precisamente porque os indivíduos (os examinadores) tornam-se mais e mais objetivos, menos e menos infinitamente, apaixonadamente, interessados. [VII 21] Sob a pressuposição de que, por este caminho, se iria continuar a demonstrar e a procurar a demonstração para a verdade do cristianismo, algo de curioso iria por fim surgir: que justamente quando se terminasse a demonstração de sua verdade, o cristianismo teria deixado de existir como algo presente; ter-se-ia tornado de tal modo histórico, que seria algo passado cuja verdade, isto é, cuja verdade histórica, teria agora sido trazida a um ponto de confiabilidade. Deste modo, a aflita profecia de Lucas 18,8 poderia cumprir-se: Mas quando o Filho do homem voltar, encontrará a fé sobre a Terra?

---

16. *Peer Eriksen*: personagem da comédia de Holberg, "O superatarefado" [N.T.].

17. Com isso, o ponto de vista objetivo é também reduzido *in absurdum* [*lat.*: ao absurdo], e a subjetividade é posta. Pois se fôssemos perguntar por que cada acento de uma letra tem infinita importância, a resposta teria que ser: porque o sujeito está infinitamente interessado, mas então o estar infinitamente interessado do sujeito é o que decide.

Quanto mais objetivo se torna o examinador, menos ele constrói uma bem-aventurança eterna, isto é, sua felicidade eterna em sua relação com seu exame, pois uma felicidade eterna é uma questão apenas para a subjetividade apaixonada e infinitamente interessada. O examinador (seja ele um pesquisador[18] erudito ou um improvisador[19] membro da congregação) agora compreende a si mesmo objetivamente no limite da vida, de acordo com o seguinte discurso de despedida: Quando eu era jovem, duvidava-se de tais e tais livros. Agora sua autenticidade foi demonstrada, porém, em compensação, recentemente levantou-se uma dúvida acerca de alguns livros que nunca antes tinham sido questionados. Mas por certo há de aparecer ainda algum erudito etc.

Com louvado heroísmo, a modesta e objetiva subjetividade mantém-se do lado de fora; ela está à disposição, desejando aceitar a verdade tão logo esta seja obtida. A meta pela qual se empenha ainda está distante (é inegável, pois uma aproximação pode se estender tanto quanto for de seu agrado) – e enquanto a grama demora a crescer, o examinador morre, tranquilo, pois ele foi objetivo. Ó objetividade, não por nada elogiada! Tu consegues tudo; nem mesmo o mais firme dos crentes tem tanta certeza de sua felicidade eterna, e, acima de tudo, de não perdê-la, como tem o [sujeito] objetivo! Mas talvez esta objetividade e esta modéstia estejam fora de lugar, e sejam não cristãs. Neste caso seria bastante duvidoso introduzir-se dessa maneira na verdade do cristianismo. O cristianismo é espírito; espírito é interioridade; interioridade é subjetividade; subjetividade é essencialmente paixão e, em seu máximo, uma paixão infinita e pessoalmente interessada na felicidade eterna.

Logo que se exclui a subjetividade, e se tira da subjetividade a paixão, e da paixão o interesse infinito, não resta absolutamente nenhuma decisão, nem sobre este problema nem sobre qualquer outro. Toda decisão, toda decisão essencial, baseia-se na subjetividade. Um examinador (e é isso a subjetividade objetiva) em nenhum ponto tem uma urgência infinita por uma decisão, e em nenhum ponto ele a vê. Isso é o *falsum* [*lat.*: a falsidade] da objetividade e o significado

---

18. *forskende*
19. *fuskende*

da mediação [VII 22] como uma passagem no processo contínuo, no qual nada subsiste e no qual também nada é decidido, porque o movimento retorna sobre si mesmo e de novo retorna, e o próprio movimento é uma quimera, e a especulação é sempre sábia depois que as coisas aconteceram[20]. Objetivamente compreendido, [VII 23]

---

20. Assim também há de ser compreendido o ceticismo da filosofia hegeliana, aclamada por sua positividade. De acordo com Hegel, a verdade é o contínuo processo histórico universal. Cada geração, cada estádio deste processo está legitimado, e contudo é apenas um momento na verdade. Se aqui não entra um pouco de charlatanice, que ajuda a admitir que a geração na qual o Prof. Hegel viveu, ou essa que agora depois dele é *imprimatur* [*lat.*: imprima-se], que tal geração é a última e que a história do mundo passou, estamos todos no ceticismo. A apaixonada questão acerca da verdade nem mesmo se coloca, porque antes a filosofia ludibriou os indivíduos para que se tornassem objetivos. A verdade positiva hegeliana é tão enganadora quanto o era a felicidade no paganismo. Só posteriormente se sabia se alguém fora ou não feliz; e assim a próxima geração fica sabendo o que era verdade na geração falecida. O grande segredo do sistema (mas isto fica *unter uns* [*al.*: entre nós] assim como o segredo entre os hegelianos) é algo próximo do sofisma de Protágoras – "Tudo é relativo", só que aqui tudo é relativo no progresso contínuo. Porém isso não serve a nenhum vivente, e se ele por acaso conhece uma anedota de Plutarco (nas *Moralia*) sobre Eudâmidas, um Lacedemônio, irá certamente pensar sobre ela. Quando Eudâmidas viu na Academia o idoso Xenócrates, a buscar a verdade junto com seus discípulos, ele perguntou: Quem é este velho? E quando lhe responderam que era um homem sábio, um daqueles que perseguem a virtude, exclamou: "Quando, afinal, ele irá usá-la?" Provavelmente, foi também este progresso contínuo que provocou o mal-entendido segundo o qual, para libertar alguém do hegelianismo, precisa-se de um camarada treinado como o diabo na especulação. Longe disso; apenas se necessita bom-senso, um vigoroso senso do cômico, um pouco de ataraxia grega. Afora na Lógica, e em parte também aí por uma luz ambígua que Hegel evitou, Hegel e o hegelianismo são um ensaio no cômico. Provavelmente o finado Hegel já encontrou o seu mestre no falecido Sócrates, que, sem dúvida, achou alguma coisa para rir; caso Hegel tenha se mantido inalterado. [VII 23] Sim, Sócrates lá encontrou um homem com quem valeria a pena conversar e em especial questionar socraticamente (algo que Sócrates pretendia fazer com todos os mortos), para ver se saberia ou não alguma coisa. Sócrates deveria ter mudado significativamente se se deixasse impressionar, ainda que remotamente, quando Hegel começasse a declamar seus parágrafos, prometendo que tudo ficaria claro no final. – Talvez nesta nota eu possa achar um lugar adequado para uma reclamação que tenho por fazer. Na *Vida de Poul Møller* [de F.C. Olsen – N.T.] foi apresentado apenas um único comentário que nos dá alguma ideia de como ele, numa época mais tardia, concebia Hegel. Em todo o resto, o honrado editor presumivelmente deixou-se guiar em sua abstenção por amor e piedade pelo falecido, por uma consideração escrupulosa para o que certas pessoas iriam dizer, ou um público especulativo e quase hegeliano iria julgar. Contudo, precisamente no momento em que pensava estar agindo por amor pelo falecido, o editor talvez tenha causado dano à sua imagem. Mais notável do que muitos aforismos impressos na coleção, ainda mais notável do que muitos episódios de juventude preservados pelo biógrafo, cuidadoso e com muito gosto, numa bela e nobre apresentação – ainda mais notável foi que P.M., quando tudo era hegeliano, julgava bem diferente; que, primeiro, por algum tempo, ele falava de Hegel quase com indignação, até que a natureza saudavelmente humorística que havia nele o ensinou a sorrir, especialmente do hegelianismo, ou, para recordar P. M. com mais clareza, o fez rir dele cordialmente. Pois quem esteve apaixonado por P.M. e esqueceu o seu humor? Quem o admirou e esqueceu sua natureza saudável? Quem o conheceu e esqueceu sua risada, que fazia tanto bem à gente, mesmo quando não ficava totalmente claro do que é que estava rindo; pois às vezes sua distração deixava os outros perplexos.

há resultados mais do que suficientes em toda parte, mas em parte alguma algum resultado decisivo, o que está totalmente certo, precisamente porque a decisão se baseia na subjetividade, essencialmente na paixão e, *maxime* [*lat.*: em seu máximo], na paixão pessoal e infinitamente interessada pela felicidade eterna.

§ 2
A Igreja

A proteção de que a Igreja Católica desfruta, contra a intromissão do dialético, pela presença visível do papa será omitida da discussão[21]. [VII 24] Mas mesmo no protestantismo, depois que se deixou de tomar a Bíblia como um refúgio seguro, tem-se recorrido à Igreja. Embora ainda se façam ataques à Bíblia, embora eruditos teólogos a defendam linguística e criticamente, agora todo esse procedimento está em parte antiquado; e, acima de tudo, precisamente porque a gente torna-se mais e mais objetiva e não ocupa a cabeça com as conclusões decisivas acerca da fé. O zelotismo da letra, que ainda possuía paixão, desapareceu. O que havia de mais meritório nele, é que tinha paixão. Num outro sentido, era cômico, e assim como o tempo da cavalaria se encerra propriamente com Dom Quixote (pois a concepção cômica é sempre a conclusiva), assim um poeta poderia ainda tornar claro que a teologia literalista é coisa do passado, ao eternizar, comicamente, um tal desafortunado servidor da letra em seu romantismo tragicômico, pois por toda parte onde há paixão, há romantismo, e aquele que tem flexibilidade e senso de paixão, e que não aprendeu apenas decorado o que é poesia, verá em tal

---

21. Em geral, a infinita reflexão, só a partir da qual a subjetividade consegue interessar-se por sua felicidade eterna, é logo reconhecida por uma coisa: que ela é, em toda parte, acompanhada pelo dialético. Seja uma palavra, uma sentença, um livro, um homem, uma sociedade, seja o que for, tão logo se suponha tratar-se de um limite, de forma que o próprio limite não seja ele mesmo dialético, trata-se de superstição e estreiteza de espírito. Em um ser humano há sempre um desejo, ao mesmo tempo reconfortante e também preocupado, de ter algo realmente firme e fixo, que possa excluir o dialético, mas isso é covardia e fraude contra o divino. Até a mais segura de todas as coisas, a revelação, torna-se *eo ipso* dialética, à medida que devo me apropriar dela; até a mais firme de todas as coisas, uma resolução infinita negativa, que é a forma infinita da individualidade para a presença de Deus nela, torna-se logo dialética. Tão logo eu excluo o dialético, sou supersticioso e engano Deus sobre a esforçada aquisição a todo instante do já adquirido. Ao contrário, é muito mais confortável ser objetivo e supersticioso, e gabando-se disso, e proclamando a irreflexão.

figura uma bela exaltação apaixonada[22], tal como quando uma jovem enamorada borda uma moldura artística no Evangelho onde lê a sua felicidade amorosa, ou como quando uma jovem enamorada conta as letras na carta que ele lhe escreveu; mas aí então o poeta também veria o cômico. - De tal figura, sem dúvida, se haveria de rir; com que direito alguém iria rir, é uma outra questão, pois o fato de que todo o nosso tempo se tenha tornado falto de paixão não é uma justificativa para o riso. [VII 25] O aspecto ridículo no zelote estava em que sua paixão infinita o empurrava para o objeto errado (um objeto aproximativo); mas o que havia de bom nele é que ele tinha paixão.

Este viés da questão, de largar a Bíblia e agarrar-se à Igreja é realmente uma ideia dinamarquesa. Entretanto, eu não consigo nem me rejubilar pessoalmente, por patriotismo, com essa "descoberta incomparável"[23] (que é a designação oficial dessa ideia entre as engenhosas pessoas interessadas: o inventor e os srs. admiradores), nem acho seja o desejável que o governo ordene a toda a população um *Te Deum*, em piedosa ação de graças pela "descoberta incomparável". É melhor e, ao menos para mim, indescritivelmente mais fácil, deixar Grundtvig com o que é seu: a descoberta incomparável. É verdade que já se ouviram boatos, especialmente quando um pequeno movimento similar iniciou-se na Alemanha com Delbrück, de que Grundtvig devia esta ideia a Lessing, ainda que não lhe devesse a sua característica de incomparável. Portanto, seria mérito de Grundtvig ter transformado uma pequena dúvida socrática, formulada problematicamente com engenhosa sagacidade, rara habilidade cética e soberba dialética, numa verdade eterna, incomparável, histórica, absoluta, inaudita e clara como o sol. Mas mesmo admitindo-se que houvesse uma relação da parte do Pastor Grundtvig - o que eu, porém, não assumo de modo algum, pois a incomparável descoberta, em sua incomparável absolutidade, ostenta a inequívoca marca da originalidade grundtvigiana - seria contudo uma injustiça dizer que ela era emprestada de Lessing, já que nada há em tudo o que é de Grundtvig que nos faça lembrar de Lessing, ou algo que o grande

---

22. *Sværmeri*
23. *"mageløse Opdagelse"*: expressão utilizada por N. F. S. Grundtvig (1783-1872), pregador entusiasta, fundador da universidade popular, renovador da igreja danesa e compositor de muitos hinos sacros [N.T.].

mestre do entendimento pudesse, sem uma incomparável resignação, reivindicar como propriedade sua. Se ao menos se tivesse dito que o sagaz e dialético Magister Lindberg[24], o talentoso procurador-geral e guardião da incomparável descoberta, devia talvez algo a Lessing, isso ainda faria algum sentido. De qualquer modo, a descoberta deve muito ao talento de Lindberg, visto que através dele ganhou forma e foi forçada a assumir uma atitude dialética, menos hiatizada, menos incomparável – e mais acessível ao bom-senso.

Grundtvig percebeu corretamente que a Bíblia não conseguiria resistir [VII 26] à dúvida insistente, mas não percebeu que a razão disso era que o ataque e a defesa estavam ambos baseados num procedimento de aproximação que, em seu empenho perpetuamente continuado, não é dialeticamente adequado para uma decisão infinita sobre a qual se constrói uma felicidade eterna. Como ele não estava dialeticamente atento a isso, seria necessário que houvesse uma mera casualidade para que ele abandonasse as pressuposições nas quais a teoria bíblica tem seu grande mérito, sua venerável importância científica. Mas uma mera casualidade é inconcebível em relação ao dialético. Até aqui, seria mais provável que, com sua teoria da Igreja, ele se mantivesse dentro das mesmas pressuposições. Palavrões contra a Bíblia, com os quais ele, certa vez, realmente escandalizou os luteranos mais antigos; palavrões e linguagem autoritária ao invés de pensamentos podem satisfazer apenas aos seus veneradores, e naturalmente, de modo extraordinário; qualquer outra pessoa perceberá facilmente que quando a fala barulhenta carece de pensamento, é a irreflexão que se desencadeia no desleixo da expressão.

Tal como antes a Bíblia deveria decidir objetivamente o que é e o que não é o essencialmente cristão[25], agora deveria ser a Igreja o refúgio objetivo seguro. Mais especificamente, é, de novo, a Palavra Vivente na Igreja, a Confissão de fé, a Palavra que acompanha os sacramentos.

Em primeiro lugar, agora está claro que o problema está sendo tratado objetivamente. A modesta, espontânea, totalmente irrefletida

---

24. Mag. Lindberg: teólogo e orientalista dinamarquês (1797-1857), polemizou contra os racionalistas [N.T.].

25. *det Christelige*

subjetividade mantém-se ingenuamente convencida de que tão logo se estabelece a verdade objetiva, a subjetividade prontamente deseja agarrá-la. Logo em seguida se vê o caráter juvenil (de que, aliás, o velho Grundtvig também se orgulha) que não tem a mínima noção daquele sutil segredo socrático: que o nó da questão está justamente na relação do sujeito. Se a verdade é espírito, então a verdade é interiorização, e não é uma relação imediata e totalmente desinibida de um *Geist* [*al.*: espírito, mente] imediato com um conjunto de proposições, ainda que se dê a esta relação, para aumentar a confusão, o nome da mais decisiva expressão da subjetividade: fé. A irreflexão sempre se dirige para a exterioridade, rumo a, ao encontro de, empenhando-se para atingir seu alvo – ao encontro da objetividade; o segredo socrático – que, se o cristianismo não deve ser um regresso infinito, só pode ser infinitizado neste por uma interioridade ainda mais profunda – consiste em que [VII 27] o movimento esteja voltado para o interior, que a verdade seja a transformação do sujeito em si mesmo. O gênio que profetiza um incomparável futuro para a Grécia, simplesmente não está familiarizado com a grecidade. O estudo sobre o ceticismo grego seria bastante recomendável. Ali se aprende excelentemente, o que sempre há de requerer tempo e prática e disciplina para ser compreendido (estreito caminho para a linguagem franca, sem amarras!): que a certeza razoável, para nem falar da certeza histórica, é incerteza, é tão somente aproximação, e que o positivo e uma relação imediata com este é o negativo.

 A primeira dificuldade dialética com relação à Bíblia é que ela é um documento histórico, que, tão logo seja tomado como o refúgio, inicia a aproximação introdutória, e o sujeito fica distraído num parêntese, cuja conclusão se pode esperar por toda a eternidade. O Novo Testamento é algo do passado e é, portanto, histórico num sentido mais estrito. Justamente este é o encantamento que quer impedir que o problema se faça subjetivo, e o trata de modo objetivo; e, desse modo, ele nunca aparece. – As *Migalhas filosóficas* se concentraram sobre esta dificuldade nos capítulos IV e V, anulando a diferença entre o discípulo contemporâneo e o mais recente, que se pressupõe estarem separados por 1.800 anos. Isso é importante para que o problema (a contradição de que a divindade tenha existido em forma humana) não se confunda com a história do problema, ou seja, com a *summa summarum* [*lat.*: soma total] de 1.800 anos de opiniões etc.

Foi desta maneira experimental que as *Migalhas* propuseram o problema. A dificuldade com o Novo Testamento como algo do passado parece agora ter sido superada com a Igreja, que é afinal de contas algo presente.

Neste ponto a teoria de Grundtvig tem mérito. Foi desenvolvida, particularmente por Lindberg, com hábil e jurídica perspicácia, a ideia de que a Igreja elimina toda a prova ou demonstração que era necessária em relação à Bíblia, já que esta é algo passado, enquanto que a Igreja é algo presente. Exigir desta uma demonstração de que existe, diz Lindberg, e com razão, é um *nonsens*, tal como exigir de uma pessoa viva que prove que existe[26]. [VII 28] Neste ponto Lindberg tem toda razão, e tem o mérito da imperturbabilidade e da certeza clarificadora com que ele sabe assegurar alguma coisa.

A Igreja, portanto, existe; a partir dela (como presente; como contemporânea do que pergunta, com o que o problema fica confirmado, pela isonomia da contemporaneidade) é possível aprender o que há de essencialmente crístico, pois é, realmente, isso o que a Igreja professa.

Correto. Mas nem mesmo Lindberg foi capaz de manter sua posição até este ponto (e eu prefiro me haver com um dialético, deixando o incomparável para Grundtvig). Com efeito, depois que se disse da Igreja que ela existe (está aí) e que se pode aprender com ela o que é o essencialmente cristão, assevera-se novamente que esta Igreja, a Igreja presente, é a Igreja apostólica, e que é a mesma Igreja que persistiu ao longo de dezoito séculos. O predicado de "cristã" é portanto mais do que um predicado do estar presente; atribuído à Igreja presente, ele designa um caráter de passado, e, portanto, uma historicidade[27] bem no mesmo sentido como a Bíblia. E agora todo o mérito foi reduzido a nada. A única historicidade acima da prova

---

26. Definindo mais precisamente, numa metafísica dialética, isso se dá porque existência [*Tilværelse*] é um conceito superior a toda demonstração a seu favor, e portanto é uma tolice exigir uma demonstração; enquanto, inversamente, é um salto concluir pela existência a partir da essência [*Væsen*].

27. *Historiskhed*

é a existência contemporânea; toda e qualquer determinação de passado requer demonstração. Assim, se alguém disser a um homem: demonstra que tu existes, o outro irá muito corretamente responder: isso é um contrassenso. Se, por outro lado, ele disser: eu, que existo agora, já existia, essencialmente como a mesma pessoa, há mais de quatrocentos anos atrás, o primeiro irá corretamente responder: aqui se precisa de uma demonstração. É estranho que um dialético tão experimentado como Lindberg, que é justamente capaz de aguçar uma posição, não o tenha percebido.

No momento em que, com a ajuda da Palavra Vivente, se enfatiza a continuidade, a questão retorna exatamente ao ponto em que estava na teoria da Bíblia. Com as objeções se dá a mesma coisa que com o duende: um homem muda de casa – o duende se muda junto. Às vezes isso engana por um momento. Ao mudar subitamente o plano da operação – quando também se tem a sorte de ninguém atacar a nova linha de defesa – um gênio como Grundtvig [VII 29] pode facilmente sentir-se feliz, na opinião de que agora está tudo bem graças à sua descoberta incomparável. Deixemos entretanto a teoria da Igreja aguentar o assalto, tal como a Bíblia teve que fazê-lo, deixemos todas as objeções combaterem mortalmente, e daí? Daí, muito consequentemente (pois qualquer outro procedimento destruiria a própria teoria da Igreja e transportaria o problema para o reino da subjetividade, ao qual ele com toda certeza pertence; o que, porém, o objetivo Grundtvig não admite), torna-se novamente necessária uma propedêutica, que demonstre o caráter primitivo do Credo, sua univocidade por toda parte e em todos os momentos ao longo de dezoito séculos (neste ponto o trabalho crítico encontrará dificuldades completamente desconhecidas pela teoria da Bíblia)[28], e então ter-se-á de enfrentar o pó de muito livro antigo. Não adianta recorrer à Palavra Vivente; e é óbvio que não adianta nada querer explicar isso para Grundtvig. Isso não ocorre, de jeito nenhum, com alguma esperança, mas antes com desesperança. A Palavra Vivente

---

28. Por uma questão de cautela, preciso agora retomar o dialético. Não é impensável que alguém com suficiente imaginação para torná-lo realmente consciente da prolixidade dessas dificuldades dissesse: Não, nesse caso as coisas funcionam melhor com a Bíblia. Mas não podemos, distraidamente, esquecer que este mais ou menos, este melhor ou pior, ainda está dentro dos limites da essencial imperfeição de uma aproximação, incomensurável com qualquer decisão a respeito de uma felicidade eterna.

proclama a existência[29] da Igreja. Correto, nem Satanás em pessoa pode tirar isso de alguém; mas a Palavra Vivente não proclama que a Igreja tenha existido por dezoito séculos, que ela seja essencialmente a mesma, que tenha existido totalmente inalterada etc.; isso até um noviço da dialética percebe. A Palavra Vivente, como expressão de existência, corresponde ao atual estar-aí[30] imediato, indemonstrável, daquilo que está contemporaneamente presente, mas tão pouco quanto o passado dispensa demonstração (isto é, é superior à demonstração), tampouco a Palavra Vivente corresponde a isso, pois o predicado adicionado só indica afinal de contas uma presença imediata. Um anátema grundtvigiano sobre aqueles que não podem entender o poder beatífico ou decisivo da Palavra Vivente em relação à determinação de passado histórico (uma Palavra Vivente dita por falecidos), não demonstra nem que Grundtvig pensa, nem que o adversário não pensa.

O Magister Lindberg, que é uma cabeça boa demais para satisfazer-se com soar o alarme entra ano sai ano, foi exatamente quem deu ao assunto este viés. Quando certa vez surgiu a disputa sobre se seria mais correto dizer "eu creio em uma Igreja Cristã" ou "eu creio que existe uma Igreja Cristã", ele próprio recorreu aos livros antigos para demonstrar quando foi que a variante errônea surgiu. Não há, naturalmente, nenhuma outra coisa a fazer, a não ser que se adicione ao credo cristão uma nova renúncia, ou seja, [VII 30] a renúncia a todo verdadeiro pensamento em relação à descoberta incomparável e ao abracadabra da Palavra Vivente[31].

Por essa via recomeça a aproximação, o parêntese está posto e não se pode dizer quando ele irá terminar, pois isso é e será apenas uma aproximação, e esta aproximação tem a curiosa propriedade de ser capaz de continuar tanto quanto lhe aprouver.

---

29. *Tilværelse:* o estar aí presente.

30. *Til det samtidigt Nærværendes umiddelbare ubeviselige Tilvær*

31. Por outro lado, qualquer um cuja imaginação não esteja completamente paralisada, se recordar aquela disputa, por certo não há de negar que o comportamento de Lindberg lembrava vivamente os esforços eruditos de uma exegese bíblica preocupada. Eu nunca fui capaz de detectar nada de sofístico no procedimento de Lindberg, desde que, como é razoável e justo, não se ouse, movido pela inspiração, pretender julgar os corações, um julgamento que sempre perseguiu Lindberg.

Portanto, a teoria da Igreja, comparada com a teoria da Bíblia, tinha o mérito de eliminar o histórico-posterior e transformar o que era histórico em presente. Mas este mérito prontamente desaparece assim que as determinações mais específicas entram em cena.

Qualquer coisa, de resto, que se tenha dito ocasionalmente a respeito da superioridade do Credo frente à Bíblia como uma fortaleza contra ataques é bastante obscura. Que a Bíblia seja um livro grande e o Credo umas poucas linhas é um consolo ilusório e vale apenas para pessoas que não percebem que abundância de pensamento não é sempre proporcional à abundância de palavras. Os adversários precisam apenas alterar o ataque, isto é, dirigi-lo contra o Credo, e então tudo estará novamente em pleno funcionamento. Se os adversários, com o objetivo de negar a individualidade do Espírito Santo, podem tentar fazer a exegese do Novo Testamento, podem do mesmo modo aderir à distinção exposta por Lindberg – que no Credo pode constar "o espírito santo" ou "o Espírito Santo". Isto é apenas um exemplo, pois, em relação a problemas históricos, é claramente impossível alcançar uma decisão objetiva de tal natureza que nenhuma dúvida seja capaz de se impor. Isto também indica que o problema deve ser formulado [VII 31] de modo subjetivo e que é de fato um mal-entendido que se deseje buscar uma garantia objetiva e, por esse meio, evitar o risco no qual a paixão escolhe e no qual a paixão continua a sustentar sua escolha. Seria também uma grande injustiça se uma geração posterior, em segurança, isto é, objetivamente, fosse capaz de insinuar-se no cristianismo e, assim, compartilhasse daquilo que uma geração anterior tinha conquistado no mais extremo perigo da subjetividade, e adquirido, no mesmo perigo, durante uma longa vida.

Se alguém disser que o enunciado mais curto é mais fácil de manter e mais difícil de atacar, silencia sobre algo, a saber, quantos pensamentos estão contidos no enunciado curto. Até aí, um outro poderia, com o mesmo direito, dizer (já que, como *in casu* [*lat.*: neste caso], ambos os enunciados têm a mesma procedência, aqui: dos Apóstolos) que uma elaboração mais minuciosa seria mais clara e assim mais fácil de apreender e mais difícil de atacar. Mas tudo que é dito nesse sentido, *pro et contra*, é de novo apenas uma aproximação cética.

A teoria da Igreja tem sido bastante louvada como objetiva – uma palavra que em nossa época se tornou uma referência honrosa com a qual pensadores e profetas creem estar dizendo uns aos outros algo de grande. É só uma pena que lá onde se deveria ser objetivo, na ciência de rigor, raramente se é objetivo; pois um sábio equipado com hábil capacidade de "autópsia" é uma grande raridade. Em relação ao cristianismo, ao contrário, objetividade é uma categoria extremamente infeliz, e aquele que tem um cristianismo objetivo e mais nada é *eo ipso* um pagão, pois o cristianismo tem a ver, justamente, com espírito, com subjetividade e com interioridade. Ora, não vou negar que a teoria da Igreja é objetiva, mas vou antes demonstrá-lo do modo seguinte. Se eu colocar um indivíduo, infinitamente, apaixonadamente interessado em sua própria felicidade eterna, numa relação com a teoria da Igreja, de tal modo que ele queira basear nela sua felicidade eterna, ele se tornará cômico. Tornar-se-á cômico não porque está infinitamente, apaixonadamente interessado – isso é justamente o que ele tem de bom – mas sim porque a objetividade é heterogênea com seu interesse. Se o aspecto histórico do Credo (que ele procede dos Apóstolos etc.) deve ser o decisivo, então cada letrinha, por menor que seja, precisa ser infinitamente enfatizada, e como isso só pode ser alcançado *approximando* [lat.: por aproximação], o indivíduo se acha numa contradição ao ligar, i. é, ao querer ligar sua felicidade eterna a isso, e não ser capaz de fazê-lo, porque a aproximação jamais termina; de onde se segue, por sua vez, que ele não conseguirá ligar sua felicidade eterna a isso por toda a eternidade, mas irá ligá-la a algo de menos apaixonado. Se um dia se concordasse afinal com o uso do Credo [VII 32] ao invés das Escrituras, haveriam de surgir fenômenos inteiramente análogos ao zelotismo escrupuloso em relação à exegese bíblica. O indivíduo é trágico por causa de sua paixão e cômico por fixá-la em uma aproximação. – Se alguém quiser acentuar o sacramento do batismo e aí basear sua felicidade eterna no fato de ter sido batizado, novamente se tornará cômico, não porque sua paixão infinitamente interessada seja cômica (muito ao contrário, isso é precisamente o louvável), mas porque o objeto é apenas um objeto de aproximação. Nós todos vivemos tranquilos na convicção de termos sido batizados, mas, se o batismo deve ser decisivo, infinitamente decisivo para minha felicidade eterna, então eu – e consequentemente qualquer um que não tenha sido abençoado pela objetividade e não tenha rejeitado a paixão como brincadeira de criança (e este não tem, de fato, uma felicidade eterna para fundamentar; portanto, pode facilmente fundamentá-la sobre muito pouco) – então eu preciso instar pela certeza. Ai, a desgraça é que em relação a um fato histórico eu só posso obter uma aproximação. Meu pai o disse; consta no livro de registro da paróquia; eu tenho um certificado[32], e assim por diante. Ó, sim, eu estou tranquilo. Mas deixa uma pessoa ter bastante paixão para alcançar o significado de sua própria felicidade eterna, e então a deixa tentar ligá-la ao fato de ter sido batizada – ela desesperará. Por esse caminho, a teoria da Igreja, caso tivesse tido alguma influência e não se tivesse tudo tornado tão objetivo, deveria levar direto ao movimento Batista ou à repetição do Batismo, tal como a da Eucaristia, para obter segurança total neste assunto.

Precisamente porque Grundtvig como poeta é agitado e movido pela paixão imediata, o que é justamente o magnífico nele, sente uma carência – e, em sentido imediato, sente-a profundamente – de algo firme com o qual se possa manter a dialética à distância. Mas tal carência é simplesmente a carência de um supersticioso ponto fixo, porque, como foi mencionado acima, todo limite que quisesse excluir o dialético seria *eo ipso* [*lat.*: por isso mesmo] superstição. Precisamente porque Grundtvig é movido pela paixão imediata, ele não desconhece algumas impugnações[33]. Em relação a essas, toma-se um atalho com a obtenção de alguma coisa mágica para se agarrar, e então sobra um bom tempo para a gente se ocupar com a história universal. Mas aí exatamente reside a contradição: em relação a si mesmo consolar-se com algo mágico, e então se sobrecarregar com toda a história universal. Quando os questionamentos religiosos nos agarram dialeticamente, [VII 33] quando a vitória é continuamente construída também dialeticamente, temos muito que nos ocupar conosco mesmos. Mas é claro que então não se tem oportunidade de dar a toda a humanidade a bênção de miragens incomparáveis. Não vou tentar, de resto, decidir se não seria não cristão, na questão acerca da nossa felicidade eterna, repousar na certeza de que fomos batizados, tal como os judeus apelavam à circuncisão e ao fato de serem filhos de Abraão como uma demonstração decisiva da sua relação com Deus; portanto, encontrar

---

32. Sabe Deus se o Pastor Grundtvig admite que haja também uma Palavra Vivente que demonstre que alguém tenha sido realmente batizado.

33. *Anfægtelser*: contestações, questionamentos, tentações [N.T.].

repouso não em uma relação espiritual com Deus em liberdade (e aqui estamos de fato na teoria da subjetividade, à qual pertencem as autênticas categorias religiosas, onde se supõe que cada um deva apenas salvar a si mesmo e satisfazer-se plenamente com isso, pois a salvação se torna continuamente mais difícil – mais intensamente interiorizada – quanto mais importante a individualidade é; e onde brincar de gênio da história universal e, como um *extraordinarius*[34], confraternizar historicamente com Deus, é igualmente frivolidade em relação à vida moral), mas sim num acontecimento exterior, portanto: afastar a impugnação por meio do mágico Batismo[35] e não desejar permeá-la com fé. Não tenho absolutamente nenhuma opinião própria, apenas apresento o problema, de modo experimental.

* *
*

No que tange à teoria da Bíblia, o presente autor, embora tenha se tornado cada vez mais convicto da distorção dialética que ali se oculta, só pode, contudo, lembrar-se com gratidão [VII 34] e admiração das notáveis realizações contidas na pressuposição, lembrar-se daqueles escritos investidos de rara erudição e solidez, lembrar-se da impressão benéfica de todo o esforço que está assentado numa literatura de cujo pleno alcance o presente autor de modo algum se arroga qualquer conhecimento erudito fora do comum. No que tange à teoria de Grundtvig, aí o autor não sente exatamente nenhum pesar no momento da separação, nem se sente propriamente abandonado,

---

34. *Lat.*: professor extranumerário; ou aqui também alguém extraordinariamente importante [N.T.].

35. Quando se diz que a salvaguarda contra toda tentação, ao se pensar no batismo, está em que nele Deus opera algo em nós, isto é naturalmente apenas uma ilusão que tenta excluir o dialético por meio de uma tal determinação, pois o dialético logo se reapresenta com a interiorização deste pensamento, com a apropriação [*Tilegnelsen*]. Por isso, todo e qualquer gênio, até mesmo o maior que já viveu, tem de usar toda sua força exclusivamente nisso: na interiorização em si mesmo. Mas as pessoas desejam livrar-se da tentação de uma vez por todas, e no momento da tentação a fé não se volta para Deus, mas a fé se torna *fé em* algo, em ter sido realmente batizado. Se aqui não se ocultasse tanta dissimulação, há muito teriam surgido casos psicologicamente notáveis de preocupação em saber com certeza se se foi batizado. Se estivessem em jogo apenas dez mil moedas de prata, dificilmente nos satisfaríamos com uma certeza do tipo que agora todos temos de que fomos batizados.

de jeito nenhum, com a ideia de estar em desacordo com esse pensador. Ter Grundtvig ao seu lado é algo que ninguém que deseje saber exatamente onde está poderia decerto desejar, e que não deseje estar onde há alarme, em especial quando os gritos de alarme são a única definição mais específica de onde se está. No que tange ao Magister Lindberg, esse é um homem com tantos conhecimentos profundos e um dialético tão experiente, que como aliado é sempre um grande ganho e, como adversário, sempre pode tornar uma batalha difícil – ainda que também prazerosa, porque é um esgrimista exercitado que acerta mas não fere de modo tão absoluto, e assim o sobrevivente se convence facilmente de que não é ele o morto, mas sim uma ou outra absolutidade monstruosa. Sempre me pareceu uma injustiça com Lindberg que, enquanto o Pastor Grundtvig goza de quantia certa *per annum* [*lat.*: anualmente] em oferendas de admiração e ofertas espontâneas do partido dos adoradores, Lindberg, ao contrário, tem sido obrigado a ficar na sombra. E, contudo, é sempre alguma coisa, e alguma coisa que pode com verdade ser dita de Lindberg, que este é uma boa cabeça; ao contrário, é altamente duvidoso tudo o que em verdade se diz por aí, que Grundtvig é vidente, poeta, trovador, profeta, com uma quase incomparável visão da história do mundo e com um olhar único para o que há de profundo.

§ 3
Os muitos séculos como prova da verdade do cristianismo

O problema é posto objetivamente; a subjetividade sólida pensa assim: "Logo que haja certeza e clareza acerca da verdade do cristianismo, serei bem homem para aceitá-lo; é evidente". Mas a desgraça é que, com sua forma paradoxal[36], a verdade do cristianismo [VII 35] tem algo em comum com a urtiga: a subjetividade sólida apenas se queima, quando deseja assim sem mais nem menos agarrar o cristianismo, ou melhor (já que se trata de uma relação espiritual, o queimar-se só se pode compreender metaforicamente), simplesmente ela não o agarra; capta sua verdade objetiva de modo tão objetivo que ela mesma fica do lado de fora.

---

36. Sobre isso, cf. as *Migalhas*.

Este argumento nem pode ser tratado de modo propriamente dialético, pois desde a primeira palavra ele se transforma em uma hipótese. E uma hipótese pode se tornar mais provável ao conservar-se por 3.000 anos, mas jamais se tornará, por isso, numa verdade eterna, que possa ser decisiva para a felicidade eterna de alguém. O maometanismo não subsiste há 1.200 anos? A confiabilidade de dezoito séculos, o fato de o cristianismo ter permeado todas as relações da vida, reformado o mundo etc., essa confiabilidade é justamente uma fraude, com a qual o sujeito que está resolvendo e escolhendo é capturado e é introduzido na perdição do parêntese. Em relação a uma verdade eterna que deva ser decisiva para uma felicidade eterna, dezoito séculos não têm força demonstrativa maior do que um único dia; ao contrário, dezoito séculos e tudo, tudo, tudo o que pode ser contado e dito e repetido nesse sentido, tem um poder de dispersão que distrai ao extremo. Todo ser humano é, por natureza, destinado a se tornar um pensador (toda honra e louvor a Deus que criou o homem à sua imagem e semelhança!). Deus não pode ser considerado culpado se hábito e rotina e falta de paixão e afetação e conversa fiada com os vizinhos da casa do lado e da frente pouco a pouco corrompem a maioria das pessoas, até que fiquem sem pensamento – e construam sua felicidade eterna sobre uma coisa e outra, e uma terceira – e não percebam que a razão oculta está em que sua fala sobre a felicidade eterna é afetação, justamente por ser destituída de paixão e portanto pode ser construída às mil maravilhas sobre argumentos de palitinhos de fósforo.

Por isso, o argumento só pode ser tratado retoricamente[37]. A eloquência verdadeira é decerto uma raridade hoje em dia; a eloquência verdadeira bem que hesitaria antes de usá-lo: quiçá daí se explique por que o argumento é usado tão seguido. Na melhor das hipóteses, então, o argumento não pretende proceder dialeticamente (pois só os remendões[38] começam desse modo, para só depois apelarem para o retórico); ele pretende é impressionar. [VII 36] O orador isola o sujeito, que observa ou duvida, de qualquer ligação com os outros, e

---

37. De preferência, talvez, com uma tirada humorística, como quando Jean Paul diz que se todas as demonstrações da verdade do cristianismo fossem abandonadas ou refutadas, permaneceria, contudo, a de que ele se manteve por dezoito séculos.

38. *Fuskere*

confronta o pobre pecador com as incontáveis gerações e milhões de milhões de milhões, e depois diz a ele: Como ousas ser tão petulante para negar a verdade? Tu ousas, ousas imaginar que tu deverias possuir a verdade enquanto por dezoito séculos aquelas incontáveis gerações e milhões de milhões de milhões deveriam ter vivido num erro? Tu ousas, miserável indivíduo avulso[39], ousas querer, digamos assim, lançar todos aqueles milhões de milhões de milhões, sim, toda a humanidade, na perdição? Vê, eles se levantam de seus túmulos! Vê, eles desfilam, por assim dizer, diante de meu pensamento, geração após geração, todos aqueles crentes que encontraram repouso na verdade do cristianismo, e o olhar deles te julga, seu rebelde petulante, até que a separação do dia do Juízo Final te impeça de vê-los, porque tu foste encontrado demasiado leve e foste jogado na escuridão, longe da felicidade eterna deles etc. Por trás dessa imensa ordem de batalha (de milhões de milhões de milhões), às vezes o covarde orador estremece, contudo, quando usa o argumento, pois ele suspeita que exista uma contradição em todo o seu procedimento.

Mas ele não faz mal algum ao pecador. Tal ducha retórica de uma altitude de dezoito séculos é muito reanimadora. O orador é benéfico, embora não exatamente do modo como pensa ser; ele é benéfico por apartar o sujeito frente a todos os outros – ah, isso é um grande favor, porque apenas alguns poucos são capazes disso por si mesmos e contudo o que se joga[40] neste ponto é uma condição absoluta para entrar no cristianismo. Os dezoito séculos deveriam justamente inspirar terror[41]. Como uma demonstração *pro*, no momento da decisão para o sujeito individual eles são = 0, mas como terror *contra*, são excelentes. A questão é apenas se o orador terá sucesso em trazer o pecador para a ducha; com efeito, ele lhe faz uma injustiça, visto que o pecador de modo algum afirma ou nega a verdade do cristianismo, mas pura e simplesmente se preocupa com sua própria relação para com o cristianismo. Como o islandês da estória disse ao rei, "Isso é demais, Majestade", assim o pecador poderia dizer, "Isso é demais, Reverendo; para que tantos milhões de milhões de milhões? A gente fica com a cabeça tão confusa que

---

39. *Du elendige Ene-Menneske*
40. *Forsøgelse*
41. *være Forfærdelse*

nem sabe mais se vai para um lado ou para o outro". Como já foi observado acima, é o próprio cristianismo que atribui uma enorme importância ao sujeito individual; o cristianismo só quer se envolver com este, este, só este, e, por conseguinte, com cada um em especial. Neste sentido, é um uso não cristão dos dezoito séculos querer atrair com eles o individuo para o cristianismo ou fazê-lo entrar por medo deles: pois assim o indivíduo não entra. E se ele entra, ele o faz com os dezoito séculos a favor dele ou contra ele.

O que foi aqui sugerido, as *Migalhas* já o enfatizaram com frequência suficiente, a saber, [VII 37] que não há nenhuma passagem direta e imediata ao cristianismo e que, por isso, todos aqueles que desse modo querem dar um empurrão retórico com o objetivo de levar alguém ao cristianismo ou mesmo de ajudar com pancadas alguém a entrar – são todos uns impostores – mas não: eles não sabem o que fazem.

CAPÍTULO 2
A consideração especulativa

A consideração especulativa concebe o cristianismo como um fenômeno histórico; a pergunta sobre a sua verdade significa, portanto, penetrá-lo de pensamento de um tal modo que por fim o próprio cristianismo seja o pensamento eterno.

Ora, a consideração especulativa tem a boa propriedade de não ter pressuposições. Ele parte do nada, nada admite como dado, não começa *"bittweise* [*al.*: de modo precário / como suplicante]". Aqui podemos então estar seguros de que não encontraremos pressuposições tais como as anteriores.

Contudo, uma coisa se admite: o cristianismo como dado. Admite-se que somos todos cristãos. Ai, ai, ai, a especulação é por demais gentil. Sim, como é estranho o curso do mundo! Houve um tempo em que era perigoso confessar ser um cristão; agora, é temerário duvidar de que se seja. Especialmente se esta dúvida não significa que a gente se lance num ataque violento para abolir o cristianismo, pois isso sim daria para entender. Não, se alguém fosse dizer, simples e singelamente, que se preocupava consigo mesmo, mas que daí não decorria corretamente que ele se chamasse um cristão: aí ele não seria – perseguido ou executado, mas as pessoas o olhariam com raiva e diriam: [VII 38] "É realmente aborrecido o caso deste homem, que ele faça tanto barulho por nada; por que ele não pode ser igual a nós outros, que somos todos cristãos? Ele é bem como Fulano, que não consegue usar um chapéu como todos nós, mas tem sempre de se apartar". Se fosse casado, sua esposa diria a ele: "Marido, de onde te veio esta ideia? Como poderias não ser um cristão? Afinal de contas, tu és dinamarquês; o livro de Geografia não diz que o cristianismo luterano é a religião predominante na Dinamarca? Porque um judeu tu não és, maometano, de jeito nenhum, o que mais poderias ser, então? Já fazem mil anos que o paganismo foi desalojado; portanto sei que tu não és um pagão. Não cuidas do teu trabalho no escritório como um bom funcionário público? Não és um bom súdito numa nação cristã, num Estado cristão-luterano? Então é claro que tu és um cristão". Vejam só, nós nos tornamos tão objetivos, que até a esposa de um funcionário público argumenta a partir da totalidade, do Estado, da ideia de comunidade, da cientificidade geográfica, para chegar ao indivíduo[42]. Conclui-se com tanta obviedade que o indivíduo é cristão, tem fé etc., que é mero dandismo fazer muito barulho[43] sobre isso; ou se trata, então, de uma cisma[44]. Como é sempre desagradável ter de admitir a falta de alguma coisa que todos admitem possuir sem mais nem menos, algo que justamente assume alguma significação especial apenas quando alguém é tolo o suficiente para revelar sua própria deficiência, não é nenhum milagre, então, que ninguém o confesse. Em relação àquilo que já é alguma coisa, àquilo que pressupõe uma habilidade ou algo semelhante, é mais fácil fazer tal confissão, mas quanto mais insignificante for o objeto, ou seja, mais insignificante justamente porque todos o possuem, mais embaraçosa é esta confissão. E esta é, a rigor, a moderna categoria com referência à preocupação de não se ser cristão: é embaraçoso[45]. - *Ergo*, é um dado que nós todos somos cristãos.

Mas talvez a especulação diga: "Essas são observações populares, ingênuas, tais como as que seminaristas e filósofos populares podem apresentar; a especulação não tem nada a ver com isso". Oh, que horror, ser excluído da nobre sabedoria da especulação! Mas me parece muito estranho que constantemente só se fale da especulação e da especulação, como se a especulação fosse um ser humano, ou como se um ser humano fosse a especulação. A especulação tudo faz, duvida de tudo etc. O especulante, ao contrário, tornou-se objetivo demais para falar de si mesmo, por isso ele não diz que duvida de tudo, mas sim que a especulação o faz, e que ele o afirma da especulação – e ele nada mais diz – para evitar alguma ação persecutória contra ele. Ora, não estamos de acordo em que somos seres huma-

---

42. *den Enkelte*
43. *Ophævelser*
44. *Grillefængeri*
45. *flaut*

nos? [VII 39] Como se sabe, Sócrates afirma que quando acreditamos numa arte da flauta, temos que acreditar também num flautista; e portanto, quando supomos a especulação, temos que supor um especulante ou vários especulantes. "Portanto, caríssimo ser humano, digníssimo Sr. Especulante, ao Senhor eu me arrisco a abordar de modo subjetivo: Oh, meu caro! Como o Senhor considera o cristianismo, ou seja, o Senhor é um cristão ou não? Aqui não se questiona se o Senhor vai mais além[46], mas se o Senhor é cristão; a não ser que ir além na relação de um especulante para com o cristianismo signifique deixar de ser o que se era, um verdadeiro malabarismo *à la* Münchhausen, um malabarismo que talvez seja possível à especulação, pois eu não entendo esse formidável poder, mas que contudo é impossível para o especulante *qua* [*lat.*: enquanto] ser humano."

O especulante (se não for tão objetivo como a esposa daquele funcionário público) quer, portanto, considerar o cristianismo. Para ele é indiferente se alguém aceita ou não o cristianismo; este tipo de preocupação é deixado para os seminaristas e para os leigos – e então, ainda, também para os verdadeiros cristãos, para os quais não é de modo algum indiferente se eles são ou não são cristãos. Ele agora considera o cristianismo para penetrá-lo com seu pensamento especulativo, sim, seu genuíno pensamento especulativo. Suponhamos que este empreendimento não passe de uma quimera, e que não possa ser realizado. Suponhamos que o cristianismo seja precisamente a subjetividade, seja a interiorização, suponhamos portanto que apenas dois tipos de pessoas possam saber algo sobre ele: as que, apaixonadamente, infinitamente interessadas em sua felicidade eterna, crendo, constroem essa felicidade baseando-a sobre sua relação de crença nele, e aquelas que, com a paixão oposta (mas ainda assim com paixão) o rejeitam – os amantes felizes e os amantes infelizes. Suponhamos que a indiferença objetiva não possa vir a conhecer absolutamente nada. O semelhante só é conhecido pelo semelhante, e a antiga sentença, *quicquid cognoscitur per modum cognoscentis cognoscitur* [*lat.*: o que quer que seja conhecido só é conhecido ao modo do sujeito que conhece], deve necessariamente ser ampliada de maneira que haja também um modo pelo qual o que conhece não conheça pura e simplesmente nada, ou que seu conhecimento

---

46. *om De gaaer videre*

resulte numa ilusão. Em relação a uma espécie de observação para a qual seja importante que o observador esteja em um determinado estado, vale que quando não está neste estado ele não conhece nada, pura e simplesmente. Ora, ele pode enganar alguém dizendo que está naquele estado quando na verdade não está, mas se, por sorte, ocorre que ele próprio declare não estar no estado requerido, não engana ninguém. [VII 40] Se o cristianismo é essencialmente algo objetivo, aí cabe ao observador ser objetivo; mas se o cristianismo é essencialmente subjetividade, então é um erro que o observador seja objetivo. Em todo conhecimento para o qual valha que o objeto do conhecimento é a própria interioridade da subjetividade, vale que o sujeito que conhece precisa estar nesse estado. Mas a expressão do esforço máximo da subjetividade é o interesse infinitamente apaixonado por sua felicidade eterna. Até mesmo em relação ao amor mundano, permanece verdadeiro que o observador deva verdadeiramente estar na interioridade do amor[47]. Mas aqui o interesse não é tão grande, porque todo amor erótico situa-se na ilusão, e é exatamente por isso que tem algum lado objetivo, o que quer dizer que ainda dá para falar de uma experiência de segunda mão. Se, entretanto, o amor mundano for permeado por uma relação com Deus, então a ilusão imperfeita, a restante aparência de objetividade, se desvanece, e então vale que quem não estiver nesse estado nada ganhará com toda sua observação. Com o interesse infinito e apaixonado por sua felicidade eterna, a subjetividade está no ponto extremo de seu esforço; no ponto extremo, não onde não há nenhum objeto (uma distinção imperfeita e não dialética), mas onde Deus está negativamente presente na subjetividade que, com esse interesse, é a forma da felicidade eterna.

O especulante considera o cristianismo como um fenômeno histórico. Mas suponhamos que o cristianismo não o seja, de modo algum. "Que estupidez", escuto alguém dizer, "que incomparável perseguição de originalidade dizer algo desse tipo, especialmente nesses tempos em que a especulação compreendeu a necessidade do histórico." Sim, o que a especulação não é capaz de compreender! pois se um especulante dissesse que compreendeu a necessidade de um fenômeno histórico, aí eu o convidaria a ocupar-se, por um ins-

---

47. *Elskov*

tante, com as objeções expostas, de maneira singela, no Interlúdio entre os capítulos IV e V das *Migalhas*. Então, por enquanto, aquela pequena seção sirva aqui de referência; gostaria de tomá-la sempre como a base do posterior desenvolvimento dialético, quando eu tiver a sorte de tratar com um especulante, com um ser humano, porque com a especulação mesma eu não ouso me envolver. E agora, vejamos aquela incomparável busca de originalidade! Podemos utilizar uma analogia. Tomemos um casal de esposos. Vê, o casamento deles, claramente, deixa sua marca no mundo exterior; ele constitui um fenômeno na existência (em escala menor, tal como o cristianismo, pensado em sua faceta histórico-mundial, deixou sua marca na vida toda); mas o seu amor conjugal não é um fenômeno histórico; o fenomênico é o insignificante, tem significado para os cônjuges apenas através do amor de cada um, mas observado de alguma outra maneira (isto é, objetivamente), o fenomênico é uma ilusão. [VII 41] Assim é também com o cristianismo. Isso é assim tão original? Comparado à sentença hegeliana de que o exterior é o interior e o interior é o exterior, isso, certamente, é extremamente original. Mas seria ainda mais original se o axioma hegeliano não apenas fosse admirado pela época presente, mas tivesse também poder retroativo para abolir, em direção ao passado histórico, a distinção entre a igreja visível e a invisível. A igreja invisível não é nenhum fenômeno histórico; do mesmo modo que não pode, de modo algum, ser observada objetivamente, porque existe apenas na subjetividade. Ah, minha originalidade se mostra apenas mediana; apesar de toda minha perseguição [de originalidade], da qual, entretanto, não estou ciente, digo apenas o que qualquer estudante já sabe, ainda que não saiba como enunciá-lo claramente; algo que todo estudante, ainda criança, tem em comum com os grandes especulantes, apenas com a diferença de que a criança é ainda muito imatura, e o especulante maduro demais.

Não se nega que a consideração especulativa seja objetiva; ao contrário, para mostrá-lo ainda mais claramente, devo repetir mais uma vez minha tentativa de colocar a subjetividade apaixonadamente, infinitamente preocupada com sua felicidade eterna, em relação com ela, com o que ficará manifesto que a especulação é objetiva, visto que o sujeito se torna cômico. Ele não é cômico por estar infinitamente interessado (ao contrário, justamente todos são cômicos quando não estão infinitamente, apaixonadamente interessados e ainda por cima desejam fazer as pessoas se convencerem de que estão interessados em sua felicidade eterna); não, o cômico reside na discrepância do objetivo.

Se o especulante for ao mesmo tempo um crente (o que também é dito), deve ter percebido, há muito tempo, que a especulação nunca pode ter, para ele, o mesmo significado que a fé. Justamente como crente, ele é infinitamente interessado em sua própria felicidade eterna, e na fé está seguro disso (N.B. tanto quanto uma pessoa que crê pode estar segura: não de uma vez por todas, mas com interesse infinito, pessoal e apaixonado, diariamente adquirindo o espírito firme da fé); e não constrói nenhuma felicidade eterna sobre sua especulação; ao contrário, ele maneja a especulação com desconfiança, para que ela não o engane afastando-o da certeza da fé (que tem, em si, a todo instante, a infinita dialética da incerteza) e direcionando-o para o indiferente conhecimento objetivo. Compreendido de modo simples e dialético, este é o modo como o problema se apresenta. Por isso, se disser que constrói sua felicidade eterna sobre a especulação, ele se contradirá comicamente, porque a especulação, em sua objetividade, é de fato [VII 42] inteiramente indiferente à felicidade eterna, seja a dele, a minha ou a tua; enquanto que a felicidade eterna reside justamente no humilde sentimento de si[48] da subjetividade, adquirido através de extremo esforço. Além disso, ele mentirá quanto a se declarar um crente.

Ou o especulante não é um crente. O especulante não é, naturalmente, cômico, pois ele absolutamente não pergunta por sua felicidade eterna. O cômico só emerge quando o indivíduo subjetivo, apaixonada e infinitamente interessado, deseja pôr sua felicidade numa relação com a especulação. Ao contrário, o especulante nem levanta o problema que estamos discutindo, porque, enquanto especulante, ele se torna precisamente objetivo demais para se preocupar com sua própria felicidade eterna. Aqui, porém, uma única palavra, para deixar claro, no caso de alguém compreender mal algumas de minhas expressões, que é ele que quer me entender mal, enquanto que eu não tenho culpa. Honra e glória à especulação, louvado

---

48. *fradragende Selvfølelse*

seja todo aquele que se ocupa de verdade com ela. Negar valor à especulação (embora se possa desejar que os cambistas do pátio do templo etc., sejam afugentados como profanadores) seria, a meus olhos, prostituir a si mesmo, além de ser especialmente tolo da parte de alguém cuja vida, em grande medida, conforme suas humildes condições, está devotada ao serviço dela; e especialmente tolo da parte de alguém que admira os gregos. Pois afinal ele tem de saber que Aristóteles, quando discute o que é a felicidade, coloca a maior das felicidades no pensar, lembrando o bem-aventurado passatempo dos deuses eternos no ato de pensar. Além disso, ele precisa ter compreensão e respeito pelo impávido entusiasmo do homem da ciência, por sua perseverança no serviço da ideia. Mas para o especulante o problema de sua felicidade eterna pessoal não pode de modo algum vir à tona, justamente porque sua tarefa consiste aí em afastar-se mais e mais de si mesmo e tornar-se objetivo e, desse modo, desaparecer diante de si mesmo, e transformar-se na força contemplativa da especulação. Tudo isso eu ainda conheço muito bem. Vejam, porém, os deuses bem-aventurados, aqueles grandes modelos do especulante, não estavam nem um pouco preocupados com a bem-aventurança eterna deles. Por isso, o problema nem sequer surgiu no paganismo. Mas lidar com o cristianismo do mesmo modo só faz confundir. Dado que o ser humano é uma síntese do temporal e do eterno, a felicidade da especulação que um especulante pode ter será uma ilusão, porque ele, no tempo, quer ser somente eterno. Aí reside a inverdade do especulante. Por isso, acima desta felicidade está o interesse infinito, apaixonado, pela própria felicidade eterna. [VII 43] Ele é superior precisamente porque é mais verdadeiro, porque expressa decididamente a síntese.

Compreendido desse modo (e, num certo sentido, nem seria necessário esclarecer que o infinito interesse na própria felicidade eterna é algo de mais elevado, pois o mais importante é apenas que isto é o que está em questão), o cômico prontamente se manifestará na contradição. O sujeito está apaixonadamente, infinitamente interessado em sua felicidade eterna, e agora deveria ser ajudado pela especulação, ou seja, ele mesmo especulando. Mas, para especular, ele precisa tomar justamente o caminho oposto, precisa abandonar e perder-se a si mesmo na objetividade, desaparecer para si mesmo.

Esta heterogeneidade o impedirá completamente de começar, e sentenciará comicamente qualquer afirmação de que se obteve alguma coisa por esse caminho. O que é, pelo lado oposto, a mesma coisa que tinha sido dita previamente sobre a relação do observador para com o cristianismo. O cristianismo não pode ser observado objetivamente, justamente porque ele quer levar a subjetividade até seu ponto extremo; quando a subjetividade está, assim, posicionada corretamente, não pode amarrar sua felicidade eterna à especulação. Por meio de uma metáfora, vou me permitir ilustrar a contradição que há entre o sujeito apaixonada e infinitamente interessado e a especulação, quando se supõe que esta poderia ajudá-lo. Quando se quer serrar, convém não pressionar a serra com muita força; quanto mais leve a mão do serrador, tanto melhor a serra trabalha. Se alguém pressionar a serra com toda a sua força, não conseguirá serrar de modo algum. Do mesmo modo, convém ao que está especulando tornar-se objetivamente leve, mas aquele que está apaixonada e infinitamente interessado em sua felicidade eterna torna-se então tão subjetivamente pesado quanto possível. Precisamente por isso ele torna para si impossível chegar a especular. Ora, se o cristianismo requer esse interesse infinito no sujeito individual (o que se admite, pois o problema gira ao redor disso), facilmente se percebe que na especulação lhe será impossível encontrar o que procura. – Isso também se pode expressar assim: que a especulação não permite, de modo algum, que o problema venha à tona, de modo que todas as suas respostas não passam de uma mistificação.

SEGUNDA PARTE
O problema subjetivo

A relação do sujeito com a verdade do cristianismo, ou o tornar-se cristão

> SEÇÃO 1
> ALGO SOBRE LESSING
> [VII 47]

CAPÍTULO 1
Expressão de gratidão a Lessing

Se um pobre pensador diletante[49], um cismador[50] especulativo que, tal qual um inquilino indigente, habitasse um quartinho no sótão no alto de um enorme edifício, sentasse lá em seu pequeno cubículo, preso ao que lhe pareciam ser pensamentos difíceis; se lhe surgisse um pressentimento, uma suspeita de que deveria haver uma falha num lugar ou outro das fundações, sem poder descobrir detalhes que lhe permitissem entender como ou onde; se ele, cada vez que olhasse por sua janela de desvão, observasse com um calafrio os redobrados e agitados empenhos para embelezar e expandir o edifício, de modo que tendo visto e estremecido caísse em exaustão e se sentisse como uma aranha que em seu canto oculto vai levando a vida miserável desde a última faxina, enquanto a todo o momento, com angústia, percebe que há um temporal no ar; se ele, a cada vez que expressasse sua dúvida a alguém, visse que sua maneira de se expressar, por ser distinta da vestimenta das ideias habituais, era considerada como o surrado e excêntrico vestido de uma personagem decadente – se, como digo, um tal pensador diletante e cismador especulativo subitamente fosse apresentado a um homem cujo renome não fosse, para ele, exatamente de uma total garantia de correção de pensamentos (pois o pobre inquilino não seria tão objetivo que pudesse sem mais nem menos tirar conclusões remontando do renome à verdade), mas cuja [VII 48] nomeada fosse, contudo, um sorriso da

---

49. *privatiserende*
50. *Grillefænger*: catador de grilos

fortuna para o desamparado que descobriu um ou outro daqueles pensamentos difíceis tratados por aquela celebridade – ah, que alegria, que dia festivo na pequena mansarda, quando o pobre inquilino se consolaria com a gloriosa memória daquela celebridade, enquanto a ocupação com a ideia ganhava franqueza, a dificuldade ganhava configuração e a esperança nascia, a esperança de compreender a si mesmo, isto é, em primeiro lugar, compreender a dificuldade e então talvez até superá-la! Pois em relação a compreender as dificuldades vale aquilo que *Per Degn* [Pedrinho, o sacristão], incorretamente pretendia ter introduzido na hierarquia eclesiástica: primeiro ser sacristão... – o que vale é primeiro compreender a dificuldade, e assim poder-se-á sempre passar a explicá-la – caso se tenha condições para tanto.

Pois então, muito bem: brincando e falando sério, perdoa, renomado Lessing, por essa expressão de gratidão arrebatada, perdoa sua forma jocosa! A expressão decerto se mantém a uma distância conveniente, sem ser importuna, ela é isenta de gritaria histórico-universal, de validade sistemática, é puramente pessoal; se não for verdadeira, é só por ser apaixonada demais, o que, de qualquer modo, o tom brincalhão remenda. E essa brincadeira tem também uma razão mais profunda na relação inversa: relação daquele que, experimentalmente, levanta dúvidas sem explicar por que o faz, e daquele que, experimentalmente, tenta apresentar o religioso em sua grandeza sobrenatural, sem explicar por que o faz.

Esta expressão de gratidão não tem a ver com o que é geralmente e, eu o admito, com justiça admirado em Lessing. Para admirá-lo desse modo, não me considero autorizado. Minha expressão não se dirige a Lessing em sua qualidade de erudito, nem, no que me agrada como um mito espirituoso: por ele ser um bibliotecário; nem, no que me atrai como um epigrama: que ele era a alma, numa biblioteca, que com uma autópsia quase onipresente ele possuía um enorme saber, um gigantesco aparato dominado pela intuição mental[51], obediente aos acenos do espírito, comprometido com o serviço da ideia. Não se refere a Lessing como poeta, nem tampouco à sua maestria em construir o verso dramático; nem à sua autoridade psi-

---

51. *Tankens Indsigt*

cológica para, poeticamente, trazer algo à luz; nem a suas até hoje insuperadas réplicas, as quais, embora carregadas de pensamentos, com o leve torneado da conversação movimentam-se de forma livre e sem restrição na trama do diálogo. Não se refere a Lessing como um esteta, nem àquela linha de demarcação – que por mandamento seu, decisivo, de modo distinto dos de um papa, traçou entre a poesia e as [VII 49] artes visuais, nem àquela riqueza de observações estéticas que continuam bastando ainda em nossa época. Não se refere a Lessing como um sábio, nem àquela sua sabedoria espirituosa que modestamente se ocultava no humilde traje da fábula. Não, ela se refere a algo cujo nó consiste precisamente em que não se pode vir a admirar nele diretamente, ou que pela admiração de alguém se entre numa relação imediata para com ele, pois seu mérito consiste exatamente em ter impedido isso: que ele – em termos de religião – se encerrou no isolamento da subjetividade, não se deixou trapacear em se tornando histórico-universal ou sistemático em relação ao religioso, mas entendeu, e soube como sustentar, que o religioso se refere a Lessing e tão somente a Lessing, exatamente como se refere a cada ser humano do mesmo modo; entendeu que esse tem infinitamente a ver com Deus, mas nada, nada a ver diretamente com qualquer ser humano. Vê, eis o objeto de minha expressão, o objeto de minha gratidão, se ao menos fosse certo que era esse o caso de Lessing; se é que. E, se fosse certo, então Lessing poderia com razão dizer: não há nada de que me agradecer. Se isso simplesmente fosse certo! Sim, em vão eu o assaltaria com o poder de persuasão de minha admiração, em vão eu suplicaria, ameaçaria, desafiaria, pois ele alcançou exatamente aquele ponto arquimédico da religiosidade, que, embora não capacite a mover o mundo inteiro, exige, para ser descoberto, uma força cósmica quando se tem as pressuposições de Lessing. Se ao menos isso for assim! Mas agora, vejamos o seu resultado! Aceitou ele o cristianismo, rejeitou-o, defendeu-o, atacou-o, de modo que eu também possa admitir a mesma opinião, pela confiança nele, ele que tinha imaginação poética suficiente para, a qualquer momento que fosse, tornar-se contemporâneo daquele evento ocorrido há já 1.812 anos, e fazê-lo com tanta originalidade[52], que toda ilusão histórica, toda falácia objetivamente retroativa, fosse evitada? Sim, toma

---

52. *saa primitiv*

Lessing por aí. Não, ele também tinha ataraxia cética e senso religioso suficientes para discernir a categoria do religioso. Se alguém quiser negá-lo, então exijo que se faça a esse respeito uma votação com bolas brancas e pretas. Então, vamos ao resultado! Prodigioso Lessing! Nada, nada, nem vestígio de algum resultado; na verdade, nenhum padre confessor que tenha escutado um segredo para guardar, nenhuma jovem que tenha prometido a si mesma e à sua paixão amorosa o silêncio, e que se imortalizasse por manter a promessa, ninguém que tenha levado consigo até o túmulo qualquer esclarecimento: ninguém poderia agir com mais cautela do que Lessing na tarefa mais difícil: calar ao falar. Nem o próprio Satã consegue, enquanto terceira pessoa, dizer na terceira pessoa algo com determinação. No que tange a Deus, ao contrário, Ele jamais pode vir a ser um terceiro onde Ele participa do religioso; isso é precisamente o segredo do religioso.

[VII 50] Aquilo de que o mundo talvez tenha sempre carecido é o que se poderia chamar de individualidades autênticas, subjetividades decididas, aquelas artisticamente permeadas de reflexão, as que pensam por si mesmas, as quais são diferentes das que só gritam e das que só ensinam[53]. Quanto mais objetivos se tornam o mundo e as subjetividades, mais difícil se torna lidar com as categorias religiosas, que residem, exatamente, na esfera da subjetividade, razão porque é quase um exagero irreligioso querer ser histórico-universal, científico e objetivo em relação ao religioso. Contudo, não foi para ter alguém em quem me apoiar que eu trouxe à baila Lessing, pois o desejar ser subjetivo o bastante para apelar a uma outra subjetividade já é uma tentativa de ser objetivo, é o primeiro passo na busca da votação majoritária a seu favor e para transformar sua relação com Deus num empreendimento especulativo por força da probabilidade, da parceria e das sociedades anônimas[54].

Mas convém de novo perguntar, em relação ao tornar-se propriamente subjetivo, quais são as pressuposições reflexivas que o sujeito deve perpassar, de que lastro de objetividade deve se livrar, e que noção infinita ele tem do significado dessa virada, sua responsabili-

---

53. *docerende*
54. *Medactionnairer*

dade e seu *discrimen* [*lat.*: marca distintiva]. Ainda que nesse modo de ver residisse uma exigência que reduz drasticamente o número de individualidades entre as quais uma escolha poderia ser feita, ainda que Lessing me parecesse ser o único, eu de novo não o traria à baila para poder apoiar-me nele (oh, quem ousaria fazê-lo, se alguém ousasse estabelecer uma relação imediata com ele, seria certamente socorrido!). Também me ocorre que isso seria um tanto duvidoso, porque, com um tal apelo, eu teria também contradito a mim mesmo e anulado tudo. Se a subjetividade não trabalhou a si mesma pela e a partir da objetividade, qualquer apelo a uma outra individualidade seria apenas um mal-entendido, e se o tiver feito, irá certamente conhecer seu próprio rumo e as pressuposições dialéticas aí envolvidas, nas quais e de acordo com as quais estabelece a sua existência religiosa. O processo do desenvolvimento da subjetividade religiosa tem, com efeito, a peculiar característica de o caminho nascer para o indivíduo[55] e fechar-se atrás dele. E por que a divindade não haveria de saber manter seu preço? Onde quer que haja algo de extraordinário ou digno de ser visto, é certo que haverá uma multidão a se acotovelar, mas seu proprietário arranja as coisas com cautela de modo que se permita a entrada a um só de cada vez. A aglomeração, a massa, a turba, o tumulto histórico-universal ficam lá fora. [VII 51] E a divindade certamente possui o que há de mais precioso, mas também sabe como salvaguardar a si mesma de um modo inteiramente diferente de toda supervisão terrena; sabe, de um modo totalmente diferente, como evitar que qualquer um se insinue de modo histórico-universal, objetivo e científico, aproveitando-se da aglomeração. E aquele que o compreende expressa presumivelmente e talvez a mesma coisa em sua conduta, embora a mesma conduta possa em um ser imprudência e em outro coragem religiosa, sem que haja qualquer meio objetivo de distingui-las. Se Lessing realizou o grande feito, se, humilhando-se sob o divino e amando o humano, colaborou com a Divindade, ao expressar sua relação para com Deus em suas relações com os outros de modo que não se introduzisse o sem-sentido[56] e que ele realmente tivesse sua própria relação para com Deus, e que algum outro homem se relacionasse com Deus apenas através dele:

---

55. *Enkelte*
56. *Meningsløse*

quem o sabe com certeza? Se eu o soubesse com certeza, poderia apoiar-me nele, e se eu pudesse apoiar-me nele e fazê-lo legitimamente, então Lessing certamente não o teria realizado.

Ora, Lessing pertence, é claro, em todo caso, ao passado distante, como uma pequena estação recuada na ferrovia do sistema e da história universal. Recorrer a ele é condenar a si mesmo e dar razão a todo e qualquer contemporâneo no juízo objetivo de que a gente é incapaz de acompanhar os tempos em que se anda pela ferrovia – e em que, portanto, toda a arte consiste em saltar para dentro do primeiro vagão que passar e deixar as coisas por conta da história universal. Recordar Lessing é um ato de desespero, pois pelo menos isso é certo, aí tudo estará perdido para quem o faz; a gente está muito, muito para trás, se Lessing já tiver dito alguma coisa sobre o que se deseja dizer – seria o caso de que o que Lessing dissera era verdade (e, nesse, caso, seria duvidoso afastar-se para longe disso na velocidade do trem), ou que não se tivesse tido tempo de compreender Lessing, o qual, engenhosamente, sempre sabia como subtrair a si mesmo, e a seu conhecimento dialético, com sua subjetividade incluída nele, de qualquer entrega rápida ao portador. Mas vê, quando alguém se armou contra toda humilhação e tentação, ainda restou o pior: suponhamos que Lessing o tenha enganado. Não! Ele era mesmo um egoísta, esse Lessing! Em relação ao religioso, sempre mantinha algo para si mesmo, como ele bem o disse, mas de um modo astucioso, algo que não poderia ser repetido de memória pelos repetidores, algo que continuamente permanecia o mesmo, enquanto que trocava sempre de forma, algo que não era distribuído de forma estereotipada para ser introduzido num livro formulado sistematicamente, mas sim algo que um ginasta dialético produz e altera e produz: o mesmo, e, contudo, não o mesmo. [VII 52] Era, no fundo, maldade de Lessing que ele continuamente alterasse assim as letras em relação ao dialético, tal como um matemático confunde com isso o aprendiz que não mantém seus olhos matematicamente fixados na demonstração, mas se satisfaz com um entendimento fugaz[57] e só focaliza as letras. Era uma vergonha que Lessing embaraçasse aqueles que estavam infinitamente desejosos de jurar *in verba magistri* [*lat.*: às palavras do mestre], de modo que nunca eram capazes de se relacionar com ele

---

57. *et Gadebekjendtskab*: literalmente, uma amizade de rua [N.T.].

na única forma que seria natural para eles: a relação do juramento. Que ele não dissesse diretamente: "Estou atacando o cristianismo", de modo que os que juram pudessem dizer: "Nós juramos". E que não dissesse diretamente: "Eu quero defender o cristianismo", de modo que os que juram pudessem dizer: "Nós juramos". Era um abuso de sua arte dialética que ele, necessariamente, tivesse de os levar a jurar em falso (já que eles necessariamente tinham que jurar), tanto quando juravam que o que ele dizia agora era o mesmo que tinha dito antes, porque a forma e a configuração eram as mesmas, quanto quando juravam que o que ele tinha dito agora não era o mesmo, porque a forma e a configuração tinham mudado – tal como aquele viajante que, sob juramento, tinha identificado uma pessoa inocente como ladrão, meramente porque reconhecera a peruca do bandido, sem reconhecer o bandido, e que, por isso, prudentemente, deveria ter se limitado a jurar que tinha reconhecido a peruca. Não, Lessing não era um homem sério. Toda a sua exposição é destituída de seriedade e sem aquela genuína confiabilidade que seria suficiente para outros, que ficam pensando[58], porém não ponderando[59]. E agora, o seu estilo! Esse tom polêmico, que a qualquer momento tem tempo de sobra para uma piada, mesmo num período de efervescência; pois de acordo com um velho jornal que encontrei, aquela de então deve ter sido uma época de efervescência, em tudo semelhante à de agora, como o mundo jamais havia visto igual. Essa despreocupação estilística que elabora uma parábola até os mínimos detalhes, como se a apresentação tivesse valor em si mesma, como se houvesse paz e quietude, e isso talvez apesar de o tipógrafo e a história do mundo, e, por que não dizer, a humanidade inteira, estarem esperando que ele termine. Essa ociosidade científica que não obedece à regulação por parágrafos. Essa mescla de gracejo e seriedade que torna impossível a uma terceira pessoa saber de forma cabal o que é o quê – a não ser que a terceira pessoa o saiba por si mesma. Essa malícia que às vezes talvez até acentue falsamente um ponto indiferente, de forma que quem entende possa justamente assim melhor achar [VII 53] o dialeticamente decisivo, e os hereges nada obtenham para alimentar seus boatos. Esse modo de apresentação, que pertence todo inteiro

---

58. *tænke bagefter*

59. *Eftertanke*

à sua individualidade, que vai abrindo, de modo vivaz e cheio de frescor, sua própria trilha, e que não exala seu espírito num mosaico de palavras prontas, expressões consagradas e locuções contemporâneas que, postas entre aspas, nos revelam que o escritor está acompanhando seu tempo, enquanto que Lessing confessa *sub rosa* [*lat.*: em confiança] que está acompanhando o pensamento. Essa sutileza com que ele, travesso, emprega seu próprio eu, quase como Sócrates; rejeitando companhia ou, mais corretamente, protegendo-se dela, sempre que se trata da verdade, quando o ponto principal é precisamente ser deixado só com ela, sem desejar ter outros consigo em nome do triunfo, já que aqui não há nada a ganhar, a não ser que fosse uma brincadeira da infinitude: nada ser diante de Deus, sem desejar ter gente ao seu redor, no solitário perigo mortal do pensamento, já que este é justamente o caminho. Tudo isso, é seriedade? É seriedade que ele no essencial se comporte do mesmo modo frente a todos, ainda que diferentemente em relação à forma? Que ele não só se esquive das obtusas tentativas dos fanáticos de arrolá-lo numa sociabilidade positiva e iluda sua estúpida importunação, ao querer excluí-lo, mas que tampouco a eloquência entusiástica do nobre Jacobi tenha poder sobre ele, e que não se deixe emocionar pela amável preocupação ingênua de um Lavater por sua alma? É esse o jeito de um homem sério sair dessa vida, deixando que sua palavra derradeira [VII 54] seja tão enigmática quanto todas as outras[60], de modo que o nobre Jacobi nem ouse garantir pela salvação da alma de Lessing – pela qual Jacobi é sério o bastante para se interessar, quase tanto quanto pela sua própria? Isso é seriedade? Bem, que decidam sobre isso os que são tão sérios que nem compreendem

---

60. Assim, consta que também Hegel teria morrido com as derradeiras palavras de que ninguém o compreendera, a não ser um único, que o compreendera mal; e se Hegel fez o mesmo, isso talvez possa contar a favor de Lessing. Mas, ai, havia aí uma grande diferença. A declaração de Hegel já tem a falha de ser um enunciado direto e, por conseguinte, de todo inadequado para um tal mal-entendido, e demonstra suficientemente que Hegel não existiu de maneira artística na ambiguidade da dupla-reflexão. Além disso, que a comunicação de Hegel em todos os seus dezessete volumes é uma comunicação direta; se ele então não encontrou ninguém que o compreendesse, tanto pior para Hegel. Seria outra questão com Sócrates, p. ex., que arranjou artisticamente todo o seu modo de comunicação para ser mal entendido. Considerada como uma réplica dramática no momento da morte, a declaração de Hegel é mais bem entendida como delírio, como irreflexão por parte de alguém que agora, na hora da morte, quer seguir por caminhos que nunca seguiu na vida. Se Hegel, como pensador, é único em sua espécie, então não há realmente nenhum outro com quem possa ser comparado; e se, contudo, devesse haver alguém a quem pudesse ser comparado, uma coisa é certa, que com Sócrates ele não teria absolutamente nada em comum.

uma brincadeira; pois esses são decerto juízes competentes, a menos que seja impossível entender a seriedade se não se entende a troça, algo que (segundo Plutarco, nas *Moralia*) o sério romano Catão de Útica já teria indicado, ao demonstrar a dialética reciprocidade entre a troça e a seriedade. Mas se então Lessing não é um homem sério, que esperança haverá para alguém que, para apoiar-se nele, renunciou a tantas e tantas coisas, ao histórico-universal e à sistemática contemporânea?

Vê só o quanto é difícil abordar Lessing no aspecto religioso! Se eu pretendesse apresentar-lhe uns pensamentos avulsos[61] e então, como numa ladainha, referi-los diretamente a ele, se eu quisesse apertá-lo obsequiosamente num abraço de admiração como aquele a quem devia tudo, ele talvez se esquivasse com um sorriso e me deixasse em apuros, como um objeto de risadas. Se eu quisesse silenciar seu nome e avançar aos gritos, feliz por minha descoberta incomparável, nunca antes realizada por ninguém, então decerto aquele πολύμητις Ὀδυσσεύς [*gr.*: solerte Odisseu], se eu o imaginasse presente, se aproximaria de mim, com uma ambígua expressão de admiração no rosto, me daria um leve tapa nos ombros e diria: *Darin haben Sie Recht, wenn ich das gewußt hätte* [*al.: Nisso você está certo, ai, se eu tivesse sabido*]. E então, se ninguém mais o compreendesse, ao menos eu compreenderia que ele estaria troçando de mim.

---

61. *enkelte*

CAPÍTULO 2
Teses possíveis e reais de Lessing

Sem então ousar amparar-me em Lessing, sem ousar referir-me a ele de modo determinado como meu fiador, sem colocar ninguém na obrigação de querer, [VII 55] por causa do renome de Lessing, compreender do modo mais respeitoso ou pretender ter compreendido alguma coisa que leve aquele que compreende a uma relação duvidosa com minha falta de renome, que deve ter algo de tão repulsivo quanto tem de atrativo o renome de Lessing: pretendo agora apresentar algo que atribuo a Lessing (que o diabo me carregue!) sem ter certeza de que ele o admitiria; algo que eu, numa travessura[62], logo poderia ser tentado a querer atribuir-lhe como se ele o tivesse dito, embora não diretamente; algo pelo qual, de outro modo, eu poderia desejar, num arroubo, cheio de admiração ousar agradecer-lhe; algo que volto a atribuir a ele com orgulhosa parcimônia e autoconfiança, quase que por generosidade; e algo que, mais uma vez, receio que venha a ofendê-lo ou incomodá-lo, por se ter relacionado seu nome a isso. Pois é, raramente se encontra um autor que seja tão boa companhia quanto Lessing. E de onde vem isso? Penso que é porque ele é tão seguro de si mesmo. Aqui se evita toda aquela relação trivial e cômoda entre alguém excelente e alguém menos excelente, em que um é gênio, mestre, o outro, aprendiz, mensageiro, diarista etc. Mesmo que eu quisesse, pelas forças do diabo, ser um discípulo de Lessing, eu não poderia, ele o impediu. Assim como ele mesmo é livre, quer deixar todos livres, penso eu, em sua relação com ele, declinando as transpirações e as malícias[63] do aprendiz, temendo tornar-se ridículo graças aos repetidores: numa reprodução rotineira do que foi dito, como um eco papagaiado.

---

62. *Overgivenhed*

63. *Labanstregger*: lembra o "golpe" de Labão, que entregou Lia a Jacó, pretendente de Raquel [N.T.].

1 O pensador subjetivo existente presta atenção à dialética da comunicação.

Enquanto o pensamento objetivo é indiferente quanto ao sujeito que pensa e à sua existência, o pensador subjetivo está, como existente, essencialmente interessado em seu próprio pensamento, está existindo nele. Por isso, seu pensamento tem outro tipo de reflexão, ou seja, o da interioridade, da posse, pelo qual ele pertence ao sujeito e a ninguém mais. Enquanto o pensamento objetivo investe tudo no resultado e leva toda a humanidade a trapacear, copiando e repetindo de cor o resultado e a resposta, o pensamento subjetivo investe tudo no devir e omite o resultado, em parte porque este justamente pertence a ele, já que ele possui o caminho, e em parte porque ele, como existente, está continuamente no devir, como todo ser humano que não se deixou enganar para tornar-se objetivo, para se converter, de modo não humano, na especulação.

[VII 56] A reflexão da interioridade é a dupla reflexão do pensador subjetivo. Ao pensar, ele pensa o universal, mas, como existente em seu pensamento, como o adquirindo em sua interioridade, ele se isola cada vez mais subjetivamente.

A diferença entre o pensamento objetivo e o pensamento subjetivo também tem de se manifestar na forma da comunicação[64], o que

---

64. A dupla reflexão reside já na própria ideia da comunicação, isto é, que a subjetividade existente na interioridade do isolamento (que pela interioridade quer exprimir a vida da eternidade, onde toda socialidade e comunidade [*Fœlledsskab*] é impensável, porque a categoria da existência: o movimento, não se deixa aí pensar, razão porque nenhuma comunicação essencial se deixa pensar, porque de cada um se há de admitir que possui essencialmente tudo) quer comunicar-se, portanto que ela quer, ao mesmo tempo, ter seu pensamento na interioridade de sua existência subjetiva e contudo se comunicar. É impossível que essa contradição (a não ser para a irreflexão [*Tankeløsheden*], e para esta, afinal, tudo é possível) encontre sua expressão numa forma direta. – Aliás, que o sujeito assim existente possa querer comunicar-se, não é tão difícil de compreender. Um enamorado, por exemplo, para quem seu amor [*Elskov*] constitui justamente sua interioridade, bem pode querer comunicar-se, mas não de modo direto, justo porque a interioridade do amor é para ele o principal. Ocupado essencialmente em conquistar constantemente a interioridade do amor, ele não possui resultado algum, e nunca está pronto, mas pode por isso desejar comunicar-se, porém justamente por isso não pode jamais utilizar uma forma direta, dado que esta pressupõe resultado e acabamento. Assim também numa relação com Deus. Precisamente porque ele mesmo está constantemente num devir voltado para dentro, ou seja, para a interioridade, nunca pode comunicar-se diretamente, dado que aqui o movimento é o diametralmente oposto. A comunicação direta [*ligefremme Meddelelse*] requer a certeza, mas a certeza é impossível para o que está devindo, e é justamente o engano [*Bedraget*]. Assim, para empregarmos uma situação erótica, se uma jovem enamorada ansiasse pelo dia do casamento

significa que o pensador subjetivo deve logo prestar atenção a que a forma tenha, artisticamente, tanta reflexão quanto ele mesmo a tem, ao existir em seu pensamento. Artisticamente, é bom notar, pois o segredo não consiste em que ele enuncie diretamente sua dupla reflexão, dado que uma tal enunciação seria justamente uma contradição.

[VII 57] A comunicação ordinária entre um ser humano e outro é totalmente imediata, porque os homens ordinariamente existem de forma imediata. Quando alguém conta alguma coisa e o outro se reconhece literalmente no mesmo, supõe-se que estão de acordo e que se compreenderam um ao outro. Justamente porque quem faz a enunciação não está atento ao caráter duplo da existência do pensamento[65], não consegue, de modo algum, prestar atenção à dupla reflexão da comunicação. Portanto, ele nem imagina que esse tipo de concordância possa ser o maior mal-entendido e, naturalmente, de modo algum, que, tal como o pensador subjetivo existente se libertou pela duplicidade, assim também o segredo da comunicação depende especificamente de deixar o outro livre, e, exatamente por esta razão, ele não pode comunicar-se diretamente; de fato, é até mesmo irreligioso fazê-lo. Este último ponto tanto mais vale quanto mais o subjetivo for o essencial e, por conseguinte, aplica-se, antes de tudo, ao domínio do religioso, isto é, se o comunicador não for o próprio Deus, ou não pretender amparar-se na autoridade miraculosa de um apóstolo, mas for tão somente um ser humano, e ao mesmo tempo alguém que gosta de que tenha sentido aquilo que diz e aquilo que faz. Portanto, o pensador religioso subjetivo, que compreendeu a duplicidade da existência para se tornar um pensador desse tipo, facilmente percebe que a comunicação direta é uma fraude em relação a Deus (que possivelmente o priva da adoração verdadeira de uma outra pessoa), uma fraude em relação a si mesmo (como se tivesse deixado de ser um existente), uma fraude em relação a um outro ser humano (que possivelmente alcança apenas uma relação relativa

---

porque esse lhe haveria de dar uma certeza segura, e como esposa se acomodasse numa tranquilidade jurídica e, ao invés de suspirar de um jeito juvenil, bocejasse de jeito marital, então, o esposo com todo o direito haveria de se queixar de sua infidelidade, embora ela não amasse algum outro, mas porque ela teria perdido o ideal [tabt Ideen], e não o amava propriamente. Porém, na relação erótica, esta é a infidelidade essencial, sendo a acidental o amar alguma outra pessoa.

65. *Tanke-Tilværelsens Dobbelthed*

para com Deus), uma fraude que o põe em contradição com todo o seu pensamento. Por sua vez, enunciar isso diretamente seria mais uma vez uma contradição, porque a forma se tornaria direta, a despeito de toda a dupla reflexão do que foi dito. Exigir de um pensador que, na forma em que faz sua comunicação, contradiga todo o seu pensamento e sua visão de mundo[66], consolá-lo dizendo que desse modo ele trará proveito, deixá-lo convencido de que ninguém se importa com isso, quer dizer, que ninguém o percebe nestes tempos objetivos, já que essas conclusões extremas são meras tolices que todo diarista sistemático considera como nada – bem, esses são bons conselhos, e até nem custam caro. Suponhamos assim que a visão de vida[67] de um sujeito que existisse religiosamente ensinasse que não se deve ter discípulos, e que isso seria traição, contra Deus e contra os homens; suponhamos que ele fosse um tanto tolo (pois, ainda que se precise de algo mais do que honestidade para se sair bem neste mundo, a tolice é sempre requerida para que se seja verdadeiramente bem-sucedido e verdadeiramente compreendido por muitos) e anunciasse isso diretamente com fervor e paixão: e então? Bem, então ele seria compreendido, e logo se apresentaria uma dezena de voluntários oferecendo seus serviços, por uma ida semanal grátis ao barbeiro, para proclamar esta doutrina, i. é, ele teria tido a sorte extraordinária de, numa comprovação ulterior [VII 58] da verdade dessa doutrina, ganhar discípulos que aceitariam e difundiriam essa doutrina que proíbe ter discípulos.

O pensamento objetivo é completamente indiferente à subjetividade e, com isso, à interioridade e à apropriação; sua comunicação é, portanto, direta. É óbvio que não precisa por isso ser fácil, de jeito nenhum, mas é direta; não tem a ilusão e a arte da dupla reflexão, não tem aquele temor a Deus e aquela solicitude humana do pensamento subjetivo ao buscar comunicar-se; pode ser entendido diretamente, pode ser memorizado e repetido de cor. O pensamento objetivo presta atenção, portanto, apenas a si mesmo e, por isso, não é comunicação[68], pelo menos não comunicação artística, na medida

---

66. *Verdens-Anskuelse*

67. *Livs-Anskuelse*

68. É sempre assim com o negativo; onde ele se introduz inconscientemente, transforma justamente o positivo em negativo; aqui ele transforma a comunicação em ilusão [*Illusion*],

em que desta sempre se exige que pense no receptor e preste atenção à forma da comunicação em relação à má compreensão do receptor. O pensamento objetivo[69] é, como a maioria das pessoas, basicamente afável[70] e comunicativo; comunica-se sem maiores dificuldades e, quando muito, recorre a asseverações a respeito de sua verdade, a recomendações e promessas de que as pessoas irão um dia aceitar tal verdade – tão seguro ele é. Ou talvez seja antes muito inseguro, pois asseverações e recomendações e promessas que são feitas decerto em função dos outros, que devem aceitar essa verdade, poderiam talvez também ser feitas em função do mestre, que carece da segurança e da confiabilidade dos votos da maioria. Se os seus contemporâneos lhe sonegam isso, ele aposta na posteridade – tão seguro ele está. Esta segurança tem algo em comum com aquela independência que, independente do mundo, necessita do mundo como testemunha de sua independência, para ter certeza de ser independente.

A forma da comunicação é algo de diferente da expressão da comunicação. Quando o pensamento achou sua expressão correta na palavra, o que se alcança [VII 59] pela primeira reflexão, aí vem a segunda reflexão, que tem a ver com a própria relação da comunicação com o comunicador, e reproduz[71] a própria relação do comunicador existente para com a ideia. Vamos mais uma vez introduzir alguns exemplos; temos mesmo tempo de sobra, pois o que eu escrevo não é o esperado último § com o qual o sistema se completa[72]. Suposto[73], então, que alguém quisesse comunicar a seguinte convicção: a ver-

---

porque o negativo não foi pensado na comunicação, mas essa foi pensada de modo positivo puro e simples. No engano [*Svig*] da dupla-reflexão, a negatividade da comunicação é pensada, e por isso tal comunicação, que comparada com aquela outra comunicação não parece sê-lo, é justamente comunicação.

69. Há que recordar sempre que eu falo do religioso [*det Religieuse*], onde o pensamento objetivo, quando pretende ser o mais elevado, é justamente irreligiosidade. E vale o contrário: onde quer que o pensamento objetivo esteja justificado, também estará legitimada a sua comunicação direta, justamente porque ela não terá nada a ver com a subjetividade.

70. *inderlig aod*

71. *gjengiver*

72. *er færdig*

73. Eu digo apenas *suposto*, e sob essa forma posso me permitir apresentar tanto o mais certo quanto o mais absurdo; pois mesmo o que há de mais certo não é suposto, afinal, como o mais certo, mas é suposto como o hipotético para elucidar uma relação, e mesmo o que há de mais absurdo não é suposto de modo essencial mas hipoteticamente, para aclarar a relação de consequência.

dade é a interioridade; objetivamente não há nenhuma verdade; mas a apropriação é a verdade; suposto que tivesse zelo e entusiasmo suficientes para chegar a dizê-lo, pois tão logo as pessoas o ouvissem, estariam salvas; suposto que o dissesse em todas as ocasiões e que movesse não só aqueles que suam fácil, mas também os de queixo duro: e então? Então certamente se encontrariam uns trabalhadores, desocupados, parados na praça, e que só com este chamado, sairiam a trabalhar na vinha – proclamando a todos esse ensinamento. E então? Então, ele teria contradito mais ainda a si mesmo, tal como o fizera desde o início, pois o zelo e o entusiasmo para que aquilo fosse dito e ouvido eram já um mal-entendido. O principal era, exatamente, ser compreendido, e a interioridade da compreensão teria sido, justamente, que o indivíduo[74] o compreendesse por si e para si mesmo[75]. Agora ele tinha chegado ao ponto de conseguir arautos; e um arauto da interioridade é um bicho que vale a pena ver. Para comunicar uma tal convicção exigir-se-ia realmente arte e autocontrole; autocontrole suficiente para compreender, na interioridade, que a relação do ser humano individual com Deus é o principal, e que a ingerência de uma terceira pessoa constitui uma carência de interioridade e uma superfluidade de amável tolice; e arte suficiente para variar, de modo não exaustivo, pois a interioridade é inexaurível, a forma duplamente refletida da comunicação. Quanto mais arte, mais interioridade; sim, se ele tivesse bastante arte, seria até possível para ele dizer que a estava usando, com a certeza de ser capaz de, no momento seguinte, garantir a interioridade da comunicação, por estar infinitamente preocupado em preservar sua própria interioridade, preocupação essa que salva de toda baboseira positiva aquele que se preocupa. – Suposto que alguém quisesse comunicar que não é a verdade que é a verdade, mas que o caminho é que é a verdade, ou seja, que a verdade está apenas no vir-a-ser, no processo da apropriação, e que, portanto, não há nenhum resultado; [VII 60] suposto que este alguém fosse um humanitário que necessariamente precisaria advertir todos os homens acerca disso; suposto que ele tomasse o esplêndido atalho da comunicação direta no jornal *Adresseavisen*, com o que ganharia uma *masse* [*fr.*: multidão] de adeptos, ao passo

---

74. *den Enkelte*
75. *ved sig selv*

que a forma artística, a despeito de seu maior empenho, deixaria em aberto se ele teria ou não ajudado alguém: e então? Bem, então sua declaração realmente acabaria por ser um resultado. – Suposto que alguém quisesse comunicar que todo receber é um produzir; suposto que o repetisse tão frequentemente que esta sentença chegasse a ser usada até para cópia em aulas de caligrafia: então ele certamente teria tido sua sentença confirmada. – Suposto que alguém quisesse comunicar a convicção de que a relação de uma pessoa para com Deus é um segredo; suposto que ele fosse mesmo um tipo muito simpático de homem, com tanta consideração pelos outros que simplesmente tivesse que trazer isso à luz; suposto que ele, entretanto, tivesse ainda entendimento suficiente para sentir um pouquinho da contradição ao comunicar tal coisa diretamente e, por conseguinte, a comunicasse sob a condição de que se mantivesse o silêncio: e então? Então ele teria que admitir que o discípulo era mais sábio que o mestre, que o discípulo era realmente capaz de manter-se em silêncio, o que o professor não conseguia (uma soberba sátira sobre o ser mestre!), ou então deveria tornar-se tão bem-aventurado em galimatias que simplesmente nem descobriria a contradição. Isso é uma coisa curiosa a respeito dessas pessoas simpáticas; é muito tocante que eles tenham que trazer isso à luz – e é muita presunção de sua parte acreditarem que um outro ser humano precisa de alguma assistência em sua relação para com Deus, como se Deus não fosse capaz de ajudar-se a si mesmo e à pessoa envolvida. Mas isso é um pouco cansativo: existindo, agarrar-se ao pensamento de que diante de Deus nada somos, que todo esforço pessoal não passa de um gracejo; é um tanto disciplinador honrar todo ser humano de modo que não se ouse interferir diretamente em sua relação para com Deus, em parte porque já é bastante se cada um lidar com o que é seu, em parte porque Deus não é um amigo da impertinência.

Onde quer que o subjetivo seja importante no conhecimento, e então a apropriação seja o principal, a comunicação é uma obra de arte, duplamente refletida, e sua primeira forma consiste justamente na astúcia[76] de manter as subjetividades religiosamente[77] separadas

---

76. *det Underfundige*

77. *gudeligt*

uma da outra, para que não venham, fragilizando-se, a se fundir[78] na objetividade. Essa é a palavra de adeus da objetividade à subjetividade.

A comunicação ordinária, o pensamento objetivo, não tem segredos; só o pensamento subjetivo duplamente refletido tem segredos, i. é, todo o seu conteúdo essencial é essencialmente secreto, porque não se deixa comunicar diretamente. Este é o significado do segredo. Que esse conhecimento não possa ser enunciado diretamente, porque o essencial nesse conhecimento consiste precisamente na apropriação, faz com que ele permaneça um segredo para todo aquele que não esteja do mesmo modo duplamente refletido em si próprio; [VII 61] mas que essa seja a forma essencial da verdade faz com que essa não possa ser dita de nenhum outro modo[79]. Por isso, se alguém quiser comunicá-la diretamente, estará sendo tolo; e se alguém quiser exigir isso dele, estará sendo tolo também. Diante de uma tal comunicação artística e enganosa, a costumeira tolice humana gritará: isso é egoísmo. Se então a tolice triunfasse e a comunicação se tornasse direta, a tolice teria vencido a tal ponto que o comunicador se teria tornado igualmente tolo.

Pode-se distinguir entre um segredo essencial e um contingente. É, por exemplo, um segredo contingente aquilo que foi dito numa reunião secreta do Conselho de Estado, enquanto ainda não for conhecido publicamente, porque o enunciado, em si, pode ser compreendido diretamente tão logo seja tornado público. Que ninguém saiba o que vai acontecer dentro de um ano é um segredo contingente, porque quando tiver acontecido poderá ser compreendido diretamente. Por outro lado, quando Sócrates, com seu demônio, se isolava de toda e qualquer relação e, por exemplo, *posito* [*lat.*: por hipótese] supunha que cada um deveria fazer o mesmo, tal visão da vida se tornaria essencialmente um segredo ou um segredo essen-

---

78. *ikke løbe skjørnende sammen i*

79. Se em nosso tempo vivesse um homem que, desenvolvido subjetivamente, estivesse atento à arte da comunicação, haveria de experienciar as mais preciosas comédias e cenas burlescas. Ele seria posto porta afora como alguém incapaz de ser objetivo, e então por fim algum moço [*Fyr*] objetivo de bom coração, algum rapaz de tipo sistemático [*et systematisk Stykke Karl*], haveria de se apiedar dele e meio que introduzi-lo nos parágrafos; pois aquilo que antigamente se considerava uma impossibilidade, pintar Marte na armadura que o torna invisível, agora teria um êxito extraordinário, sim, o que é ainda mais estranho, teria um meio sucesso.

cial, pois isso não se deixaria comunicar diretamente; o máximo que ele conseguiria era auxiliar negativamente, pela arte maiêutica, uma outra pessoa a alcançar a mesma visão. Tudo o que é subjetivo, que por sua interioridade dialética escapa da forma direta de expressão, é um segredo essencial.

Uma tal forma de comunicação, em sua arte inesgotável, corresponde à relação própria do sujeito existente para com a ideia e reproduz essa relação. Para esclarecer isso na forma de uma construção experimental, [VII 62] sem decidir se alguém realmente existente esteve consciente disso ou não, isto é, se existiu desse modo ou não, vou esboçar a relação da existência[80].

2 O pensador subjetivo existente, em sua relação existencial com a verdade, é tão negativo quanto positivo, tem tanto de cômico quanto essencialmente tem de *pathos*, e está continuamente em processo de vir-a-ser, i. é, está esforçando-se.

Dado que o sujeito existente está existindo (e isso é o que cabe a todo ser humano, com exceção dos objetivos, que têm o puro ser para morar[81]), então ele está afinal de contas em devir. Tal como sua comunicação, na forma, tem de ser conforme a sua própria existência, também seu pensamento tem de corresponder à forma da existência. Todos conhecem a dialética do devir, em Hegel. Aquilo que lá no devir é a alternância entre ser e não ser (uma determinação, contudo, um tanto quanto obscura, visto que o próprio ser é também o que há de contínuo na alternância) será, mais tarde, o negativo e o positivo.

Em nosso tempo, ouve-se muito seguido falar sobre o negativo e sobre pensadores negativos, e bem seguidamente ouve-se a verborragia dos positivos por ocasião de suas orações que rendem graças a Deus e a Hegel, por não serem como aqueles negativos, mas terem-se tornado positivos. O positivo, em relação ao pensamento, pode ser classificado nas seguintes categorias: certeza sensível, saber histórico, resultado especulativo. Mas esse positivo é justamente o não

---

80. *Existents-Forholdet*

81. *rene Væren at være i*

verdadeiro. A certeza sensível é engano (cf. o ceticismo grego e toda a exposição da filosofia mais recente, de onde se pode aprender muitíssimo); o conhecimento histórico é uma ilusão dos sentidos (pois é um conhecimento aproximativo); e o resultado especulativo é fantasmagoria. Com efeito, todo esse positivo não exprime o estado do sujeito que conhece na existência; por isso tem a ver com um sujeito objetivo fictício, e deixar-se enganar por um tal sujeito é ser feito de bobo e nisso permanecer. Todo e qualquer sujeito é um sujeito existente e, portanto, isso deve exprimir-se de modo essencial em todo o seu conhecer, e exprimir-se como impedindo-lhe toda conclusão ilusória na certeza sensível, no saber histórico, no resultado ilusório. No saber histórico, ele vem a saber muito sobre o mundo, nada sobre si mesmo; [VII 63] move-se continuamente na esfera do saber aproximativo, enquanto que, com sua presumida positividade, ele se convence de possuir uma certeza que só se poderia ter na infinitude, na qual, porém, como existente ele não pode permanecer, mas apenas alcançar continuamente. Nada de histórico pode tornar-se infinitamente certo para mim, exceto isso: que eu existo (o quê, por sua vez, não pode tornar-se infinitamente certo para nenhum outro indivíduo, que, por sua vez, é, do mesmo modo, apenas infinitamente conhecedor de sua própria existência[82]), o que não é algo de histórico. O resultado especulativo é uma ilusão, à medida que o sujeito existente, pensando, quer abstrair do fato de sua existência e ser *sub specie æterni* [*lat.*: *sob o aspecto da eternidade*].

Os [pensadores] negativos têm, por isso, sempre a vantagem de possuir algo de positivo, a saber: que estão atentos ao negativo; os [pensadores] positivos não têm absolutamente nada, pois estão enganados. Precisamente porque o negativo está presente na existência[83] e está presente em todo lugar (pois o ser-aí[84], a existência[85], está continuamente em devir), o único jeito de libertar-se dele é permanecer continuamente atento a isso. Ao ser assegurado positivamente, o sujeito é justamente feito de bobo.

---

82. *Tilværelse*: existência no sentido genérico de estar-aí [N.T.].
83. *Tilværelse*
84. *Tilværelse*
85. *Existents*

A negatividade que há na existência, ou melhor, a negatividade do sujeito existente (que o seu pensamento deve repercutir[86] essencialmente em uma forma adequada) funda-se na síntese do sujeito, no fato de ele ser um espírito infinito existente. A infinitude e o eterno são a única certeza, mas desde que esta está no sujeito, está na existência[87], e a primeira expressão para isso é seu engano e a imensa contradição de que o eterno vem a ser, de que ele surge[88].

É importante, então, que o pensamento do sujeito existente tenha uma forma na qual consiga repercutir isso. Se ele o diz numa declaração direta, diz algo de não verdadeiro, porque num enunciado direto o engano é justamente excluído e, portanto, também a forma da comunicação cria confusão, como quando a língua do epilético pronuncia a palavra errada, ainda que o orador possa talvez não notá-la tão claramente quanto o epilético. Tomemos um exemplo. O sujeito existente é eterno, mas, enquanto existente, ele é temporal. Ora, o engano da infinitude está em que a possibilidade da morte está presente a cada momento. Toda confiança positiva está então posta sob suspeita. Se não estou consciente disso a cada momento, minha confiança positiva na vida é infantilidade, embora se tenha tornado especulativa, nobre em seus coturnos sistemáticos; mas se realmente tomo consciência disso, então o pensamento da infinitude é tão infinito que parece transformar minha existência em um nada evanescente. [VII 64] Como, então, o sujeito existente repercute essa sua existência de pensamento? Todo homem sabe que com o existir é assim, mas os positivos o sabem positivamente, ou seja, não o sabem de modo algum, – mas dá para entender, pois estão muito atarefados com toda a história do mundo. Uma vez por ano, em uma ocasião solene, esse pensamento os emociona e então anunciam, em forma assertiva, que isso é assim. Mas o fato de que o percebam apenas uma vez, em alguma ocasião solene, revela suficientemente que são muito positivos, e o fato de que o digam com a confiança das asserções mostra que mesmo quando fazem declarações sobre o assunto, não sabem o que dizem; e por isso são capazes de esquecê-lo no momento seguinte. Com efeito, em relação aos pensamentos negativos

---

86. *gjengive*

87. *Tilværelse*

88. *bliver til*

do tipo mencionado, uma forma enganadora é a única adequada, porque a comunicação direta implica a segurança da continuidade, enquanto o engano da existência, ao contrário, quando a alcanço, me isola. Aquele que está atento a isso – aquele que, contente de ser um humano, tem vigor e ócio suficientes para não querer ser enganado para assim receber permissão para *sprechen*[89] a respeito de toda a história do mundo, admirado por seus pares, mas escarnecido pela existência, evitará o enunciado direto. Como se sabe, Sócrates era um ocioso que não se preocupava com a história universal nem com a astronomia (desistiu delas, como Diógenes o narra e, quando, mais tarde, parava imóvel fitando fixamente o espaço, não posso simplesmente decidir se estaria olhando as estrelas, sem mesmo, por outro lado, decidir o que ele estava fazendo). Mas ele tinha tempo e singularidade suficientes para se preocupar com o simplesmente *humano*, uma preocupação que, é bem estranho, é considerada uma singularidade entre os *homens*, ao passo que não é absolutamente singular estar atarefado com a história do mundo, a astronomia e outras matérias tais. Segundo um notável artigo na *Fyenske Tidsskrift* [*Revista da Fiônia*], vejo que Sócrates deve ter sido um tanto quanto irônico. Estava realmente mais do que na hora de ver isso dito por alguém, e estou agora em condições de me atrever a reportar-me àquele artigo quando suponho algo parecido. Quando Sócrates deseja enfatizar especificamente a infinitude, uma das formas que sua ironia assume consiste em, numa primeira instância, ele falar como um louco. Assim como a existência[90] é ardilosa, assim também o é o seu discurso; talvez [VII 65] (pois não sou um homem tão sabido quanto aquele escritor positivo da *Fyenske Tidsskrift*), para evitar conquistar um ouvinte comovido e crédulo que se apropriaria positivamente da declaração a respeito da negatividade da existência. Para Sócrates, essa loucura em primeira instância também pode ter significado que, enquanto conversava com as pessoas, ele também conferenciava *privatissime* [*lat.*: muito em particular] com a ideia sobre o que estava sendo dito, o que ninguém que só consiga falar diretamente poderá entender; e nada adianta dizer-se isso a alguém

---

89. *al.*: falar. Climacus usa o verbo alemão, com a construção danesa, num sentido satírico: *at spreche!* [N.T.].

90. *Tilværelsen*: a vida, o ser aí.

de uma vez por todas, pois o segredo é justamente que isso necessita estar sempre presente em toda parte do pensamento e de sua tradução[91], tal como está presente em toda parte na existência. Nesse sentido, é correto não ser compreendido, pois com isso se está assegurado contra o mal-entendido. Quando, então, Sócrates diz em algum lugar que é curioso que o barqueiro, depois de ter transportado um passageiro da Grécia à Itália, logo de chegada ande calmamente de um lado para o outro na praia e receba seu pagamento como se ele tivesse feito alguma coisa boa, embora ele não possa saber se beneficiou mesmo os passageiros, ou se não teria sido melhor para eles perder a vida no mar: aí ele fala, a rigor, como um louco[92]. Talvez alguns dos presentes realmente o tivessem considerado como maluco (pois, de acordo com Platão e Alcibíades, teria havido uma opinião generalizada que o encarava ao menos como um tipo raro, ἄτοπος[93]); talvez algum outro pensasse que tinha um jeito estranho de falar, talvez. Para Sócrates era o oposto, talvez ele tivesse ao mesmo tempo um pequeno encontro marcado com sua ideia, com a ignorância. Se ele havia alcançado a infinitude na forma da ignorância, ele precisava tê-la por toda parte consigo. Coisas como essa não perturbam um livre-docente[94], ele realiza isso uma vez por ano no § 14, com *pathos* [*gr.*: paixão], e age bem ao não fazer de outro modo, caso ele tenha uma esposa e filhos e perspectivas de um bom ganha-pão, mas nenhuma razão[95] a perder.

O pensador subjetivo existente que tem a infinitude em sua alma, a tem sempre, e por isso sua forma é continuamente negativa. Quando esse é o caso, quando ele, existindo efetivamente, reproduz[96] [VII 66] a forma de sua vida[97] em sua própria existência[98], ele, exis-

---

91. *Gjengivelse*

92. Se alguém, atualmente vivo, falasse dessa maneira, é provável que qualquer um haveria de perceber que ele era maluco, mas os Positivos sabem, e o sabem com positiva certeza [*Bestemthed*], que Sócrates era um sábio, e isso deve ser certíssimo: *ergo*.

93. Grego: extravagante, extraordinário, insólito, absurdo; expressão cara a Kierkegaard [N.T.].

94. *Privat-Docent*

95. *Forstand*

96. *gjengiver*, traduz

97. *Tilværelsens*

98. *Existents*

tindo, é aí sempre tão negativo quanto positivo, pois sua positividade consiste em sua contínua interiorização, na qual ele é conhecedor do negativo. Entretanto, no meio dos assim chamados [pensadores] negativos, há alguns que, depois de terem recebido um aceno do negativo, sucumbiram ao positivo e seguem bradando ao mundo a fim de recomendar, incitar e oferecer à venda sua sabedoria negativa que deixa as pessoas felizes – e pode-se certamente apregoar um resultado, tal como se apregoa arenque de Holstein etc. Esses pregoeiros não são muito mais sagazes do que os pensadores positivos, mas é um tanto inconsistente por parte dos [pensadores] positivos ficarem tão furiosos com eles, pois são essencialmente positivos. Os pregoeiros não são pensadores existentes; talvez já o tenham sido, antes de encontrarem um resultado; a partir desse momento, já não mais existem como pensadores, mas como pregoeiros e leiloeiros.

Mas o autêntico pensador subjetivo existente é sempre tão negativo quanto positivo e vice-versa: ele é sempre o mesmo ao longo de toda sua existência, e não de uma vez por todas em uma quimérica mediação. Sua comunicação está de acordo com isso, de modo que, por ser extraordinariamente comunicativo, não venha ele, irrazoavelmente, a transformar a existência de um aprendiz em algo distinto do que é, basicamente, uma existência humana. Ele está ciente da negatividade do infinito na vida[99]; ele sempre mantém aberta a ferida da negatividade, a qual, às vezes, é o fator de salvação (os outros deixam a ferida fechada e se tornam positivos – enganados[100]); na comunicação, ele expressa o mesmo. Ele não é, portanto, jamais um mestre, mas um aprendiz, e se é continuamente tão negativo quanto positivo, está sempre esforçando-se.

Deste modo, um tal pensador subjetivo de fato perde alguma coisa; ele não recebe da vida a alegria positiva e aconchegante. Para a maioria das pessoas, a vida muda quando atingem um determinado ponto de sua procura; casam-se, assumem postos permanentes, em consequência do que, devem, por uma questão de decoro, levar a bom termo alguma coisa, obter resultados (pois o constrangimento diante dos outros os obriga a obter resultados; menos atenção se

---

99. *Tilværelse*

100. *Positive* – *Bedragne*; poder-se-ia ler também, talvez: positivamente enganados [N.T.].

dá àquilo a que poderia conduzir o pudor diante do deus). Assim acham que estão realmente prontos, ou precisam acreditar nisso pelo costume ou por causa dos usos e costumes, ou ainda lamentam com suspiros e reclamam a respeito das muitas coisas que os impedem de se esforçarem (que ofensa ao deus, se o suspiro se dirigisse a ele; se esse suspiro é só uma questão de costume e hábito; que contradição lamentar-se pela incapacidade de se perseguir o mais alto porque se está buscando alcançar o mais baixo, ao invés de abster-se de lamentar e abster-se de tentar agarrar o mais baixo!) [VII 67], assim, vez ou outra, eles se ocupam também, num pequeno esforço, mas este último é meramente uma nota marginal e insuficiente a um texto concluído há muito tempo atrás. Assim, fica-se dispensado de se prestar ativamente[101] atenção às exaustivas dificuldades contidas no mais simples enunciado a respeito do existir *qua* ser humano, enquanto que, como um pensador positivo, sabe-se tudo sobre a história do mundo e sobre os mais privados pensamentos do nosso Senhor.

Aquele que é existente está continuamente em devir; o pensador subjetivo verdadeiramente existente repercute isso continuamente, pensando, em sua existência, e investe todo seu pensamento no devir. Dá-se aqui o mesmo que no caso de alguém ter estilo. Só tem realmente estilo aquele que nunca deixa algo pronto, mas "agita as águas da linguagem" a cada vez que começa, de modo que, para ele, a expressão mais cotidiana brota com a originalidade do recém-nascido.

Deste modo, estar continuamente em devir é a insídia da infinitude na vida. Ela pode levar ao desespero um homem que viva preso aos sentidos, pois continuamente se sente uma ânsia de ter algo concluído; mas esta ânsia é do mal e se deve renunciar a ela. O perpétuo devir é a incerteza da vida terrena, em que tudo é incerto. Todo ser humano o sabe e o diz de vez em quando, especialmente em uma ocasião solene e não sem suor e lágrimas; di-lo diretamente e comove a si mesmo e aos outros – e mostra na ação o que já tinha mostrado na forma do enunciado: que não entende o que ele mesmo está dizendo![102] [VII 68] Luciano faz Caronte contar, no submundo, a

---

101. *exequerende*
102. Aquilo pelo que se reconhece uma individualidade inteiramente formada é o quão dialético é o pensamento no qual ela tem sua vida cotidiana. Ter a vida cotidiana na dialética decisiva

seguinte estória: um homem estava no mundo de cima e conversava com um de seus amigos a quem convidou para jantar em sua casa, prometendo-lhe um prato raro. O amigo agradeceu pelo convite; então o homem disse: Mas agora afinal vamos deixar acertado que tu virás. Certamente, respondeu o convidado. Então eles saíram e uma telha caiu do teto e matou o convidado. E Caronte completou: Não é algo para se morrer de rir? Suposto que o convidado tivesse sido um orador que talvez um momento antes tivesse comovido a si mesmo e aos outros comentando: que tudo é incerto! Pois é assim que as pessoas falam: num momento sabem tudo e, no mesmo momento, não o sabem. E é por isso que preocupar-se com essa questão e com as dificuldades que ela levanta é algo considerado tolice e excentricidade, porque afinal todos já sabem disso. Com efeito, é glorioso preocupar-se com aquilo que nem todos sabem, com um saber diferenciado, mas é um desperdício de esforço preocupar-se com aquilo que todos sabem – em relação a isso, a diferença é a bobagem de como alguém pode sabê-lo –, pois ninguém pode tornar-se importante com isso. Suposto que o convidado tivesse respondido na base da incerteza – e então? Então sua resposta não teria sido diferente daquela de um homem louco, embora não tivesse sido ainda percebida por muita gente, já que pode mesmo ser dita de modo tão ardiloso que apenas aquele que está familiarizado, por si mesmo, com tais pensamentos, a descobrirá. E ninguém considerará tal coisa como loucura, o que não é, pois, enquanto o enunciado jocoso talvez avance dando voltas zombeteiramente pelo resto da conversa, o orador poderá ter, muito particularmente, um encontro marcado com o deus, que está presente justamente tão logo a incerteza de tudo seja pensada infinitamente. Por isso, aquele que realmente tem um olho para o deus, o vê por toda parte; enquanto que aquele que só o vê em ocasiões extraordinárias, a rigor não o vê de modo algum, mas é supersticiosamente enganado pela visão de um fantasma.

---

da infinitude e contudo continuar a viver: eis a arte. A maioria dos homens tem categorias ordinárias para o uso diário, e a da infinitude só para as ocasiões solenes, ou seja, eles jamais a têm. Possuir, porém, a dialética da infinitude para o uso diário, e nela existir, é naturalmente o esforço mais alto que há; e por sua vez o mais alto esforço é necessário a fim de que o exercício, ao invés de exercitar alguém no existir, não o induza ardilosamente a afastar-se disso. – É bem conhecido que uma salva de canhões faz com que não se consiga ouvir nada; mas também é conhecido que se a gente aguenta [ved at holde ud] consegue ouvir cada palavra como se, por assim dizer, tudo estivesse em silêncio. Assim também acontece com a existência espiritual potenciada pela reflexão.

Que o pensador subjetivo existente seja tão positivo quanto negativo pode também ser expresso dizendo-se que ele tem tanto de cômico quanto de *pathos*. Tal como as pessoas ordinariamente existem, o cômico e o *pathos* são distribuídos proporcionalmente de tal modo que um tem um deles, um outro tem o outro; um, um pouco mais do primeiro, o outro, um pouco menos. Mas, para o existente na dupla-reflexão, a relação é esta: quanto mais *pathos*, tanto mais comicidade. A relação ampara-se, com efeito, reciprocamente. O *pathos* que não se apoia na comicidade é ilusão; o cômico que não se apoia no *pathos* é imaturidade. Só aquele que produz isso por si mesmo irá compreendê-lo, do contrário, não. Soa simplesmente como uma brincadeira o que Sócrates dizia sobre a travessia do mar e, contudo, aquilo era a seriedade suprema. Se aquilo fosse um mero gracejo, [VII 69] talvez muitos o acompanhariam nisso; se fosse somente seriedade, decerto muitos daqueles que transpiram facilmente, ficariam comovidos; mas suponhamos que de modo algum Sócrates o entendesse desse jeito. Soaria como troça se uma pessoa, ao receber um convite, respondesse: Eu irei, com certeza, acredite em mim, a não ser que uma telha caia em minha cabeça e me mate, pois, neste caso, não irei; e, contudo, isso pode ser também a suprema seriedade, e o orador, ao brincar com um ser humano, estaria diante do deus. Suponhamos que houvesse uma mocinha que esperava o amado vindo com a embarcação mencionada por Sócrates. Suponhamos que ela corresse ao porto, encontrasse Sócrates e, com toda a sua paixão amorosa, lhe perguntasse pelo seu amado; suponhamos que Sócrates, velho trocista, em vez de responder-lhe, dissesse: Sim, certamente o capitão está andando autossatisfeito para lá e para cá, e está afagando o dinheiro em seu bolso, embora não possa saber ao certo se não teria sido melhor para os passageiros perecerem no mar – e então? Se ela fosse uma mocinha esperta, perceberia que Sócrates havia dito, de algum modo, que o amado tinha chegado; e se isso fosse certo – e então? Então, ela riria de Sócrates, pois não era tão louca a ponto de não saber cabalmente o quão esplêndido era que seu amado tivesse chegado. Ora, é compreensível, uma tal mocinha também só estaria predisposta para um encontro marcado com seu amado, em abraços eróticos na terra firme, não estaria suficientemente desenvolvida para um socrático encontro marcado com o deus, na ideia, no oceano infinito da incerteza. Mas suponhamos que a mocinha esperta já tivesse feito sua Confirmação – e então? Então, logicamente, teria sabido exatamente o mesmo que Sócrates – a única diferença seria o modo pelo qual vieram a saber. E, contudo, Sócrates provavelmente colocou sua vida inteira nesta diferença; em seu septuagésimo ano ainda não estava pronto com seus esforços para pôr em prática de modo sempre mais interiorizado aquilo que uma moça de dezesseis anos já sabe. Pois ele não era como aquele que sabe o hebraico, e pode então dizer à mocinha: Isso tu não sabes, e precisas de muito tempo para aprender; ele não era como aquele que consegue esculpir o mármore, o que a mocinha decerto logo entenderia que não conseguiria fazer e saberia admirar; não; ele não sabia mais do que ela. Como estranhar, então, que ele fosse tão indiferente em relação à morte, pois o pobre coitado provavelmente havia percebido, ele mesmo, que sua vida estava desperdiçada, e que agora seria muito tarde para recomeçar para aprender aquilo que só os homens notáveis sabem. Como estranhar, então, que ele não fizesse nenhum estardalhaço por causa de sua morte, como se nele o Estado fosse perder algo de insubstituível. Aí, decerto ele deve ter pensado algo assim: Se ao menos eu tivesse sido um professor de hebraico, se ao menos eu tivesse sido um escultor ou um bailarino solista[103] – para nem falar de um gênio da história universal, benfeitor da humanidade – [VII 70] como poderia o Estado jamais se recuperar de minha perda, e como poderiam seus habitantes jamais vir a saber o que eu lhes poderia ter dito! Mas no meu caso não haverá qualquer problema, pois aquilo que eu sei, qualquer um o sabe. Mas era mesmo um brincalhão[104] esse Sócrates: zombar assim do hebraico, da arte da escultura, do balé e do benefício histórico à humanidade[105]; e então, por outro lado, preocupar-se tanto com o deus que, muito embora se exercitando a vida inteira sem interrupção (sim, como um bailarino solista para a glória do deus), ainda enfrentava com dúvidas a questão de conseguir ser aprovado no exame do deus: o que isso significaria?

    A diferença relativa que subsiste na imediatidade entre o cômico e o trágico desaparece na dupla reflexão, em que a diferença se torna infinita e com isso a identidade é posta. Por isso, no plano religioso, a expressão cômica da adoração é tão devota quanto sua

---

103. *Solodandser*
104. *Spøgefugl*
105. *verdenshistoriske Lyksaliggjørelse*

expressão patética. O que motiva tanto o cômico quanto o patético é a desproporção[106], a contradição entre o infinito e o finito, o eterno e o que está vindo a ser[107]. Por isso, um *pathos* que exclui o cômico é um mal-entendido, não é, de jeito nenhum, *pathos*. O pensador subjetivamente existente é, portanto, tão bifronte quanto o é a própria situação da existência. A concepção da desproporção, quando se está voltado para a ideia, é *pathos*; a concepção da desproporção, com a ideia às nossas costas, é comicidade. Quando o pensador subjetivo existente volta sua face em direção à ideia, sua interpretação da desproporção é patética; quando volta suas costas à ideia e a deixa brilhar lá de trás em direção à mesma desproporção, sua interpretação é cômica. Assim, dizer Tu para Deus é o *pathos* infinito da religiosidade; é infinitamente cômico quando viro minhas costas e então, na finitude, olho para aquilo que, vindo de trás, cai dentro do finito. Se eu não esgotei todo o cômico, não tenho de jeito nenhum o *pathos* da infinitude; se eu tenho o *pathos* da infinitude, tenho também prontamente o cômico. – [VII 71] Assim, orar é o mais alto *pathos* da infinitude[108] e, contudo, é o cômico[109], justamente porque em sua

---

106. *Misforholdet*

107. *Vordende*, mutante

108. O olhar fixo socrático é também uma expressão para o *pathos* supremo e, por isso, ao mesmo tempo é igualmente cômico. Façamos um ensaio. Portanto, Sócrates detém-se e fica olhando fixamente para a frente; aí vêm passando dois transeuntes, um diz ao outro: O que está fazendo este homem? A resposta ao primeiro é: Nada. Suponhamos que o primeiro tenha contudo um pouquinho mais de noção sobre interioridade, e que ele dê à ação socrática uma expressão religiosa e diga: Está mergulhado na contemplação do divino, está orando. Fiquemos com esta última expressão: está orando. Mas será que utiliza palavras, articula talvez muitas palavras? Não, Sócrates havia entendido sua relação com Deus de tal modo que ele pura e simplesmente nem ousava dizer qualquer coisa, por receio de cair numa conversa tola e por receio de que lhe fosse realizado um desejo equivocado, do que aliás já deve ter havido exemplos, como quando o oráculo predisse a um homem que todos os seus filhos seriam notáveis, e o pai preocupado avançou mais uma pergunta: E então decerto todos eles hão de morrer miseráveis? E o oráculo respondeu: Também isto te será realizado. Pois aqui o oráculo é bem consequente a ponto de supor que aquele que o consulta é um orante [*en Bedende*: um pedinte] e, bem consequentemente, emprega a expressão *realizado*, que constitui uma triste ironia para o intercessado. Portanto, Sócrates não faz absolutamente nada, nem conversa em seu interior com o deus – e contudo ele faz, sim, a coisa mais elevada de todas. É provável que o próprio Sócrates se desse conta disso e soubesse expô-lo de um modo brincalhão. Ao contrário, o Magister Kierkegaard dificilmente o terá entendido, a concluirmos de sua Dissertação. Com efeito, citando ali o diálogo *Alcibiades secundus*, ele comenta a relação negativa de Sócrates com a oração, mas, como seria de se esperar de um positivo candidato em Teologia de nosso tempo, não se abstém de dar um lição a Sócrates, numa Nota, de que essa só seria verdadeira até um certo grau.

109. Não falo aqui do cômico casual, como se um homem em oração segurasse o chapéu diante de seus olhos, sem se dar conta de que falta a parte superior do chapéu, de modo que por acaso se poderia vê-lo face a face.

interioridade orar é algo de incomensurável com toda e qualquer expressão externa, especialmente quando se concorda com a palavra da Escritura sobre o ungir a cabeça e lavar o rosto quando se jejua. O cômico está presente aqui de dois modos. O cômico reprovável surgiria se, por exemplo, um homem forte como um carvalho andasse orando[110] em procissão e, para indicar a interioridade da oração, se torcesse e contorcesse em vigorosas poses que, especialmente se o orador[111] tivesse os braços desnudos, seriam instrutivas para um artista que estudasse os músculos braçais. A interioridade da oração e seus suspiros inexprimíveis são incomensuráveis com o aspecto muscular. O cômico verdadeiro está em que o infinito pode operar num ser humano sem que ninguém, ninguém o perceba nele. Em relação ao constante vir-a-ser, o cômico e o patético estão presentes simultaneamente na repetição da oração; justamente sua infinitude em interioridade parece tornar a repetição impossível [VII 72] e, por isso, a própria repetição é tanto algo para rir quanto para lamentar.

Tal como o pensador subjetivo existente existe, ele mesmo, desse modo, assim também sua apresentação o exprime, e, por isso, ninguém pode apropriar-se de seu *pathos* sem mais nem menos. Tal como as cenas[112] cômicas num drama romântico, assim também o cômico se insinua na exposição de Lessing, talvez às vezes no lugar errado, talvez sim, talvez não; não posso dizê-lo com certeza. O Hauptpastor Goetze[113] é uma figura altamente *ergötzlich*[114] a quem Lessing conservou comicamente para a imortalidade ao torná-lo inseparável de sua apresentação. É perturbador, compreende-se, não podermos nos dedicar a Lessing com a mesma confiança que temos nas exposições daqueles que com autêntica seriedade especulativa fazem de uma coisa tudo e, assim, logo têm tudo pronto.

O fato de que o pensador existente subjetivo esteja continuamente esforçando-se não significa, entretanto, que num sentido finito ele tenha uma meta em direção à qual ele se esforça e com a qual estaria

---

110. *bedende*

111. *Talende*

112. *Partier*

113. Numa tradução literal do título e do nome teríamos: "Arquipastor Ídolo" [N.T.].

114. *al.*: divertida; o autor faz um trocadilho cômico com o nome do pastor [N.T.].

pronto, quando a alcançasse; não, ele se esforça infinitamente, está sempre em devir, algo que está assegurado pelo fato de ele ser tão negativo quanto positivo, e de ter tanta comicidade essencial quanto *pathos* essencial; o que tem seu motivo no estar ele, afinal de contas, existindo, e em pensando o exprimir[115]. O devir é a própria existência do pensador, da qual se pode até, irrefletidamente, abstrair, e tornar-se objetivo. Quão longe ou quão perto ele avança, não tem essencialmente nada a ver com a coisa mesma (é afinal apenas uma comparação finita relativa); enquanto estiver existindo, estará no devir.

A existência mesma, o existir, é esforço, e é tão patética quanto é cômica; patética porque o esforço é infinito, i. é, dirigido ao infinito, é um processo de infinitizar, que é o mais elevado *pathos*; cômica porque o esforço é uma autocontradição. Numa perspectiva patética, um segundo tem valor infinito; numa perspectiva cômica, 10.000 anos não passam de uma brincadeira, como o dia de ontem, e contudo o tempo em que está o indivíduo existente consiste, de fato, de tais partes. Quando se declarar, pura e simplesmente, que 10.000 anos não passam de uma brincadeira, uma multidão de tolos nos acompanhará e o considerará como sabedoria, mas esquecerá o outro lado, que um segundo tem valor infinito. Quando se disser que um segundo tem valor infinito, um ou outro se espantará e entenderá melhor que 10.000 anos têm infinito valor, [VII 73] e, contudo, um lado é tão difícil de entender quanto o outro, assim que nos damos tempo para compreender o que tem que ser compreendido; ou se, de outro modo, se está tão infinitamente tomado pelo pensamento de não se ter tempo para desperdiçar, nem um segundo, que um segundo adquire valor infinito.

Esta natureza da existência recorda a concepção grega de *Eros* como se encontra no *Banquete* e como Plutarco corretamente explica em sua obra sobre Ísis e Osíris (§ 57). O paralelo com Ísis, Osíris e Títon não me interessa, mas quando Plutarco recorda que Hesíodo apresentou Caos, Terra, Tártaro e Amor como entidades primordiais, então é muito pertinente lembrar Platão. Pois aqui o amor erótico significa manifestamente existência, ou aquilo pelo qual a vida está

---

115. *gjengiver*

no todo, essa vida que é a síntese de finito e infinito. De acordo com Platão, Penúria e Recurso[116] geraram, portanto, *Eros*, cuja natureza é formada a partir de ambos. Mas o que é a existência? É aquela criança que foi gerada pelo infinito e o finito, pelo eterno e o temporal, e que, por isso, está continuamente esforçando-se. Esta era a opinião de Sócrates: por isso o amor está sempre esforçando-se, ou seja, o sujeito pensante é existente. Só que os sistemáticos e os objetivos cessaram de ser homens e se transformaram na especulação, que reside no puro ser. O socrático não deve, é claro, ser entendido de modo finito como um esforço continuado e perpétuo em direção a uma meta que nunca se atinge. Não, mas, por mais que o sujeito tenha a infinitude dentro de si, por ser existente ele está no devir. O pensador que consegue, em todo seu pensar, esquecer de pensar simultaneamente que está existindo, não explica a existência[117], ele faz uma tentativa de deixar de ser um humano, de tornar-se um livro ou algo objetivo como só um Münchhausen pode tornar-se. Que o pensamento objetivo tenha sua realidade[118] não se nega, mas em relação a todo pensamento em que precisamente a subjetividade deva ser acentuada, isso será um mal-entendido. Mesmo que um homem ocupe toda a sua vida exclusivamente com a lógica, ainda assim ele não se transforma só por isso na lógica, ele próprio, portanto, existe em outras categorias. Agora, se ele acha que pensar sobre isso não tem valor, então deixe estar, não será nada agradável para ele aprender que a existência[119] zomba daquele que está querendo ser puramente objetivo.

[VII 74] 3 O que será discutido neste e no próximo item deixa-se referir de modo mais determinado a Lessing, à medida que o enunciado pode ser citado diretamente, embora, por sua vez, não de uma maneira diretamente determinada, já que Lessing não é docente[120], mas é subjetivamente evasivo[121], sem pretender obrigar ninguém a

---

116. Em grego, seriam *Penia* e *Poros* [N.T.].
117. *Tilværelsen*
118. *Realitet*
119. *Tilværelsen*
120. *docerende*
121. *eviterende*

aceitar algo por causa dele e sem pretender encaminhar alguém a uma continuidade direta com o autor. Talvez o próprio Lessing tenha compreendido que tais coisas não se deixam ensinar[122] diretamente; pelo menos a atitude de Lessing deixa-se explicar dessa maneira, e talvez essa explicação seja correta, talvez.

Lessing disse (*S.W.*, 5. vol., p. 80) que verdades históricas contingentes nunca podem se tornar uma demonstração de verdades racionais eternas; e também (p. 83) que a transição, pela qual se quer construir sobre uma informação histórica uma verdade eterna, é um salto.

Vou agora examinar esses dois enunciados mais detalhadamente e correlacioná-los com aquele problema das *Migalhas*: Pode-se construir uma verdade eterna sobre um conhecimento histórico? Antes, porém, quero abrir espaço para uma observação que pode servir para mostrar o quão enganador é o pensamento humano, que se assemelha à leitura de um discípulo: "Ele faz como se lesse, e no entanto não lê". Quando dois pensamentos são inseparáveis em sua relação recíproca, de tal modo que se alguém consegue pensar um deles, consegue *eo ipso* [*lat.*: precisamente por isso] pensar o outro, então, não é raro que, de boca em boca, de geração a geração, circule uma *opinion* [*fr.*: opinião] que acha fácil pensar um dos pensamentos, enquanto que uma *opinion* oposta acha difícil pensar o outro pensamento, sim, estabelece a prática de duvidar[123] com relação a elas. E, contudo, a verdadeira relação dialética é que quem possa pensar um pensamento *eo ipso* possa pensar o outro – sim, *eo ipso* já tenha pensado o outro – caso tenha pensado o primeiro. Tenho em vista com isso o quase dogma sobre a eternidade das penas do inferno[124]. O problema anunciado nas *Migalhas* era: Como alguma coisa histórica pode ser decisiva para a felicidade eterna? Quando "decisiva" é predicada, está *eo ipso* dito que quando a felicidade eterna é decidida, a infelicidade eterna é também decidida, quer seja mencionada ou excluída. [VII 75] Seria fácil entender a primeira asserção; todo e qualquer sistemático já a pensou, e todo e qualquer crente, e afi-

---

122. *docere*

123. *skeptisere*

124. Essa questão é discutida de modo muito agudo por Lessing [N.T.].

nal de contas todos nós somos crentes; é uma barbada[125] achar um ponto de partida histórico para a sua felicidade eterna e conseguir pensá-lo. Em meio a essa segurança e confiabilidade, ocasionalmente vem à tona a pergunta sobre uma infelicidade eterna decidida por um ponto de partida histórico no tempo: eis aí uma questão difícil! Não se consegue chegar a um acordo consigo mesmo sobre o que se deve aceitar, e se concorda em deixar a coisa ficar como algo que pode ser usado ocasionalmente numa exposição popular, mas que permanece não decidido. Ai, ai, ai, e desse jeito fica mesmo decidido; nada é mais fácil – desde que se tenha decidido a primeira parte. Magnífica inteligência humana – quem pode olhar dentro de teus olhos inteligentes sem uma silenciosa elevação espiritual! Eis então o resultado da inteligência coerente: a primeira ideia se compreende; a outra se deixa em suspenso, ou seja, não se consegue compreender; e contudo, uma e outra são, bem, estou quase embaraçado de dizê-lo, elas são uma e a mesma coisa[126]. Pode o tempo, e a relação a um fenômeno histórico inserido no tempo, ser decisivo para uma felicidade eterna, então ele também o será *eo ipso* para a decisão sobre uma infelicidade eterna. A inteligência humana comporta-se de outra maneira. Com efeito, uma felicidade eterna é uma pressuposição eterna retroativa, na imanência, para qualquer indivíduo. Enquanto eterno, o indivíduo está acima do tempo e, portanto, tem sempre a sua felicidade eterna em sua retaguarda; e isso quer dizer: só uma felicidade eterna pode ser pensada; uma infelicidade eterna não se deixa pensar de jeito nenhum. Pensado filosoficamente, isso está em ordem. Agora chega o cristianismo e coloca a disjunção: ou bem uma felicidade eterna ou bem uma infelicidade eterna; e a decisão no tempo. O que faz então a inteligência humana? Não faz o mesmo que as *Migalhas*, não se torna atenta ao fato de que esta é uma questão difícil e que a exigência de pensar isso é a proposta mais difícil que pode ser feita, tampouco faz o que podia ser feito quanto ao primeiro aspecto, nem ao menos levanta o problema. Não,

---

125. *det er et Smørrebrød*: tradução literal: "é um pãozinho com manteiga"; expressão da Jutlândia [N.T.].

126. De acordo com isso, as *Migalhas* bem poderiam ter exposto a antítese e colocado o problema nos seguintes termos: Como pode algo de histórico tornar-se decisivo para uma infelicidade eterna [*evig Usalighed*]? Nesse caso, a reflexividade humana [*Tænksomhed*] teria achado que havia algo a perguntar a respeito, já que para isso não há resposta.

ela mente um pouquinho e aí fica fácil. Toma o primeiro membro da disjunção (ou bem uma felicidade eterna) e com isso compreende o pensamento imanente, o qual exclui precisamente a disjunção, e, assim, já pensou o todo, até declarar então sua falência [VII 76] em relação ao segundo membro da disjunção e explicar que não consegue pensá-lo, o que equivale a bater na própria boca e denunciar-se como aquela que não chegou a pensar o primeiro membro. O paradoxo do cristianismo consiste em continuamente fazer uso do tempo e do histórico em relação ao eterno; mas todo o pensar reside na imanência, e então, o que a inteligência humana faz? Ela pensa a imanência, faz de conta que esta é a primeira metade da disjunção, e desse jeito pensou o cristianismo[127].

Agora, vejamos Lessing. A passagem se encontra num pequeno ensaio *Über den Beweis des Geistes und der Kraft; an den Herrn Director Schumann* [Sobre a demonstração do espírito e da força; ao Sr. Diretor Schumann]. Lessing se opõe ao que eu chamaria de introduzir-se quantitativamente numa decisão qualitativa; ele combate a transição direta da confiabilidade histórica para uma decisão de uma felicidade eterna. Ele não nega (pois sabe fazer logo concessões para que as categorias se tornem claras) que o que está narrado nas Escrituras sobre milagres e profecias seja tão confiável quanto outras fontes históricas; de fato, é tão confiável quanto fontes históricas em geral o podem ser: *Aber nun, wenn sie nur eben so zuverlässig sind, warum macht man sie bei dem Gebrauche auf einmal unendlich zuverlässiger* [Mas então, se elas só são tão confiáveis quanto isso, por que são tratadas como se fossem infinitamente mais confiáveis]? (p. 79) – a saber, porque se deseja basear nelas a aceitação de uma doutrina que é condição para uma felicidade eterna, isto é, basear nelas uma felicidade eterna. Como qualquer outro, Lessing está disposto a acreditar que um Alexandre que subjugou toda a Ásia tenha realmente existido, *aber wer wollte auf diesen Glauben hin irgend etwas von groβem und dauerhaftem Belange, dessen Verlust nicht zu ersetzen wäre, wagen* [mas quem, com base nessa crença, quereria

---

127. As provas com que uma piedosa ortodoxia quis assegurar aquele dogma da eternidade das penas do inferno devem ser encaradas como um mal-entendido. Contudo, seu comportamento não é, de maneira alguma, da mesma natureza do da especulação; pois dado que ele reside realmente na disjunção, torna-se supérflua qualquer prova.

arriscar qualquer coisa de grande, de valor perene, cuja perda fosse irreparável]? (p. 81).

É sempre a transição, a passagem direta da confiabilidade histórica para uma decisão eterna, o que Lessing contesta. Por isso ele se posiciona de modo a fazer uma diferença entre notícias de milagres e profecias – e o ser contemporâneo com esses. (As *Migalhas* atentaram para essa diferença [VII 77] ao elaborar poeticamente em termos experimentais a contemporaneidade e, desse modo, afastar o que tem sido chamado de historicamente posterior.) Das notícias, ou seja, daquela confiabilidade concedida, nada segue, diz Lessing; mas, acrescenta, se ele tivesse sido contemporâneo dos milagres e das profecias, isso lhe teria ajudado[128]. Bem informado, como Lessing sempre está, ele protesta, portanto, contra uma citação meio enganosa de Orígenes, que tem sido introduzida para dar relevo a essa demonstração da verdade do cristianismo. Protesta ao acrescentar a conclusão das palavras de Orígenes, onde se vê que Orígenes admite que milagres ocorreram até mesmo em seu próprio tempo, e que ele atribui tanto poder demonstrativo a esses milagres dos quais é de fato contemporâneo, quanto àqueles sobre os quais ele lê.

Já que Lessing tomou tal posição em relação a uma dada exposição, ele não tem oportunidade de levantar o problema dialético sobre se a contemporaneidade seria de algum modo útil, se esta poderia ser mais do que uma *ocasião*, o que o relato histórico também pode ser. Lessing parece defender o oposto, mas talvez esta aparência seja produzida a fim de *e concessis* [*lat.*: com base nas premissas opostas] dar a seu jogo de esgrima uma maior claridade dialética frente a um indivíduo particular. As *Migalhas*, pelo contrário, tentavam mostrar que a contemporaneidade não tem qualquer utilidade, porque não há em toda a eternidade nenhuma transição direta, o que seria de fato uma enorme injustiça contra todos aqueles que vieram depois, uma injustiça e uma disjunção que seria muito pior do que aquela, que foi abolida pelo cristianismo, entre judeus e gregos, entre circuncidados e não circuncidados.

---

128. Aqui talvez o leitor há de recordar o que lá nas *Migalhas* foi exposto sobre a impossibilidade de se tornar contemporâneo (no sentido imediato) de um paradoxo, e além disso, sobre o fato de a diferença entre o discípulo contemporâneo e o posterior ser evanescente.

O próprio Lessing resumiu seu problema nas seguintes palavras, que ele editou com espaçamento[129]: z u f ä l l i g e G e s c h i c h t s w a h r h e i t e n k ö n n e n d e r B e w e i s v o n n o t h w e n d i g e n V e r n u n f t s w a h r h e i t e n n i e w e r d e n [*verdades históricas contingentes nunca podem se tornar a prova de verdades racionais necessárias*][130]. [VII 78] O que choca aqui é o predicado: *zufällige* (contingentes). Isso é enganador; poderia parecer que leva à distinção absoluta entre verdades históricas essenciais e contingentes, uma distinção[131] que é, no entanto, tão somente uma subdivisão[132]. Se, não obstante a identidade do predicado superior ("histórico"), distingue-se ali de modo absoluto, poderia parecer que daí se segue que em relação às verdades históricas essenciais uma passagem direta poderia ser formada. Eu poderia então me acalorar e dizer: é impossível que Lessing pudesse ser tão inconsequente; *ergo* – e meu acaloramento provavelmente convenceria a muitos. No entanto, limitar-me-ei, por cortesia, a um "talvez", que assume que Lessing ocultou tudo no predicado *contingente*, mas diz apenas alguma coisa, de tal modo que "contingente" não seria um predicado relativamente distintivo, ou um predicado que diferencia espécies, mas sim um predicado do gênero: "verdades históricas", que, como tais, são contingentes. Se não for assim, reside aqui todo o mal-entendido que, sempre de novo, percorre a filosofia mais recente: fazer do eterno, sem mais nem menos, algo de histórico, e poder conceber[133] a necessidade do histórico[134]. Tudo que se torna histórico[135] é

---

129. Também chamado: grifo alemão [N.T.].

130. Em relação a esse modo de pôr a questão está bem claro que as *Migalhas* propriamente combatem Lessing, à medida em que ele estabeleceu a preferência para a contemporanei-dade, em cuja negação consiste o problema propriamente dialético, e pela qual a resposta ao problema de Lessing recebe uma outra significação.

131. *Distinction*

132. *Subdivision*

133. *begribe*

134. No que toca a essa prestidigitação sistematicamente arrevesada [*systematisk-bagvendte Kunststykke*], o leitor recordar-se-á do que foi enfatizado nas *Migalhas*, que nada vem a ser necessariamente (porque vir-a-ser e necessidade se contradizem mutuamente), e que, por isso, menos ainda algo torna-se necessariamente por ter-se tornado, dado que necessariamente é o único modo em que não se pode vir a ser, porque isso sempre pressupõe ser [*bestandigt forudsætter at være*: sempre supõe ser previamente].

135. *der bliver historisk*

contingente; pois, precisamente por vir-a-ser[136], torna-se histórico[137], tem seu momento de contingência, pois contingência é justamente o único fator em todo devir[138]. – Nisso repousa, mais uma vez, a incomensurabilidade entre uma verdade histórica e uma decisão eterna.

Entendida deste modo, a passagem pela qual algo histórico e a relação a isso torna-se decisiva para uma felicidade eterna é uma μεταβασις εις αλλο γενος [*gr.*: mudança de um gênero a outro]. (Lessing chega a dizer: se não for assim, então não consigo compreender o que Aristóteles quis dizer com isso, p. 82), um salto, tanto para o contemporâneo quanto para aquele que vem depois. Trata-se de um salto, e esta é a palavra que Lessing empregou dentro da limitação contingente que é caracterizada [VII 79] por uma ilusória distinção entre contemporaneidade e não contemporaneidade. Suas palavras soam assim: *Das, das ist der garstige breite Graben, über den ich nicht kommen kann so oft und ernstlich ich auch den Sprung versucht habe* [Esse, esse é o fosso largo e feio que não posso ultrapassar, por mais que, frequente e seriamente, eu também tenha tentado o salto] (p. 83). Talvez aquela palavra: salto, seja apenas um modo de expressão estilístico, talvez por isso a metáfora seja desenvolvida na imaginação pela adição do predicado *breit* [*al.*: largo], como se mesmo o menor dos saltos não possuísse a qualidade de tornar o fosso infinitamente largo, como se não fosse igualmente difícil para aquele que *de jeito nenhum* consegue saltar, seja o fosso largo ou estreito, como se não fosse a aversão dialeticamente apaixonada ao salto que faz a vala infinitamente larga, tal como a paixão de Lady Macbeth faz a mancha de sangue tão imensamente grande que o oceano não conseguiria limpá-la. Talvez seja também astúcia da parte de Lessing empregar a palavra: *ernstlich* [*al.*: seriamente], pois em relação ao saltar, especialmente quando a metáfora é desenvolvida pela imaginação, seriedade tem algo de farsa, pois permanece sem relação, ou numa relação cômica com o salto, já que não é a largura do fosso, num sentido exterior, que o impede, mas é a paixão dialética, num sentido interior, que torna o fosso infinitamente largo. Ter estado muito perto de fazer alguma coisa já tem seu aspecto

---

136. *bliver til*: entrar na existência
137. ou: vem-a-ser historicamente, *bliver historisk* [N.T.].
138. *Tilblivelse*: origem/entrada na existência

cômico, mas ter estado muito próximo de dar o salto não significa absolutamente nada, justamente porque o salto é a categoria da decisão. Agora, ter querido, com a máxima seriedade, dar o salto – sim, é mesmo um maroto[139] esse Lessing, pois decerto o que fez, com suprema seriedade, foi alargar o fosso: não é a mesma coisa que fazer de bobas as pessoas? Contudo, como se sabe, no que tange ao salto, é possível também zombar das pessoas de uma maneira mais apreciada: a gente fecha os olhos, se agarra pelo próprio cangote *à la* Münchhausen, e então – então já se está do outro lado, daquele outro lado do bom-senso, na terra sistematicamente prometida.

Esse termo: "o salto", está aliás ligado ao nome de Lessing também de um outro modo. Por mais raro que seja algum pensador dos tempos recentes recordar o belo modo grego de filosofar pela engenhosa concentração de si mesmo e de sua própria existência pensante numa única sentença, breve e feliz, a respeito de certa relação, L. lembra assim vivamente os gregos. Seu conhecimento não é uma mixórdia erudita ou uma mediação genuinamente especulativa de todo o diz-que-diz-que do que Fulano e Beltrano, gênios e livre-docentes, pensaram e escreveram; seu mérito não consiste em enfileirar todo esse esplendor no fio do método historicizante; [VII 80] não, breve e simplesmente, ele tem algo de seu. Tal como de muitos dos pensadores gregos em vez de mencionar seu nome se pode citar seu lema, L. também deixou uma última palavra. A "última palavra" de Lessing, como se sabe, provocou, naquela época, bastante escrevinhação. O nobre e entusiástico Jacobi, que muitas vezes com amável simpatia se pronunciou sobre sua necessidade de ser entendido por outros pensadores, sobre o desejável de estar de acordo com outros, foi o confessor a quem se reservou preservar a última palavra de L. É claro, compreende-se, era uma difícil tarefa servir de confessor de um irônico como L., e Jacobi precisou tolerar muita coisa, imerecidamente, à medida que foi injustamente atacado; e merecidamente, à medida que L., afinal, não o mandara chamar, de jeito nenhum, para o papel de confessor, muito menos pedira a ele para tornar público o diálogo, e, menos ainda, para colocar o acento patético no lugar errado.

---

139. *skjelm*: velhaco

Há em toda a situação algo de altamente poético: duas individualidades tão marcantes como L. e J., em um diálogo um com o outro. O inesgotável porta-voz do entusiasmo como observador e o astuto L. como catecúmeno. J. deve então examinar como estão as coisas propriamente com L. O que acontece? Horrorizado[140], descobre que, talvez, no fundo, L. seja um espinosista. O entusiasta arrisca-se ao máximo e lhe sugere aquele *salto mortale*[141], a única coisa que salva. Aqui tenho de fazer uma pausa por um instante; poderia parecer que J. vem a ser, afinal de contas, o inventor do salto. Contudo, é preciso notar: antes de mais nada, que J. não tem realmente clareza a respeito do lugar a que o salto essencialmente pertence. Para começar, seu *salto mortale* é apenas um ato de subjetivação confrontado com a objetividade de Espinosa; não é a passagem do eterno ao histórico. Primeiramente, ele não tem clareza dialética acerca do salto, de que este não se deixa ensinar[142] ou comunicar diretamente, justamente porque o salto é um ato de isolamento, dado que, no que toca àquilo que não pode nem mesmo ser pensado, remete ao indivíduo singular[143] decidir-se a aceitá-lo, crente, em virtude do absurdo. Jacobi quer, apoiado na eloquência, ajudar alguém a realizar o salto. Mas isso é uma contradição, e toda incitação direta é precisamente um obstáculo para verdadeiramente se chegar a fazê-lo, o que não deve ser confundido com asserções sobre querer tê-lo feito. Suposto que o próprio Jacobi tenha dado o salto; suposto que, com o apoio da eloquência, tenha convencido um aprendiz a querer fazer o mesmo: então o aprendiz ganha uma relação direta com J. e, consequentemente, [VII 81] não chega a dar ele próprio o salto. A relação direta entre um ser humano e outro é naturalmente muito mais fácil, satisfaz a simpatia e a própria necessidade muito mais rápida e ostensivamente e, aparentemente, de modo mais garantido; isso se compreende diretamente e não há nenhuma necessidade daquela dialética do infinito para manter a si mesmo infinitamente resignado e infinitamente entusiasta na simpatia do infinito, cujo segredo é

---

140. *Forfærdet*

141. *Italiano*: salto mortal, expressão adotada por Jacobi, num sentido diferente do salto de Kierkegaard [N.T.].

142. *docere*

143. *den Enkelte*

justamente a renúncia à fantasia de que em sua relação para com Deus um ser humano não teria de ser tão forte quanto o outro, o que faz do pretenso mestre um aprendiz que cuida de si mesmo, e faz de toda aprendizagem uma brincadeira divina, porque todo ser humano é, no essencial, ensinado somente por Deus. - Em relação a Lessing, Jacobi deseja então apenas companhia para dar o salto; sua eloquência é a de alguém enamorado por Lessing, e por isso é tão importante para ele ter Lessing a seu lado. Prontamente se percebe a ambiguidade dialética disso: o bem-falante, aquele que está convicto para toda a eternidade, sente em si força e poder para conquistar outros para sua convicção, ou seja, ele é tão inseguro que precisa do assentimento de outros para sua entusiástica convicção. Ao fim de tudo, o entusiasta que não é capaz de expressar seu entusiasmo em relação a qualquer ser humano, na forma da oposição, não é o mais forte, mas o mais fraco, e tem apenas a força feminina que está na fraqueza. Jacobi não compreendeu como se disciplinar artisticamente a si mesmo para se contentar com, em existindo, exprimir a ideia. A pressão do isolamento, que está posta especificamente no salto, não consegue coagir Jacobi, ele precisa divulgar algo; transbordante, ele sempre recai naquela eloquência que, em vigor, substância e efervescência lírica, às vezes se equipara à de Shakespeare, mas que, contudo, quer ajudar os outros numa relação direta para com o orador ou, como *in casu*, quer ganhar para si o consolo de que Lessing está de acordo com ele.

Prossigamos. Quando então Jacobi, com *horreur*[144] descobre que Lessing é a rigor um espinosista, ele fala francamente, com toda a sua convicção. Ele quer tomar Lessing de assalto. Lessing responde[145]: "*Gut, sehr gut! Ich kann das alles auch gebrauchen; aber ich kann nicht dasselbe damit machen. Überhaupt gefällt Ihr Salto mortale mir nicht übel, und ich begreife wie ein Mann* [VII 82] *von Kopf auf diese Art Kopfunten machen kann, um von der Stelle zu kommen; nehmen Sie mich mit, wenn es angeht* [Bom, muito bom! Posso realmente fazer uso disso tudo; mas não posso fazer o mesmo com isso. Afinal, bem que gosto de seu *salto*

---

144. horror, *francês* no original, combinando com as expressões correspondentes no dinamarquês [N.T.].
145. Cf. Fr. H. Jacobi, Ges. Werke, 4. Bd., I. Abth. p. 74.

mortale, e vejo como um homem com uma boa cabeça pode, deste modo, abaixar sua cabeça num salto para avançar; leve-me consigo, se der]". Aqui a ironia de Lessing é soberbamente evidente; ele supostamente sabe que quando alguém está para saltar, certamente precisa fazê-lo sozinho, e também estar sozinho no ato de compreender corretamente que o salto é uma impossibilidade. Temos de admirar sua urbanidade e sua predileção por Jacobi, assim como sua arte da conversação que diz cortesmente: *"nehmen Sie mich mit – wenn es angeht* [leve-me consigo – se der]". Jacobi prossegue, dizendo: *"Wenn Sie nur auf die elastische Stelle treten wollen, die mich fortschwingt, so geht es von selbst* [Se você se colocar no ponto elástico que me catapulta, o resto segue por si]". Isso, aliás, está dito muito bem, contudo o que há de incorreto é que ele aí quer fazer do salto algo de objetivo, e do saltar algo análogo a, por exemplo, achar o ponto de Arquimedes. O que há de bom na resposta é que ele não quer manter um relacionamento direto, uma comunidade direta, no salto. Então se seguem as últimas palavras de Lessing: *"Auch dazu gehört schon ein Sprung, den ich meinen alten Beinen und meinem schweren Kopfe nicht mehr zumuthen darf* [Também para isso já se precisa de um salto, que não tenho o direito de exigir de minhas pernas velhas e de minha cabeça pesada]". Aqui Lessing é irônico por meio do fator dialético, enquanto que sua última tirada tem todo o colorido socrático – falar de comida e bebida, médicos, burros de carga e coisas tais, *item* [*lat*.: igualmente] falar de suas pernas velhas e de sua cabeça pesada. Embora, como é frequentemente notado, o salto seja a decisão, Jacobi, contudo, quer como que esboçar uma passagem para isso; ele, o eloquente, quer atrair Lessing. "Isto não é nada demais", ele diz, "a coisa não é tão difícil. Apenas pise no ponto elástico – e então o salto virá por si". Este é um exemplo muito bom da fraude piedosa da eloquência; é como se alguém quisesse recomendar a execução pela guilhotina e dissesse: "É tudo muito simples, você apenas se deita numa tábua, uma corda é puxada, e então o machado cai – e você foi executado". Mas suponha-se agora que ser executado é o que não se desejava: e o mesmo se dê com o saltar. Quando alguém é avesso ao salto, tão avesso que esta paixão torna "o fosso infinitamente largo", o ejetor mecânico[146] mais engenhosamente elaborado não o ajudará de modo algum. Lessing percebe muito bem que o salto, enquanto decisivo, é qualitativamente dialético, e não permite nenhuma transição aproximativa. Sua resposta é, portanto, um gracejo[147]. Está longe de ser dogmática; é dialeticamente correta de todo, é pessoalmente evasiva e, em vez de se precipitar a inventar a mediação, ele apela para suas velhas pernas e sua cabeça pesada. E é evidente que aquele que tiver pernas jovens e uma cabeça leve poderá saltar facilmente. [VII 83]

Assim se completa[148] o contraste psicológico entre Lessing e Jacobi. Lessing repousa em si mesmo, não sente nenhum impulso[149] para comunidade; por isso ele cede[150] ironicamente e se esquiva de Jacobi apoiando-se em suas velhas pernas – que não são aptas para saltar; não faz nenhuma tentativa de convencer Jacobi de que não existe nenhum salto[151]. Jacobi, ao contrário, só pensa em si mesmo, a despeito de todo o seu entusiasmo pelos outros, e que ele queira, por todos os meios, convencer Lessing, é precisamente um anseio[152] seu; que ele pressione[153] Lessing com tanta veemência, mostra que ele precisa de[154] Lessing – para brincarmos com as preposições, algo que Jacobi apreciava tanto.

Em suma, do que se tratou entre Jacobi e Mendelssohn, por intermédio de Emilie (Reimarus), a respeito da relação de Jacobi com Lessing, pode-se obter uma noção geral de quão inesgotável foi L. ao, com jovialidade grega, brincar dialeticamente com Jacobi, a quem

---

146. *Springemaskine*: literalmente, máquina para saltar.

147. *en Spøg*

148. *afrunder*

149. *Trang*

150. *parører*

151. Foi uma sorte para Lessing ele não ter vivido no século XIX, tão sério quanto autenticamente dogmático-especulativo; ele teria tido talvez de vivenciar que um homem de extrema seriedade, que em verdade não tinha a menor compreensão para brincadeiras [*ikke forstod Spøg*], propusesse seriamente que Lessing deveria retornar à escola dominical [*gaae om igjen til Præsten*] para aprender a seriedade.

152. *Trang*

153. *trænge paa*

154. *trænge til*

ele, por outro lado, respeitava tão altamente. Assim, conta J. que L. disse, certa vez, *mit halbem Lächeln: Er selbst wäre vielleicht das höchste Wesen, und gegenwärtig in dem Zustande der äussersten Contraction* [com um meio-sorriso: Ele próprio talvez fosse o Ser supremo e, atualmente, no estado de extrema contração][155]. Como estranhar, então, que Lessing fosse tido por panteísta? [VII 84] E, contudo, a brincadeira é tão clara (sem que, por isso, o seu enunciado precise ser mera brincadeira) e especialmente magnífica numa referência posterior ao mesmo enunciado. Pois quando ele estava com J. na casa de Gleim, e durante a refeição começou a chover – algo que Gleim lamentou, já que depois do jantar deveriam descer ao jardim – disse L. a J. (presumivelmente de novo *mit halbem Lächeln*): *Jacobi, Sie wissen, das thue ich vielleicht* [Você sabe, Jacobi, talvez seja eu quem faz isso].

Mendelssohn, que também chegou a comentar esses assuntos, viu no salto, de resto com toda razão, a culminação lírica do pensamento. Quer dizer, quando o pensamento[156] busca liricamente ultrapassar-se a si mesmo, está querendo descobrir o paradoxal. Este pressentimento é a unidade de brincadeira e seriedade, e neste ponto situam-se todas as categorias cristãs. Fora desse ponto, qualquer determinação dogmática é um filosofema, que brotou do coração da humanidade, e que se pode pensar de forma imanente. A última coisa que o pensamento humano pode querer é querer passar além de si mesmo no paradoxal. E o cristianismo é justamente o paradoxal. – Mendelssohn diz: *"Zweifeln, ob es nicht etwas giebt, das nicht nur alle Begriffe übersteigt, sondern völlig außer dem Begriffe liegt, dieses nenne ich einen Sprung über sich selbst hinaus* [Duvidar se não há algo que não só ultrapassa todos os conceitos, mas que se encontra inteiramente fora do conceito, isso eu chamo de um salto

---

155. Dialeticamente esta confusão não é tão fácil de solucionar. Nas *Migalhas* eu lembrei como é que ela ocorre e que o autoconhecimento de Sócrates encalhava nesta coisa estranha [*paa det Besynderlige*]: que ele não sabia com certeza se ele era um homem ou um animal mais complicado do que Tifon.

156. É evidente que falo apenas do pensamento no pensador subjetivo existente; jamais tive condições de compreender de que modo um ser humano se transforma em especulação, na especulação objetiva e no puro ser. Com efeito, um ser humano pode transformar-se em muitas coisas no mundo, como diz no verso: ele pode se tornar *Edelmann, Bettelman, Doctor, Pastor, Schuster, Schneider* [*al.*: Rei, mendigo, doutor, pastor, sapateiro, costureiro]... até aí eu entendo os alemães. Ele também pode se tornar um pensador, ou um imbecil; mas se tornar a especulação – é o mais incompreensível de todos os milagres.

para além de si mesmo]". Mendelssohn, naturalmente, não quer ter nada a ver com isso, e não sabe nem brincar com isso nem levar a coisa a sério[157].

O que está dito forma mais ou menos tudo o que se pode dizer a respeito da relação de Lessing com o salto. Em si mesmo, não é muita coisa, e não fica bem claro, em termos dialéticos, o que ele quis fazer daí; de fato, nem mesmo [VII 85] está claro se aquela passagem de seus próprios escritos não seria apenas um patético volteio estilístico e, na sua conversa com J., apenas um gracejo socrático, ou se acaso essas duas fontes contrastantes não proviriam de, nem seriam sustentadas por, um só e mesmo pensamento categórico do salto. Para mim, o pouco que se encontra em Lessing já teve a sua importância. Eu já havia lido *Temor e tremor*, de Johannes de Silentio, antes de chegar a ler esse volume de Lessing. Naquele escrito, chamou-me a atenção como o salto, na opinião do autor, enquanto decisão κατ' εξοχήν [*gr.*: por excelência], torna-se justamente decisivo para o crístico[158], e para toda e qualquer categoria dogmática, o que não pode ser alcançado pela intuição intelectual de Schelling, tampouco pelo que Hegel, enquanto zomba da posição schellingiana, quer colocar em seu lugar, o método, porque o salto é justamente o protesto mais decisivo contra o andamento inverso[159] do método. Todo o cristianismo situa-se no paradoxo, de acordo com *Temor e tremor* – sim, situa-se no temor e no tremor (que são, justamente, as categorias desesperadas do cristianismo e do salto) – quer se venha a aceitá-lo (isto é: ser um crente) ou rejeitá-lo (exatamente porque ele é o paradoxo). Tendo lido Lessing mais tarde, a questão decerto não se tornou mais clara, porque o que L. diz é extremamente pouco, mas para mim foi, contudo, sempre um encorajamento ver que ele estava atento a isso. Só é uma lástima que ele não tenha querido perseguir pessoalmente tal pensamento. Mas tampouco estava então sobrecar-

---

157. Cf. Fr. H. Jacobi, *Ges. Werke, 4. Bd., I. Abth.*, p. 110.

158. *for det Christelige*

159. *Protest mod Methodens inverse Gang*. Cf., p. ex. Wissenschaft der Logik, Jub. Ausgabe IV, 74: *daß das Vorwärtsgehen ein Rückgang in den Grund, zu dem Ursprünglichen und Wahrhaften ist...* Traduzido por Marco A. Werle (Hegel: Ciência da Lógica, excertos. São Paulo: Barcarolla, 2011, p. 54): "no interior da lógica mesma – que o progredir é um retroceder ao fundamento, para o originário e o verídico..." [N.T.].

regado com a "mediação"[160], a divina e idolatrada mediação que faz e fez milagres e faz e fez de um ser humano a especulação – e enfeitiçou o cristianismo. Toda a honra para a mediação! Não há dúvida de que ela pode ajudar alguém ainda de um outro modo, tal como presumivelmente ajudou o autor de *Temor e tremor* a procurar a saída desesperada do salto, precisamente como o cristianismo foi uma saída desesperada quando entrou no mundo e continua a sê-lo em todos os tempos para qualquer um que realmente o aceita. Pode muito bem acontecer que um corcel fogoso e indômito perca o fôlego e seu orgulhoso porte ao ser transformado num cavalo de aluguel e passar a ser conduzido por qualquer um – mas no mundo do espírito a preguiça jamais vence; ela sempre perde e fica de fora. Se Johannes de Silentio, de resto, tornou-se ou não atento ao salto através da leitura de Lessing, deixemos em aberto.

[VII 86] **4** Lessing disse: *Wenn Gott in seiner Rechten alle Wahrheit, und in seiner Linken den einzigen immer regen Trieb nach Wahrheit, obschon mit dem Zusatze, mich immer und ewig zu irren, verschlossen hielte, und spräche zu mir: wähle! Ich fiele ihm mit Demuth in seine Linke, und sagte: Vater, giebe! die reine Wahrheit ist ja doch nur für dich allein!* [Se Deus me oferecesse, fechada em Sua mão direita, toda verdade, e em Sua esquerda o impulso único, sempre animado, para a verdade, embora com o acréscimo de me enganar sempre e eternamente, e me dissesse: Escolhe! – eu me prostraria com humildade ante Sua mão esquerda, e diria: Pai, dá-me! pois a verdade pura é de fato só para Ti e mais ninguém!] (Cf. Lessings S.W., V. 5, p. 100). – Na ocasião em que Lessing disse tais palavras, provavelmente o sistema ainda não estava pronto; ai, e agora Lessing está morto! Se ainda vivesse agora, agora que o sistema foi concluído em sua maior parte, ou ao menos está em obras e ficará pronto lá pelo domingo que vem, acreditem, L. o teria agarrado com ambas as mãos; não teria tido tempo, escrúpulo e euforia para brincar, por assim dizer, de par ou ímpar com Deus, e assim escolher, em toda seriedade, a mão esquerda. Mas o sistema também tem mais a oferecer do que o que Deus tem em ambas as mãos; já neste momen-

---

160. *"Mediationen"*

to ele possui mais, para nem falar do domingo que vem, quando com toda certeza estará pronto.

Essas palavras encontram-se num pequeno artigo ("*Eine Duplik*", 1778), motivado pela defesa, por um homem piedoso, da história da Ressurreição, contra um ataque feito a esta história nos fragmentos publicados por Lessing. É bastante conhecido que não se conseguiu descobrir qual era a intenção de L. ao publicar esses fragmentos. Nem mesmo o brioso estudioso Pastor principal Götze[161], conseguiria dizer com certeza qual passagem do Apocalipse, de fato, correspondia a, ou melhor, se realizava em Lessing. Nesse aspecto, Lessing, de maneira singular, obrigou as pessoas a aceitar, com relação a ele, o seu próprio princípio. Embora de resto houvesse bastantes resultados e habilidades naqueles tempos, ninguém estava capacitado a tirar a vida de Lessing e abatê-lo em termos de história-universal, desmanchá-lo num §. Ele era e continua sendo um enigma. Se alguém agora desejasse evocá-lo outra vez – não chegaria mais longe com ele.

Quero primeiro, aqui e agora, garantir algo no que toca a minha modesta pessoa. Desejaria, como qualquer um, cair em adoração diante do sistema, se conseguisse ao menos enxergá-lo. Até agora não tive sucesso, e embora tenha pernas jovens, estou quase esgotado de tanto correr de Herodes a Pilatos. Algumas vezes estive bem próximo da adoração, mas eis que na hora exata em que já havia estendido meu lenço no chão, de modo a evitar sujar minhas calças ao ajoelhar, quando, muito inocentemente, pela última vez, falava a um dos iniciados: "Agora, dize-me com sinceridade, ele está mesmo completamente pronto, porque, se for esse o caso, [VII 87] vou me atirar de joelhos, mesmo que tenha de estragar essas calças" (pois não era pouca a lama do caminho, devido ao tráfego intenso para chegar ou partir do sistema) – recebi sempre a resposta: "Não, ele ainda não está completamente pronto". E assim eram adiados aí de novo – o sistema e o cair de joelhos.

Sistema e completude são mais ou menos uma única e mesma coisa, de modo que, se o sistema não está pronto, não há sistema al-

---

161. *den brav studerede Hauptpastor Götze*: Johan Melchior Goeze (1717-86), Pastor principal em Hamburgo, defensor da ortodoxia contra a *Aufklärung*, imortalizado na polêmica *Anti-Goeze* de Lessing [N.T.].

gum. Eu já comentei em outro lugar que um sistema que não esteja completamente pronto é uma hipótese; por outro lado, um sistema meio acabado é *Nonsense*[162]. Se alguém disser que isso não passa de uma briga por palavras, e que, ao contrário, os próprios sistemáticos afirmam que o sistema ainda não está pronto, eu apenas perguntarei: Por que eles chamam isso de sistema? Por que são eles, afinal de contas, anfibológicos?[163] Quando expõem seu compêndio, não mencionam que falta algo. Induzem então o menos instruído a supor que está tudo pronto, a não ser que escrevam para leitores mais instruídos do que eles mesmos, o que provavelmente pareceria impensável aos sistemáticos. Mas, por outro lado, se alguém mexe com a construção, o construtor aparece. Ele é um homem extremamente agradável, gentil e amável com o visitante. Ele diz: Sim, de fato, estamos ainda envolvidos na construção; o sistema ainda não está inteiramente pronto. Ele não sabia disso antes? Não sabia disso quando expediu a todos seu convite promotor de felicidade? Mas se ele sabia disso, por que ele próprio não o disse, ou seja, por que não se absteve de chamar de sistema o fragmento da obra executado? Pois aqui, de novo: um fragmento de um sistema é *Nonsense*. Por outro lado, um esforço incessante por um sistema é realmente um esforço; e um esforço, sim, um esforço incessante, é aquilo mesmo de que Lessing fala. Mas certamente não se trata de um esforço por nada! Ao contrário, Lessing fala de um esforço para a verdade; e usa uma frase peculiar a respeito dessa urgência pela verdade: *den einzigen immer regen Trieb* [al.: o impulso único, sempre animado]. Esta palavra *einzig* [al.: único] quase não pode ser entendida como algo mais do que o [esforço] infinito, no mesmo sentido em que é melhor ter um único pensamento, apenas um, do que ter muitos pensamentos. Portanto, esses dois, Lessing e o sistemático, ambos falam de um esforço incessante – a única diferença é que Lessing é obtuso ou honesto o bastante para chamá-lo de um esforço incessante, e o sistemático é sagaz ou desonesto o bastante para chamá-la de sistema. Como esta diferença seria julgada em outro contexto? Quando o representante comercial [VII 88] Behrend perdeu um guarda-chuva

---

162. Sem sentido, absurdo; o A. usa a expressão, adotada em seu idioma, em forma francesa ou inglesa [N.T.].

163. *overhovedet tvetungede* [*lit.*: de língua dupla]

de seda, anunciou a perda de um guarda-chuva de algodão, pois pensou assim: Se eu disser que se trata de um guarda-chuva de seda, quem o encontrar ficará mais tentado a ficar com ele. O sistemático talvez pense desse jeito: Se na primeira página, ou nos anúncios, eu chamar de um esforço incessante para a verdade aquilo que produzi, ai, quem vai comprá-lo ou me admirar? Mas se eu o chamar de o sistema, o sistema absoluto, todos vão querer comprar o sistema – não restasse a dificuldade de que aquilo que o sistemático vende não é o sistema.

Vamos então adiante, mas não nos deixemos fazer de bobos uns pelos outros. Eu, Johannes Climacus, não sou nada mais, nada menos, do que um ser humano; e presumo que aquele com quem tenho a honra de conversar é também um ser humano. Se ele quiser ser a especulação, a especulação pura, terei de desistir de conversar com ele; porque, no mesmo instante, ele se torna invisível para mim e para o olhar frágil e mortal de um ser humano.

Portanto, (a) um sistema lógico pode haver; (b) mas não pode haver um sistema da existência[164].

a.

α. Se, entretanto, se há de construir um sistema lógico, deve-se aí prestar atenção especialmente a que nada se admita do que está submetido à dialética da existência, portanto, algo que só é ao existir[165] ou por ter existido, e que não é por ser[166]. Disso se segue muito simplesmente que a incomparável e incomparavelmente admirada invenção de Hegel – de trazer o movimento para dentro da lógica (para não mencionar o fato de que em toda e qualquer passagem se sente falta até do próprio esforço de fazer alguém acreditar que ele está lá) – consiste justamente em confundir a lógica[167]. É de fato

---

164. *Tilværelsens System*: sistema do que está aí, dos existentes no sentido genérico [N.T.].

165. *være til*

166. *ikke er ved at være*

167. A leviandade com que sistemáticos admitem que Hegel talvez não tenha sido inteiramente bem-sucedido em introduzir o movimento na lógica, mais ou menos como um merceeiro acha que algumas passas de uva não importam quando de resto a compra é grande – esta docilidade de comicidade rasteira é, naturalmente, um desrespeito a Hegel, a que nem seu mais

curioso[168] fazer do movimento a base [VII 89], numa esfera onde o movimento é inconcebível, ou deixar o movimento explicar a lógica, enquanto que a lógica não pode explicar o movimento. No tocante a este ponto, de qualquer modo, estou entretanto muito feliz por poder referir-me a um homem que pensa de modo saudável e, afortunadamente, foi formado pelos gregos (qualidade rara em nossa época!); um homem que soube como desembaraçar a si mesmo e a seu pensamento de toda relação rastejante e humilhante para com Hegel, de cuja celebridade, de resto, todos procuram se aproveitar, se não de outro modo, então por irem mais adiante, ou seja, por terem absorvido Hegel em si; um homem que antes preferiu se contentar com Aristóteles e consigo mesmo – estou falando de Trendelenburg (*Logische Untersuchungen*)[169]. Seu mérito consiste, entre outros, em ter captado o movimento como a pressuposição inexplicável, como o [denominador] comum em que ser e pensar se unem, e como sua continuada reciprocidade. Não posso aqui fazer nenhuma tentativa de demonstrar a relação de sua concepção com a dos gregos, com o [pensamento] aristotélico, ou com algo que, de certo modo, bastante estranhamente, embora apenas para o senso comum[170], tem muita semelhança com sua exposição: uma pequena seção dos escritos de Plutarco sobre Ísis e Osíris. Não é, de modo algum, minha opinião que a filosofia de Hegel não tenha tido uma influência proveitosa sobre Trendelenburg, mas a sorte é que ele percebeu que

---

veemente adversário se permitiu. Houve, é claro, investigações lógicas anteriores a Hegel, mas o seu método é tudo. Para ele e para qualquer um que esteja bem desperto para compreender o que significa querer algo de grande, a ausência desta coisa neste ou naquele ponto não pode ser uma ninharia, como quando um merceeiro e um freguês discutem sobre se há um tanto de peso a mais ou a menos. O próprio Hegel aliás apostou toda a sua reputação nesta questão do método [*paa det Punkt om Methoden*]. Mas um método possui a [VII 89] propriedade peculiar de, quando visto abstratamente, não ser absolutamente nada; consiste precisamente no processo de sua realização; o método está no ser executado, e onde não é executado, não é o método, e quando não há nenhum outro método, então não há simplesmente nenhum método. Que se reserve aos admiradores de Hegel fazer dele um Zé-mané [*Sluddermads*]; um adversário sempre saberá honrá-lo por ter desejado algo de grande, ainda que não o tenha alcançado.

168. *besynderligt*

169. Adolf Trendelenburg (1802-72), filósofo alemão, desde 1837 Professor em Berlim, aristotélico, critica a lógica de Hegel na obra *Logische Untersuchungen* (Investigações lógicas), 1ª. edição em 1840 e 3ª. em 1870. Kierkegaard não frequentou suas preleções quando foi a Berlim escutar Schelling, mas depois comprou suas obras e aproveitou muito delas, seguindo de perto seus argumentos e indicando sua fonte [N.T.].

170. *populairt*

não convém[171] querer melhorar a construção de Hegel, ir mais além etc. (uma maneira mentirosa, com a qual, em nossa época, muitos remendões usurpam a celebridade de Hegel, e confraternizam com ele, feito lazarones); e, por outro lado, que ele, sóbrio como um pensador grego, sem prometer tudo, sem pretender promover a felicidade da humanidade, contribui com muito[172], e deixa feliz aquele que carecia de sua orientação no conhecimento dos gregos.

[VII 90] Em um sistema lógico não se pode acolher nada que tenha uma relação com a existência[173], ou que não seja indiferente à existência[174]. A infinita superioridade que o lógico, por ser objetivo, tem sobre todo pensamento é de novo limitada pelo fato de que, visto subjetivamente, ele é uma hipótese, justamente porque no sentido da realidade efetiva ele é indiferente à existência[175]. Esta duplicidade é o que diferencia o lógico do matemático, o qual não tem nenhuma relação com a existência[176], nem em direção a ela nem a partir dela, mas tem tão somente a objetividade – não a objetividade e o hipotético enquanto a unidade e a contradição, na qual ele se relaciona negativamente à existência[177].

O sistema lógico não pode ser uma mistificação, uma ventriloquia, em que o conteúdo da existência[178] apareça, astuciosa e sub-repticiamente, onde o pensamento lógico fica perplexo[179] e encontra o que o *Herr Professor* [al.: Sr. Professor] ou o Licenciado já tinha na cabeça[180]. Cabe julgar aqui mais estritamente respondendo-se antes à questão: em que sentido a categoria é uma abreviação da exis-

---

171. *at det gaaer ikke an*: que não interessa/que não dá/que não cabe.

172. *præsterer meget*: presta grande auxílio/dá uma grande contribuição.

173. *Tilværelse*

174. *Existents*; cabe perguntar se nesta página as duas palavras são sinônimas, com sentido genérico [N.T.].

175. *Tilværelse*

176. *Tilværelse*

177. *Existents*

178. *Tilværelsens*

179. *studser*

180. *her har havt bag Øret* [lit.: já traziam atrás das orelhas].

tência[181], se o pensamento lógico é abstraído da existência[182] ou se é abstrato sem nenhuma relação com a existência[183]. Eu gostaria de tratar desta questão de modo um pouco mais extenso em outro lugar, e mesmo caso não se tenha respondido adequadamente a ela, já é sempre alguma coisa o fato de se ter perguntado desse modo.

β. A dialética do começo precisa ser aclarada. O que há de quase divertido a esse respeito, que o começo é e contudo de novo não é, porque é o começo – essa observação verdadeiramente dialética já foi, por bastante tempo, vista como um jogo que se jogava na sociedade hegeliana.

O sistema começa, conforme se diz, com o imediato; alguns, na falta de serem dialéticos, são retóricos[184] o bastante para dizer 'com a mais imediata de todas as coisas', embora a reflexão comparativa ali contida possa tornar-se justamente perigosa para o começo[185]. O sistema começa com o imediato e, [VII 91] portanto, sem pressuposições, e, portanto, absolutamente, ou seja, o começo do sistema é o começo absoluto. Isso está inteiramente correto e tem sido mesmo bastante admirado. Mas por que, então, antes de se ter começado o sistema, não se levantou aquela outra questão, de igual importância, exatamente de igual importância, nem se deixaram claras e respeitadas as implicações que ali se encontram: *Como o sistema começa com o imediato, quer dizer, ele começa com o imediato imediatamente?* A isso se tem de responder, por certo, incondicionalmente com um Não. Se se admite que o sistema segue[186] a existência (com o que se ocasiona uma confusão com um sistema da existência), então de fato o sistema vem

---

181. *Tilværelsens Abbreviatur*

182. *abstrakt efter Tilværelse*

183. *Tilværelse*

184. *oratoriske*

185. Seria prolixo demais mostrar aqui o 'como'. Muitas vezes não vale a pena, pois, depois de alguém ter avançado laboriosamente uma objeção aguda, descobre-se pela réplica de um filósofo que o mal-entendido não estava em que não se conseguia compreender aquela filosofia idolatrada, mas, antes, que se havia deixado convencer a acreditar que tudo aquilo queria dizer alguma coisa – e não um pensamento solto escondido por trás das expressões mais arrogantes.

186. *at være efter*

depois[187] e, portanto, não começa imediatamente com o imediato com o qual a existência começa, ainda que, num outro sentido, a existência não comece assim, pois o imediato nunca é, mas é anulado logo que é. O começo do sistema, que começa com o imediato, *é então ele mesmo alcançado através da reflexão.*

Aqui reside a dificuldade, pois se não se abandona esse único pensamento, por engano ou irreflexão ou na pressa ofegante de aprontar o sistema, então ele, em toda sua simplicidade, é capaz de decidir que não pode haver nenhum sistema da existência, e que o sistema lógico não pode se gabar de um começo absoluto, porque este é, tal como o puro ser, uma pura quimera.

Se, com efeito, não se pode começar imediatamente com o imediato (que poderia então ser pensado como um evento fortuito[188] ou como um milagre, isto é, algo que não se pode pensar), mas esse começo deve ser alcançado por uma reflexão, então se pergunta muito singelamente (ah, oxalá não me ponham de castigo no cantinho da vergonha, por causa da minha simplicidade, só porque qualquer um consegue entender minha questão – e por isso precisa envergonhar-se do saber popular deste questionador): Como eu consigo deter a reflexão, uma vez posta em movimento, a fim de alcançar esse começo? Pois a reflexão tem a notável propriedade de ser infinita. Mas o fato de ela ser infinita quer dizer, em todos os casos, que ela não pode ser parada por si mesma, pois ao dever parar por si mesma, ela de fato emprega a si mesma, e portanto só é parada do mesmo modo como uma doença é curada se a ela se permite prescrever o remédio, ou seja, se a doença é alimentada. Talvez a infinitude dessa reflexão seja a má infinitude – com o que, então, logo tudo está acabado, pois a má infinitude deve ser alguma coisa desprezível de que se deve abrir mão o quanto antes. Permitam-me, porém, levantar uma questão a respeito. De onde provém que Hegel e todos os hegelianos, que de resto [VII 92] deveriam ser dialéticos, neste ponto fiquem furiosos, sim, tão furiosos como só mesmo os alemães?[189] Ou: *a má*, seria esta uma determinação dialética? De onde se introduz um tal predica-

---

187. *kommer... bag efter*
188. *Hændelse*
189. *ja vrede som Tydskere*

do na lógica? Como é que o escárnio, o desprezo e a intimidação encontram lugar na lógica como motores legítimos, de modo a que o começo absoluto vem a ser admitido pelo indivíduo singular, só porque este tem medo do que o vizinho do lado e o da frente vão pensar dele, se não o fizer? Não seria "a má" uma categoria ética?[190] O que digo eu, propriamente, quando falo de uma má infinitude? Eu acuso o indivíduo em questão por não querer parar a infinitude da reflexão. Eu reclamo[191] então algo dele? Mas, de modo genuinamente especulativo, reconheço, por outro lado, que a reflexão se suspende por si própria. Por que, então, reclamo algo dele? E o que reclamo dele? Eu reclamo uma decisão. E nisso ajo certo, pois só desse modo se pode interromper a reflexão, mas, por outro lado, um filósofo jamais age certo ao zombar das pessoas, e num momento deixar a reflexão parar por si mesma no começo absoluto e, no momento seguinte, desdenhar alguém que só tem um único defeito, o de ser tolo o bastante para acreditar no primeiro momento, desdenhá-lo para assim o ajudar a alcançar o começo absoluto, que portanto acontece de dois modos. Mas, quando se reclama uma decisão, aí se renunciou à ausência de pressuposições. Só quando a reflexão se interrompe, o começo pode ocorrer, e a reflexão só pode ser interrompida por alguma outra coisa, e esta alguma outra coisa é algo completamente diferente do lógico, já que é uma decisão. E só quando o começo, com o qual a reflexão se detém, constitui uma irrupção[192], então o próprio começo absoluto irrompe através da reflexão eternamente continuada – só então o começo é sem pressuposições. Mas se ao contrário é por uma ruptura[193] que a reflexão se interrompe[194], para que o começo possa assomar, então esse começo não é absoluto, dado que ocorreu por uma μετάβασις εις αλλο γένος [gr.: mudança de um gênero para um outro].

---

190. E se não o for, ela será, em todo caso, uma categoria estética, como quando Plutarco comenta que alguns admitiram um único mundo pelo motivo de temerem que de outro modo surgiria uma infinita e embaraçosa infinitude de mundos (εὐθὺς ἀορίστου και καλεπης απειρίας ὑπολαμβανούσης. *De defectu oraculorum*, XXII[12*]).

191. *fordrer*

192. *Gjennembrud*

193. *Brud*

194. *afbryder*

[VII 93] Quando o começo com o imediato é alcançado por meio de uma reflexão, o imediato tem que significar algo diferente do usual. Isso os lógicos hegelianos perceberam corretamente, e por isso eles definem o imediato, com o qual a lógica começa, da seguinte maneira: o que restou de mais abstrato de uma exaustiva abstração. Contra esta definição não há nenhuma objeção, mas certamente contra o não respeitarmos o que nós mesmos dizemos, pois esta definição justamente estabelece de modo indireto que não há nenhum começo absoluto. "Como assim?", escuto alguém dizer. "Quando se abstraiu de tudo, não há então etc." - sim - *quando* se abstraiu de tudo. Vamos raciocinar como gente![195] Este ato da abstração é, tanto como aquele ato da reflexão, infinito; então, como posso fazê-lo parar - e isso só se dará quando... que... Vamos até mesmo arriscar um experimento mental. Deixemos aquele ato da abstração infinita ser *in actu* [lat.: em ato]; o começo não é, aliás, o ato da abstração, mas ele vem depois[196]. Mas com quê então eu começo[197], agora que abstraí de tudo? Ah, aqui talvez um hegeliano, emocionado, caísse em meus braços e, ditoso, balbuciasse: "com nada". E isso é, aliás, o que o sistema declara - que ele começa com nada. Mas eu precisaria fazer minha segunda pergunta: De que modo eu começo com esse nada? Se, com efeito, o ato da abstração infinita não é uma espécie de maluquice de circo[198] com o qual se pode muito bem fazer duas coisas ao mesmo tempo; se, ao contrário, é a obra mais exaustiva que pode ser feita - o que então? Então uso de toda a minha força só para mantê-la. Se eu deixo escapar uma parte de minha força, então não abstraio de tudo. Se, então, eu começo com esta pressuposição, não é com nada que começo, justamente porque, no instante do começo, não abstraí de tudo. Isso quer dizer que, se for possível para um ser humano, pensando, abstrair de tudo, é impossível para ele fazer mais, já que este ato, posto que não ultrapassa todo a força humana, de qualquer maneira o exaure absolutamente. Ficar exausto

---

195. *Lad os være Mennesker.* Literalmente: *Sejamos humanos*; tirada muito apreciada por Kierkegaard, extraída de um conto de Andersen (As galochas da sorte, 1838) [N.T.].

196. *Begyndelsen er jo ikke Abstraktionens Akt, men den kommer efter.*

197. *Men hvorved begynder jeg saa* (em alemão seria: *Aber womit beginne ich dann*): repetição quase literal da questão que Hegel levanta antes de iniciar a lógica do ser (*Womit muss der Anfang der Wissenschaft gemacht werden*) [N.T.].

198. *Narrestreger*: malabarismo?

do ato da abstração e assim chegar a começar são só desculpas de mercadores coloniais, que não ligam para uma pequena irregularidade. O próprio enunciado "começar com nada", mesmo não levando em conta sua relação com o ato infinito da abstração, é enganador. Pois começar com nada não é nem mais nem menos do que uma nova paráfrase da própria dialética do começo. [VII 94] O começo é e, por sua vez, não é, justamente porque ele é o começo; algo que se pode também expressar assim: o começo começa com nada. Isso é tão somente uma nova expressão, nem um único passo adiante. No primeiro caso, penso o começo meramente *in abstracto* [*lat.*: em abstrato]; no segundo caso, eu penso a igualmente abstrata relação do começo para com algo com que se começa. E bem corretamente se mostra que esse algo, sim, o único algo que corresponde a um tal começo, é nada. Mas isso é somente uma paráfrase tautológica do segundo enunciado: o começo não é[199]. "O começo não é" e "o começo começa com nada" são enunciados completamente idênticos, e eu não saio do mesmo lugar.

E que tal se, em vez de falar ou sonhar com um começo absoluto, falássemos de um salto? Querer contentar-se com um "na maioria das vezes é tão bom quanto", um "quase se pode dizer isso", um "se você dormir sobre isso até amanhã, bem poderá dizê-lo", só prova que se é parente de Trop[200], o qual, pouco a pouco, foi chegando a ponto de admitir que quase ter sido aprovado no exame jurídico equivalia a ter sido aprovado. Todos riem disso, mas quando alguém amontoa raciocínios especulativos da mesma maneira no reino da verdade, no santuário da ciência e da erudição: então isso é boa filosofia, autêntica filosofia especulativa. Pois Lessing não era um filósofo especulativo, ele admitiu, por isso, o oposto, que uma distância infinitamente pequena torna o fosso infinitamente largo, porque é o próprio salto que torna o fosso tão largo.

É bem estranho: os hegelianos, que na lógica sabem que a reflexão se detém por si mesma, que uma dúvida universal se revira por si mesma em seu oposto (uma verdadeira história de marinheiro, isto é, na verdade um causo de marinheiro), sabem que para o uso diário,

---

199. *Begyndelsen er ikke*: não há começo/o começo não existe.

200. Personagem de vaudeville de Heiberg (O resenhista e o animal), representada a cada ano entre 1826 e 1853 [N.T.].

de qualquer modo, quando são pessoas gentis, quando são como o resto de nós outros, só que, como sempre estarei disposto a admitir, mais eruditos, mais talentosos etc., sabem que a reflexão só se deixa deter por um salto. Demoremos aqui por um instante. Se o indivíduo não interrompe[201] a reflexão, então ele é infinitizado na reflexão, ou seja, então não intervém[202] ali nenhuma decisão[203]. Ao extraviar-se assim na reflexão, o indivíduo se torna, a rigor, objetivo; ele perde sempre mais a decisão da subjetividade e o retorno para dentro de si mesmo. [VII 95] E contudo quer-se admitir que a reflexão pode deter-se a si mesma objetivamente, enquanto ocorre o contrário; objetivamente ela não se deixa deter, e quando se detém subjetivamente, não se detém por si mesma, mas é o sujeito quem a detém.

Quando, p. ex., Rötscher (que em seu livro sobre Aristófanes de fato compreende a necessidade da transição[204] no desenvolvimento histórico-universal, e que, de resto, na lógica compreendeu a passagem[205] da reflexão através de si mesma rumo ao começo absoluto) se propõe a tarefa de explicar Hamlet, então ele sabe que a reflexão só se detém por uma resolução[206]; ele não admite (devo dizer "é bem estranho"?), é bem estranho, não admite que Hamlet, por continuar a refletir, acabe por chegar ao começo absoluto; mas, na lógica, ele admite (devo dizer "é bem estranho?"), é bem estranho, ali ele admite provavelmente que a passagem da reflexão através de si mesma para no começo absoluto. Isso eu não compreendo, e isso me dói não compreender, justamente porque nutro admiração pelo talento de Rötscher, por sua formação[207] clássica, por sua concepção de muito bom gosto, e contudo primitiva[208], dos fenômenos psicológicos.

---

201. *standser*: detém, para

202. *indtræder*

203. Talvez o leitor se lembre de que, quando o problema se torna objetivo, não se questiona mais acerca de uma felicidade eterna, porque essa se situa precisamente na subjetividade e na decisão.

204. *Overgangens*

205. *Gjennemgang*: trânsito

206. *Beslutning*

207. *Dannelse*

208. *dog primitiv*: contudo originária

O que foi dito aqui sobre o começo da lógica (pois, que a mesma coisa mostra que não há nenhum sistema da existência, é algo que se perseguirá em detalhes em *b*) é muito singelo e simples; fico quase inteiramente embaraçado por ter de dizê-lo, embaraçado por minha situação, que um pobre autor de opúsculos, que preferiria venerar de joelhos o Sistema, deva ser forçado a dizer tal coisa. O que foi dito poderia também ser dito de outro modo, pelo qual talvez impressionasse um ou outro, à medida que sua exposição recordasse mais especificamente os conflitos científicos de um momento já passado. A questão seria então saber qual a significação da Fenomenologia de Hegel para o Sistema, se ela é uma introdução, se ela se mantém do lado de fora; e caso seja uma introdução, se ela será incorporada novamente ao Sistema; além disso, [VII 96] se Hegel não tem o espantoso mérito de ter escrito não apenas o Sistema, mas dois, aliás, três sistemas, o que sempre exigiria uma cabeça incomparavelmente sistemática, o que, de qualquer modo, parece ser o caso, já que o Sistema foi concluído mais de uma vez etc. Tudo isso, no fundo, já foi dito com bastante frequência, mas também muitas vezes foi dito de uma maneira que confunde. Um grande livro foi escrito a esse respeito, começando por dizer tudo o que Hegel disse, depois, referindo-se a este ou àquele que veio depois, mas tudo isso só desvia a atenção e espalha uma prolixidade dispersiva sobre o que pode ser dito muito brevemente.

γ. Seria desejável se, para lançar uma luz sobre a lógica[209], a gente se orientasse psicologicamente sobre como é o estado anímico daquele que pensa o lógico[210], que espécie de morrer a si mesmo se requer para tanto, e até que ponto a fantasia desempenha um papel nisso. Eis de novo um comentário pobre e muito ingênuo, mas que em compensação pode ser bem verdadeiro e de modo algum supérfluo: que um filósofo, gradualmente, tenha-se tornado um ser tão maravilhoso[211] que nem mesmo a fantasia mais extravagante[212]

---

209. *over Logiken*
210. *det Logiske*
211. *eventyrlig Væsen*
212. *udsvævende*

inventou algo de tão fabuloso. De que modo, em última instância[213], o *eu* empírico se relaciona ao puro *eu – eu*? Quem quer que deseje se tornar filósofo, certamente desejará também ser um pouco informado a esse respeito e, acima de tudo, não desejará se tornar um ser ridículo ao se transformar, num *ein, zwei, drei, kokolorum* [*al.*: um, dois, três, abracadabra], em especulação. Se aquele que se ocupa com o pensamento lógico é também humano o bastante para não esquecer que ele, mesmo que tenha concluído o sistema, é um indivíduo existente, então a fantasmagoria e a charlatanice desaparecerão gradualmente. E mesmo que se exija uma cabeça eminentemente lógica para remodelar[214] a lógica de Hegel, basta apenas o sólido senso comum para aquele que, um dia, acreditou com entusiasmo na grande coisa que Hegel afirma ter feito, e demonstrou seu entusiasmo acreditando nisso[215], e seu entusiasmo por Hegel creditando isso[216] a ele; basta apenas o sólido senso comum para perceber que, em muitas passagens, Hegel se comportou irresponsavelmente, não em relação a mercadores coloniais, que só acreditam mesmo na metade do que se diz, mas em relação a jovens entusiastas que acreditaram nele. Mesmo se um tal jovem não fosse excelentemente dotado de modo extraordinário, quando teve o entusiasmo para crer no mais elevado, só porque afinal lhe fora dito sobre Hegel, quando, no momento da dúvida, teve o entusiasmo para desesperar de si mesmo a fim de não abandonar Hegel – quando um tal jovem retorna a si mesmo, tem o direito de exigir aquela Nêmesis[217] de que o riso consuma em Hegel o que pertence de legítimo direito ao riso. [VII 97] E um tal jovem terá contudo honrado Hegel de modo muito diferente do que muitos adeptos, que em enganadoras réplicas ditas à parte fizeram de Hegel, ora tudo, ora uma bagatela.

---

213. *overhovedet*
214. *omskabe*
215. *ved at troe det*
216. *tiltroe*
217. vingança, na mitologia [N.T.].

b.

Um sistema da existência[218] não pode haver. Então não existe um tal sistema? De modo algum! Isso não está implicado no que foi dito. A existência mesma é um sistema – para Deus, mas não pode sê-lo para algum espírito existente[219]. Sistema e completude se correspondem mutuamente, mas existência é justamente o contrário. Visto abstratamente, sistema e existência não se deixam pensar conjuntamente, porque, para pensar a existência, o pensamento sistemático precisa pensá-la como suspensa[220] e, portanto, não como existente. Existência é o que abre espaço[221], que aparta um do outro; o sistemático é a completude, que reúne.

Na realidade, agora aí se introduz um engano[222], uma ilusão sensorial, que também as *Migalhas* tentaram mostrar, e a que agora tenho de me referir, a saber, à questão sobre se o passado é mais necessário do que o futuro. Ou seja, quando uma existência é coisa passada, está de fato terminada, está de fato concluída, e, nesse sentido, reverte ao ponto de vista sistemático. Corretíssimo, mas para quem? Quem quer que ainda esteja existindo não consegue obter essa completude fora da existência, uma completude que corresponde à eternidade dentro da qual o passado entrou. Se um pensador cheio de bondade[223] quer ser tão distraído a ponto de esquecer que ele próprio está existindo, ainda assim especulação e distração continuam não sendo bem a mesma coisa. Ao contrário, que ele próprio esteja existindo implica a exigência[224] da existência sobre ele, que sua existência, sim, se ele é um grande indivíduo, que sua existência no seu tempo pode, por sua vez, como algo passado, ter uma validade da completude para um pensador sistemático. Mas quem é, então, este pensador sistemático? Sim, é Aquele que, estando Ele próprio fora

---

218. *Tilværelsens System*
219. *existerende*
220. *ophævet*
221. *Spatierende*
222. *Skuffelse*
223. *godhedsfuld*
224. *Krav*

da existência[225], está contudo na existência, que em sua eternidade está concluído[226] para toda eternidade, e no entanto inclui[227] em si a existência - Ele é Deus. Para que o engano! Pelo fato de o mundo ter durado seis mil anos, a existência já não tem, só por isso, a mesma força de exigência ao existente que ela sempre teve – e que não consistia em que o indivíduo, numa ilusão, [VII 98] devesse ser um espírito contemplativo, mas sim, em realidade, um espírito existente? Toda compreensão chega depois[228]. Enquanto o agora existente, inegavelmente, chega depois em relação aos seis mil anos que o precederam, emergiria a consequência curiosamente irônica – se admitirmos que ele chegue a compreender tudo isso sistematicamente – de que ele não chegaria a compreender a si mesmo como existente[229], porque ele próprio não adquiriria nenhuma existência[230], porque ele próprio não teria nada que devesse ser compreendido retroativamente[231]. Disso se seguiria que um tal pensador precisaria ser ou Nosso Senhor, ou um fantástico *quodlibet* [*lat.*: qualquer coisa]. Qualquer um perceberá, decerto, o que há de imoral[232] nisso, e então qualquer um por certo também perceberá como inteiramente em ordem aquilo que um outro autor observou a respeito do sistema hegeliano: que, com ele, ganhamos um sistema, o sistema absoluto, concluído[233] – sem ter uma ética. Podemos até sorrir das fantasias[234] ético-religiosas da Idade Média em termos de ascese e coisas afins, mas, sobretudo, não nos esqueçamos de que a extravagância especulativa, burlesca, do tornar-se um *Eu-Eu* – e ainda, mesmo assim, *qua* ser humano frequentemente um filisteu tal que nenhum entusiasta[235] invejaria semelhante vida – é igualmente ridícula.

---

225. *Tilværelse*
226. *afsluttet*
227. *indeslutter*
228. *bag efter*
229. *Existerende*
230. *Existents*
231. *bag efter*
232. *det Usædelige*
233. *færdigt*
234. *Phantasterier*
235. *Begeistret*

Portanto, no que se refere à impossibilidade de um sistema da existência, perguntemos com toda a ingenuidade, como um jovem grego perguntaria a seu mestre (e se a alta sabedoria pode explicar tudo o mais, mas não consegue responder a uma questão singela, então se vê mesmo que o mundo está fora dos eixos): Quem haverá de escrever ou levar a cabo um tal sistema? Ora, decerto um ser humano, a não ser que queiramos de novo começar com aquela conversa esquisita sobre um ser humano se tornar a especulação, tornar-se o sujeito-objeto. Portanto, um ser humano – e, ainda, é claro, um vivente, isto é: um ser humano existente. Ou a especulação que produz o sistema é o esforço conjunto dos diferentes pensadores: em que conclusão final se junta essa comunidade? Como é que ela vem à luz? Mas decerto por meio de um ser humano? Mas, por outro lado, de que modo os pensadores individuais se relacionam com esses esforços? Quais são aqui as determinações intermediárias entre o individual[236] e o histórico-universal? E, por sua vez, que espécie de ser é aquele que posiciona a todos na linha sistemática? É ele um ser humano ou ele é a especulação? Porém, se é um ser humano, então é afinal um existente. Mas, em última análise, [VII 99] para o existente[237] há dois caminhos: ou bem ele pode fazer tudo para esquecer que é um existente e, com isso, chegar a tornar-se cômico (a contradição cômica de querer ser o que não se é, por exemplo, que um ser humano queira ser um pássaro, não é mais cômica do que a contradição de não querer ser o que se é, como *in casu*, um existente, tal como na linguagem comum a gente acha cômico quando alguém esquece como se chama, o que não é tão significativo quanto esquecer a característica própria de seu ser), porque a existência possui a notável propriedade de que o existente existe, quer queira, quer não; ou bem ele pode voltar toda sua atenção para esse fato: de que ele é [um] existente. É a partir desse lado, em primeiro lugar, que se deve fazer a objeção contra a moderna especulação, de que ela tem, não uma pressuposição equivocada, mas uma pressuposição cômica, ocasionada pelo fato de ter esquecido, numa espécie de distração[238] histórico-universal, o que significa ser um ser humano, não aquilo

---

236. *Individuelle*

237. *den Existerende*

238. *Distraction*

que significa ser um homem em geral[239], pois os especuladores ainda poderiam concordar sobre tais coisas, mas sim o que significa que tu e eu e ele sejamos seres humanos, cada um por si.

Ao existente que dirige toda a sua atenção ao fato de que *ele* é existente, para ele sorrirá, como uma bela sentença, aquela palavra de Lessing sobre o esforço constante; não como algo que proporcionasse ao seu inventor uma fama imortal, pois a sentença é muito singela, mas como algo de que qualquer pessoa atenta pode reconhecer a verdade. O existente que esquece que está existindo se tornará cada vez mais distraído, e tal como as pessoas ocasionalmente depõem em escritos o fruto de seu *otium* [*lat.*: ócio], assim também podemos esperar o esperado sistema da existência como fruto de sua distração – claro que não todos nós, mas só aqueles que são quase tão distraídos como ele. Ora, enquanto o sistema hegeliano em distração progride e se torna um sistema da existência, sim, o que ainda é mais, chega a ser concluído, sem ter uma ética (onde a existência tem justamente sua morada), aquela outra filosofia mais singela, aquela que é exposta por um existente para existentes, vai trazer ao primeiro plano especialmente o ético[240].

Tão logo seja lembrado que filosofar não é falar fantasticamente a seres fantásticos, mas consiste em que se fale a existentes; que, portanto, não se deve decidir fantasticamente *in abstracto* se o esforço continuado é algo menor do que a completude sistemática, mas que a questão consiste em saber com o que seres existentes devem se contentar, enquanto são existentes, então o esforço continuado[241] será a única coisa que não envolve um engano. Ainda que alguém tenha alcançado o mais alto, a repetição[242] com que afinal precisará preencher sua existência, se não quiser retroceder [VII 100] (ou se tornar um ser fantástico), de novo será um esforço continuado, porque a completude aqui de novo foi afastada e adiada. Aqui se dá algo semelhante à concepção platônica do amar, que consiste numa carência, e que não só sente carência o que cobiça algo que não

---

239. *at vare Menneske overhovedet*
240. *især fremdrage det Ethiske*
241. *den fortsatte Stræben*
242. *Gjentagelsen*

possui, mas também aquele que deseja a posse continuada daquilo que já tem. No sistema e no quinto ato do drama, tem-se a completude positiva fantástico-especulativa e fantástico-estética, mas uma tal completude é só para seres fantásticos.

O esforço continuado é a expressão da visão de vida ética do sujeito existente. O esforço continuado não deve ser entendido, portanto, metafisicamente; mas não há, afinal de contas, de modo algum, nenhum indivíduo que exista[243] metafisicamente. Assim, para um mal-entendido, poder-se-ia construir uma oposição entre a completude sistemática e o esforço continuado pela verdade. Poder-se-ia então, e talvez até já se tenha tentado, lembrar a noção grega de querer ser continuamente um aprendiz. Isso seria apenas, entretanto, um mal-entendido nessa esfera. Ao contrário, eticamente compreendido, o esforço continuado é a consciência de estar existindo[244], e a aprendizagem continuada é a expressão da realização[245] constante, que em nenhum momento se conclui, enquanto o sujeito estiver existindo; o sujeito está justamente consciente disso e, portanto, não está enganado. Mas a filosofia grega tinha uma relação constante com a ética. É por isso que querer continuamente ser um aprendiz não era considerado como uma grande descoberta ou um inspirado empreendimento de algum indivíduo excelente[246], já que não era nada mais nada menos do que a compreensão de que se estava existindo, e ter consciência disso não era um mérito, porém esquecê-lo seria irreflexão.

Frequentemente se tem lembrado e atacado os assim chamados sistemas panteístas dizendo-se que eles anulam a diferença entre bem e mal e a liberdade; talvez ainda se expresse isso de forma mais determinada dizendo-se que qualquer sistema desse tipo volatiliza fantasticamente o conceito de *existência*[247]. Mas não está certo dizer isso apenas dos sistemas panteístas, pois se faria melhor em mostrar que [VII 101] qualquer sistema tem de ser panteísta precisamente por causa da completude. A existência precisa

---

243. *existerer*
244. *om at vare existerende*
245. *Realisation*
246. *en enkelt Udmærket*
247. *Existents*

ser superada no eterno, antes que o sistema se conclua, nenhum resto existente deve ser deixado para trás, nem mesmo um pequenino penduricalho[248], como o existente *Herr Professor* que escreve o sistema. Mas o problema não se apresenta desse modo. Não, os sistemas panteístas são combatidos, em parte por aforismos tumultuosos que prometem, a cada vez, um novo sistema, em parte faz-se uma compilação de algo que deveria ser um sistema e que tem um parágrafo específico[249] onde se ensina que se enfatiza[250] o conceito: existência e realidade efetiva. Que tal parágrafo escarnece do sistema inteiro, que em vez de ser um parágrafo no sistema seja um protesto absoluto contra o sistema, é algo sem consequência para os azafamados sistemáticos. Se o conceito de existência deve ser realmente enfatizado, então isso não pode ser afirmado diretamente num parágrafo do sistema, e todos os juramentos diretos e os "o diabo que me carregue [se não for assim]" apenas tornam ainda mais ridículo o arrevesado docente[251]. Que a existência seja realmente enfatizada é algo que deve ser expresso de uma forma essencial, e em relação à inconfiabilidade da existência esta é uma forma indireta, que não haja um sistema. E, por outro lado, isso não pode tornar-se uma tranquilizadora fórmula padrão, porque a expressão indireta precisa sempre ser rejuvenescida na forma. Em deliberações de comitê, é bem aceitável ajuntar um voto dissidente, mas um sistema que tenha o voto dissidente como um parágrafo dentro dele é um monstrengo engraçado[252]. Não é de se admirar, então, que o sistema se mantenha. Ele orgulhosamente ignora objeções; e se topa com uma objeção particular[253] que parece atrair um pouco a atenção, aí os empresários sistemáticos mandam um copista fazer uma cópia da objeção, que a seguir será registrada no sistema e, com a encadernação, o sistema fica pronto.

---

248. *Dingeldangel*

249. *egen*

250. *urgerer*

251. *docerende Bagvendthed*

252. *et snurrigt Uhyre*

253. *enkelt*

A ideia sistemática é o sujeito-objeto, é unidade de pensar e ser[254]; existência[255], ao contrário, é precisamente separação. Disso não se segue, de modo algum, que a existência seja irrefletida, mas a existência abriu e abre espaço entre o sujeito e o objeto, entre o pensar e o ser. Objetivamente compreendido, o pensar é o puro pensar, que, também de modo abstrato-objetivo, corresponde a seu objeto, o qual, por sua vez, é de novo ele mesmo, e a verdade é a concordância do pensamento consigo mesmo. Este pensamento objetivo não tem nenhuma relação com a subjetividade existente, e enquanto a difícil questão sempre permanece, de como é que o sujeito existente se introduz nessa objetividade, na qual a subjetividade é a pura subjetividade abstrata (que é, mais uma vez, uma determinação objetiva, e não designa algum ser humano existente), ao menos fica certo que a subjetividade existente se evapora [VII 102] cada vez mais e, por fim (se é possível a um ser humano tornar-se algo assim, e que tudo isso não seja algo de que se pode, na melhor das hipóteses, ficar sabendo no máximo pela fantasia), torna-se o puro consaber abstrato[256] a respeito e o saber sobre essa relação pura e entre pensar e ser, essa pura identidade, sim, essa tautologia, porque aqui com ser não se diz que o pensador é, mas sim, propriamente, apenas que está pensando[257].

O sujeito existente, pelo contrário, é existente, e isso o é, aliás, qualquer ser humano. Não cometamos, por isso, a injustiça de chamar aquela tendência objetiva de ímpia, panteísta adoração de si mesma, mas antes a consideremos como um ensaio no cômico; pois que a partir de agora até o fim do mundo nada pudesse ser dito afora aquilo que venha a sugerir um posterior aperfeiçoamento num sistema quase concluído é tão somente uma consequência [lógica][258] sistemática para sistematizadores.

Ao começar logo[259] com categorias éticas contra aquela tendência objetiva, comete-se injustiça e não se atinge a meta, porque não

---

254. *Væren*

255. *Existents*

256. *reen abstrakte Medviden*

257. *er Tænkende*: é pensante

258. *Conseqvents*: conclusão lógica de um raciocínio

259. *strax*

se tem nada em comum com aqueles a quem se ataca. Mas permanecendo-se dentro do metafísico, pode-se empregar o cômico, que também reside no metafísico, a fim de alcançar um professor tão transfigurado. Se um dançarino conseguisse saltar muito alto, nós o admiraríamos, mas se ele, embora pudesse saltar mais alto do que jamais qualquer dançarino antes saltou, quisesse dar a impressão de poder voar: que o riso então o alcançasse. Saltar significa essencialmente pertencer à terra e respeitar as leis da gravidade, de forma que o salto é somente o momentâneo, mas voar significa estar liberado das condições telúricas, algo que é reservado exclusivamente às criaturas aladas, talvez também aos habitantes da lua, talvez – e talvez somente lá o sistema vá encontrar, de forma cabal, seus verdadeiros leitores. Ser um ser humano é algo que foi abolido, e qualquer especulante confunde a si mesmo com a humanidade, por meio do que ele se torna algo infinitamente grande e ao mesmo tempo absolutamente nada. Na distração, confunde a si mesmo com a humanidade, tal como a imprensa de oposição diz "nós", e os marinheiros dizem "o diabo que me carregue"[260]. Mas após ter blasfemado por um longo tempo, finalmente retorna-se ao enunciado direto, pois todo praguejar acaba por anular-se; e quando se aprendeu que qualquer moleque pode dizer "nós", aí se aprende que, apesar de tudo, significa um pouco mais ser *um*; e quando se vê que qualquer bodegueiro pode jogar o jogo de ser a humanidade, aí se percebe finalmente [VII 103] que ser, pura e simplesmente, um ser humano, significa algo mais do que tomar parte assim em jogos de salão. E só mais uma coisa: quando o bodegueiro o faz, todos acham que é ridículo; e no entanto isso é igualmente ridículo quando o maior dos seres humanos o faz; e, assim sendo, pode-se rir dele à vontade no que se refere a isso e ainda assim, como convém, ter veneração por seus talentos, conhecimentos etc.

---

260. *Fanden gale mig*

SEÇÃO 2
O PROBLEMA SUBJETIVO, OU COMO TEM QUE SER A SUBJETIVIDADE, PARA QUE O PROBLEMA POSSA SE APRESENTAR A ELA

CAPÍTULO 1
O tornar-se subjetivo
[VII 104]

Como a ética teria de julgar, caso o tornar-se subjetivo não fosse a mais alta tarefa posta a um ser humano; o que tem de ser desconsiderado na sua compreensão mais precisa; exemplos de um pensamento orientado ao tornar-se subjetivo.

Objetivamente, fala-se sempre apenas do que é o caso[261]; subjetivamente, fala-se do sujeito e da subjetividade, e eis que justamente a subjetividade é o caso[262]. Isso tem de ser sustentado sempre: que o problema subjetivo não é algo referente ao caso, mas o caso é a subjetividade mesma. Com efeito, dado que o problema consiste na decisão, e que, como já foi mostrado, toda decisão reside na subjetividade, é importante que, objetivamente, não fique vestígio de nenhum caso, pois, no mesmo momento, a subjetividade quererá esquivar-se um tanto da dor e da crise da decisão, ou seja, quererá tornar o problema um pouco objetivo. Se a ciência introdutória ainda espera por mais um escrito antes que o problema seja levado a juízo; se o sistema ainda carece de mais um parágrafo; se o orador ainda tem mais um argumento na manga: então a decisão é adiada. Assim, não há aqui uma questão a respeito da verdade do cristianismo, no sentido de que, se essa fosse resolvida, a subjetividade haveria de aceitá-la

---

261. *om Sagen*
262. *Subjektiviteten er Sagen*

com desembaraço e boa disposição. [VII 105] Não, a questão diz respeito à aceitação dessa verdade por parte do sujeito[263], e aqui deve ser considerado como ilusão da perdição (que permaneceu ignorante do fato de que a decisão reside na subjetividade), ou como um pretexto da enganação[264] (que empurrou para longe a decisão, com um tratamento objetivo, no qual não há qualquer decisão em toda a eternidade), pretender que essa passagem de algo objetivo para uma aceitação subjetiva é algo que segue direta e obviamente, já que esse é, precisamente, o ponto decisivo, e uma aceitação objetiva (*sit venia verbo* [*lat.*: permitam-me a expressão]) é paganismo ou irreflexão.

O cristianismo quer, de fato, dar de presente ao indivíduo[265] uma felicidade eterna, um bem que não é distribuído no atacado, mas é só para um, um único de cada vez. Se o cristianismo admite que a subjetividade, como possibilidade da apropriação, é a possibilidade da aceitação desse bem, ele não supõe, contudo, que a subjetividade sem mais nem menos esteja pronta e acabada[266], que tenha, sem mais nem menos, uma ideia real do significado desse bem. Esse desenvolvimento ou recriação da subjetividade, essa sua concentração infinita em si mesma, diante de uma representação do mais alto bem infinito, uma felicidade eterna, é a possibilidade desenvolvida a partir daquela primeira possibilidade da subjetividade. Assim o cristianismo protesta contra toda objetividade; quer que o sujeito se preocupe[267] infinitamente consigo mesmo. Aquilo pelo que ele pergunta é a subjetividade; só nela se encontrará a verdade do cristianismo, se é que ela aí estará; objetivamente, ela simplesmente não existe[268]. Se ela estiver só num único sujeito, então estará apenas nele, e haverá mais alegria cristã no céu por este único do que por toda a história do mundo e pelo sistema, os quais, como potências objetivas, são incomensuráveis com o crístico[269].

---

263. *Subjektets Antagelsen*

264. *Svigefuldhedens*

265. *vil jo skjænke den Enkelte*: presentear, brindar, [em alemão: *schenken*]; "dar" (ou: oferecer) seria uma tradução mais neutra e mais fraca, que corresponderia antes a "*at give*", que não acentua a gratuidade [N.T.].

266. *er fix og færdig*

267. *skal bekymre sig*

268. *objektiv er den slet ikke*

269. *for det Christelige*

Comumente se acredita que o ser subjetivo não constitui nenhuma arte. Ora, é claro que todo e qualquer ser humano também é, afinal, de algum modo, um sujeito avulso[270]. Mas agora, tornar-se naquilo que já se é, sem mais nem menos: quem, afinal, desperdiçaria seu tempo com isso? Seria, de fato, a mais resignada de todas as tarefas da vida. Com toda certeza! Mas já por essa razão ela é, desde logo, extremamente difícil, de fato, a mais difícil de todas, porque todo ser humano tem um forte prazer e uma pulsão por se tornar algo de diferente e de maior do que ele é. É assim que se passa com todas as tarefas aparentemente insignificantes: exatamente essa aparente insignificância as torna infinitamente difíceis, [VII 106] pois a tarefa não acena diretamente, dando, assim, suporte ao que aspira realizá-la, mas a tarefa trabalha contra ele, de modo que este terá que fazer um esforço infinito já apenas para descobrir a tarefa, ou seja, que esta é a tarefa, uma fadiga da qual, não fosse assim, se estaria dispensado. Pensar sobre o simples, sobre o que a gente simples também sabe, é algo extremamente desanimador, pois, mesmo através do esforço mais extremo, a diferença como tal não se torna de nenhum modo óbvia para o homem dos sentidos. Não, o que é grandioso é glorioso de um modo bem diferente.

Se se desconsidera essa pequena distinção, socraticamente engraçada e cristãmente preocupada ao infinito, entre ser algo assim como o que se costuma chamar sujeito – e ser um sujeito ou tornar-se um, e ser o que se é por se ter tornado isso: eis que se transformará na admirada sabedoria que a tarefa do sujeito consista em despir-se mais e mais de sua subjetividade, e em tornar-se mais e mais objetivo. Aí facilmente se vê o que esta orientação entende por ser um assim chamado sujeito; que por meio disso entende, bem corretamente, o casual, o cheio de arestas, o egoístico, o bizarro etc., que todo ser humano pode ter em abundância. Que tais coisas devam ser descartadas, é claro que o cristianismo não nega, de jeito nenhum, pois jamais simpatizou com golpes de Labão. Mas a diferença é meramente esta, que a ciência quer ensinar que se tornar objetivo é o caminho, enquanto que o cristianismo ensina que o caminho é o tornar-se subjetivo, ou seja: no sentido verdadeiro, tornar-se sujeito. Para que isso não pareça uma disputa por palavras, fique dito que o

---

270. *et Stykke Subjekt*

cristianismo quer justamente potencializar a paixão ao seu extremo, mas a paixão é justamente a subjetividade, e objetivamente ela não existe de modo algum.

De um modo curiosamente indireto e satírico, inculca-se com bastante frequência, embora os homens não acatem esse ensinamento, que a orientação[271] da ciência é desorientação[272]. Enquanto todos nós somos aquilo que se costuma chamar de sujeitos, e trabalhamos para nos tornarmos objetivos, algo em que muitas pessoas têm um sucesso bastante bestial, a poesia perambula por aí preocupada e corre atrás de seu objeto. Enquanto todos nós somos sujeitos, a poesia tem de se contentar com uma seleção muito parcimoniosa de sujeitos que ela possa utilizar; e, contudo, a poesia precisa mesmo é de subjetividades. Então por que ela não agarra o primeiro que achar, de nosso meio tão honrado? Ai, não, ele não presta, e se nada quer fazer além de tornar-se objetivo, nunca vai prestar para nada. Isso parece, contudo, realmente sugerir que ser um sujeito é bem outra coisa. Por que razão só alguns poucos se tornaram imortais, como amantes inspirados, só uns poucos como heróis magnânimos etc., se todos, em cada uma das gerações, foram assim obviamente sujeitos, como se ser um sujeito fosse alguma coisa assim tão óbvia? E, no entanto, ser um amante, um herói etc., está reservado, exclusivamente, à subjetividade, pois objetivamente não há como se tornar um desses. [VII 107] – E agora então o clero! Por que há um certo protótipo de homens e mulheres piedosos para cuja venerável memória o discurso sempre retorna? Por que motivo o pastor não agarra de nosso honrado meio o primeiro que achar e faz dele um modelo, – nós somos todos, afinal de contas, aquilo que se costuma chamar de sujeitos. E, no entanto, a piedade reside, sim, precisamente na subjetividade; ninguém se torna piedoso objetivamente. Vê bem, o amor[273] é uma determinação da subjetividade, e, contudo, os amantes são tão raros. Sim, nós dizemos corretamente (mais ou menos no mesmo sentido como quando se fala de ser assim um sujeito): havia um casal de amantes, há um outro casal, domingo passado

---

271. *Veiledning*

272. *Vildledelse*: extravio

273. *Elskov*

foram lidos os proclamas de dezesseis casais, na *Stormgade*[274] mora um casal de amantes que não consegue se entender – mas quando a poesia explica/transfigura[275] o amor de paixão em sua solene concepção, o nome que ela celebra nos leva, às vezes, de volta a alguns séculos atrás, enquanto que a vida cotidiana produz em nós um humor semelhante ao que em geral as alocuções fúnebres produzem – já que, é claro, a cada momento um herói é sepultado. É essa apenas uma chicana da poesia, que de resto constitui-se num poder amigável, numa consoladora quando nos eleva à contemplação do excelente, – de qual excelente? Ora, o da subjetividade. Assim, há algo então de excelente em ser uma subjetividade. – Vê só, a fé é, afinal, a mais alta paixão da subjetividade, mas presta bem atenção ao comentário dos pastores sobre quão raramente ela se encontra na comunidade dos fiéis (pois essa expressão, a comunidade "dos fiéis", é dita quase no mesmo sentido como quando se fala de ser um assim chamado sujeito); mas para por aí; não sejas tão irônico a ponto de inquirir mais, sobre quão raramente a fé talvez se encontre entre os pastores! Acaso é essa apenas uma estratégia astuta dos pastores, que, com efeito, têm se dedicado à cura das almas, arrebatando-nos para os seus ofícios divinos, enquanto que o desejo de suas almas anseia por aqueles transfigurados – quais transfigurados? Ora, aqueles que tiveram a fé. Mas a fé reside, afinal, na subjetividade – assim, há algo então de excelente em ser uma subjetividade.

 A direção objetiva (que quer transformar cada um em observador e, em seu máximo, em tal tipo de observador que, igual a um fantasma, seja facilmente confundido com o prodigioso espírito de épocas passadas), naturalmente, não quer ouvir nada nem saber de nada, a não ser o que tenha alguma relação com ela mesma. Quando alguém, no interior da pressuposição dada, tem a sorte de poder contribuir com uma ou outra informação relacionada a alguma nação talvez até então desconhecida, e que agora, portando sua bandeira, se há de juntar ao desfile dos parágrafos; quando, no interior da pressuposição dada, alguém está qualificado para apontar à China um lugar diferente daquele que até aqui ocupou na pro-

---

274. *liter.*: Rua da tempestade, ou do assalto. A rua fica em Copenhague, e recorda o ataque da Suécia [N.T.].

275. *forklarer*

cissão sistemática, então ele é bem-vindo. [VII 108] Todo o resto é conversa fiada de seminarista; pois uma coisa é certa: que a direção objetiva que leva a tornar-se um observador é, no uso linguístico moderno, a resposta *ética* à questão a respeito do que eu deva fazer eticamente. (Ser observador, eis o ético! Dever sê-lo é a resposta *ética* – de outro modo, é-se forçado a admitir que não há qualquer questão sobre o ético e, portanto, tampouco uma resposta.) E supõe-se como certo que a história do mundo seja a tarefa assinalada ao nosso século dezenove, tão observador: a direção objetiva é o caminho e a verdade. Vamos, entretanto, com toda a simplicidade, esclarecer para nós mesmos uma pequena dúvida da subjetividade em relação à direção objetiva. Tal como as *Migalhas*, antes que se passasse a demonstrar *in concreto* o processo histórico universal da ideia, chamaram a atenção para uma pequena observação introdutória: o que significa, em última instância[276], que a ideia se torne histórica; assim também, devo agora deter-me numa pequena observação introdutória em relação à direção objetiva: *como a ética teria de julgar, caso o tornar-se um sujeito não fosse a mais alta tarefa que se coloca a todo e qualquer ser humano.* Como ela teria de julgar? Sim, ela teria, naturalmente, de desesperar, mas, o que se importa o sistema com isso? É consequente o bastante para não deixar a ética vir participar[277] do sistema.

A ideia histórico-universal concentra sistematicamente tudo, cada vez mais; o que um sofista disse certa vez, que poderia carregar o mundo todo numa casca de noz, agora parece que as modernas visões panorâmicas da história do mundo o realizaram: elas estão se tornando mais e mais compendiosas. Não é meu propósito apontar o cômico disso; ao contrário, por meio de vários pensamentos orientados à mesma meta, quero tentar deixar claro o que a ética e o ético[278] têm a objetar contra toda essa ordem de coisas. Pois afinal em nossos dias a questão não está em que algum erudito ou pensador avulso se ocupe com a história do mundo; porém é toda a geração que clama pela história universal. Entretanto, a ética e o ético, por

---

276. *overhovedet*
277. *komme med i*
278. *Ethiken og det Ethiske*

serem a base de apoio[279] essencial da existência individual, têm uma exigência irrecusável sobre todo e qualquer indivíduo existente, uma exigência tão irrecusável, que, qualquer coisa que um ser humano realize no mundo, até a mais surpreendente, é de qualquer modo duvidoso se ele tinha ou não clareza do ponto de vista ético, quando a escolheu; e se ele esclareceu para si mesmo a sua escolha. [VII 109] A qualidade ética é ciosa de si mesma, e desdenha a quantidade, até a mais admirável.

A ética vê, portanto, com olhos desconfiados todo saber histórico universal, dado que este facilmente se torna uma armadilha, uma distração estética desmoralizante para o sujeito deste saber, na medida em que a distinção entre aquilo que se torna e aquilo que não se torna histórico é dialético-quantitativa, motivo porque também a distinção ética absoluta entre bem e mal é neutralizada, em termos histórico-estéticos, na categoria estético-metafísica de "o grande", "o importante/significativo", à qual o malvado tem tanto acesso quanto o bom. No histórico-universal, uma outra espécie de fatores, que não são ético-dialéticos, desempenha um papel essencial: acasos, circunstâncias, aquele jogo de forças no qual a totalidade da vida histórica acolhe a ação do indivíduo[280], reformando-a, para transformá-la em algo de diferente, que não pertence diretamente a ele. Nem querendo o bem com o máximo de suas habilidades, nem querendo o mal com diabólica insensibilidade, um ser humano não tem garantia de tornar-se histórico-universal; mesmo em relação ao infortúnio[281], continua valendo que é preciso sorte[282] para tornar-se histórico-universal. Graças a que, então, o indivíduo[283] se torna histórico-universal? Visto eticamente, ele chega a isso graças a algo de casual. Mas a ética considera igualmente como antiética aquela transição na qual alguém abandona a qualidade ética para experimentar, ardentemente, ansiosamente etc., o outro quantitativo.

---

279. *Tilhold*
280. *den Enkeltes Handling*
281. *Ulykke*
282. *Lykke*
283. *Individet*

Uma época e um ser humano podem ser imorais[284] de diferentes modos, mas é também imoral, ou, ao menos, uma tentação, envolver-se demais com o histórico-universal, uma tentação que pode facilmente levar a que na hora então em que se deve agir por si mesmo, também se queira ser histórico-universal. Ao se ocupar constantemente, como um observador, com aquele acaso, aquele *accessorium* [lat.: acessório], graças ao qual as figuras histórico-universais se tornam histórico-universais, facilmente se é levado a confundir esse *accessorium* com o ético e facilmente se é induzido ao erro de se preocupar, de maneira malsã, de modo adulador e covarde, com o casual, ao invés de, existindo, se preocupar infinitamente com o aspecto ético. Eis a razão, talvez, por que o nosso tempo fica insatisfeito quando deve agir: porque ficou mimado de tanto observar; eis talvez a razão de tantas tentativas infrutíferas para se tornar algo mais do que se é, conglomerando-se socialmente, na esperança de se impor pelo número ao espírito da história[285]. Mimado pela constante ocupação com o histórico-universal, só quer o importante e tão somente ele, só se preocupa com o casual, com o resultado histórico-universal, em vez de se preocupar com o essencial, o interior, a liberdade, o ético.

[VII 110] Com efeito, o trato constante com o histórico-universal incapacita para o agir. O verdadeiro entusiasmo ético consiste em desejar ir ao extremo das próprias capacidades, mas também, exaltado num gracejo divino, jamais pensar se com isso se vai, ou não, levar a cabo alguma coisa. Tão logo o querer começa a entortar o olhar para o resultado, o indivíduo começa a se tornar imoral: a energia do querer fica entorpecida, ou desenvolvida anormalmente num desejo ardente malsão, antiético, mercenário[286], que, mesmo que venha a realizar algo de grandioso, não o realiza eticamente; o indivíduo quer algo que é diferente do que é justamente o ético. Uma individualidade verdadeiramente grande e ética consumiria sua vida da seguinte maneira: desenvolver-se-ia ao extremo[287] de suas capacidades; neste ponto, talvez produzisse um grande efeito no mundo ex-

---

284. *usœdelig*

285. *Historiens Aand*

286. *lønsyg*: interesseiro; literalmente: *viciado em recompensa*, expressão talvez introduzida por SK; ocorre em alemão: *lohnsüchtig* [N.T.].

287. *yderste*

terior[288], mas isso não a ocuparia de modo algum, pois saberia que o exterior[289] não está em seu poder e que, por isso, não importa nada, nem *pro* nem *contra*. Permaneceria na ignorância a respeito disso, para não ser retardada pelo exterior e não cair em sua tentação; pois o que um praticante do silogismo[290] mais teme, uma inferência errônea, uma μεταβασις εις αλλο γενος, o ético[291] igualmente teme: querer concluir ou fazer uma transição do ético para alguma outra coisa que não seja o [elemento] ético[292]. Quereria permanecer então na ignorância sobre isso, por uma resolução do querer, e, ainda na morte, *quereria* não saber se sua vida teria tido qualquer outro significado além daquele de ter, eticamente, preparado o desenvolvimento de sua alma. Se então o poder que governa todas as coisas quisesse dispor as circunstâncias de modo a que essa pessoa se tornasse uma figura histórico-universal – bem, isso é algo sobre o quê ela deixaria para perguntar, só por brincadeira, lá na eternidade, pois lá sim sobrará tempo para as inquirições ligeiras da despreocupação.

Com efeito, se uma pessoa não pode, por si mesma, por força de sua liberdade, por sua vontade de fazer o bem, tornar-se uma figura da história universal – o que é impossível precisamente porque é 'apenas' possível, i. é, talvez possível, i. é, dependendo de outras coisas – então não é ético[293] preocupar-se com isso. E quando, em vez de renunciar a essa preocupação e liberar-se de sua tentação, uma pessoa a disfarça com a piedosa aparência de que é para o bem dos outros, então ela é imoral[294] e quer, insidiosamente, insinuar, em suas contas com Deus, o pensamento de que Deus, afinal, sempre precisa um pouco dela. Mas isso é tolice; pois Deus não precisa de homem algum. Seria, aliás, também extremamente embaraçoso ser Criador se, afinal de contas, Deus viesse a precisar da criatura. Pelo contrário, Deus pode exigir tudo de qualquer ser humano, tudo e por

---

288. *Ydre*

289. *det Udvortes*

290. *Syllogistiker*

291. *Ethikeren*

292. *det Ethiske*

293. *er det uethisk*: *lit.:* é antiético

294. *usædelig*

nada, pois todo ser humano é um servo inútil, e o eticamente entusiasmado só difere dos outros pelo fato de que ele sabe disso, e por odiar e ter aversão a toda mistificação. – Quando uma natureza rebelde luta com seus contemporâneos, e tudo suporta, mas ao mesmo tempo exclama: "A posteridade, a história, certamente há de mostrar que eu falei a verdade", [VII 111] então os homens acreditam que ela é entusiasta. Ah, não, ela é apenas um pouquinho mais esperta do que os homens completamente estúpidos; ela não escolheu o dinheiro nem a garota mais linda ou alguma outra coisa desse tipo, ela escolheu a significação histórico-universal: sim, ela sabe muito bem o que está escolhendo. Mas em relação a Deus e ao ético, é uma amante enganadora; é, também, uma daquelas para quem Judas se tornou um guia (At 1,16): ela também vende seu relacionamento com Deus, ainda que não por dinheiro. E embora talvez reforme[295] toda uma época, em virtude de seu zelo e seu ensinamento, ela confunde a existência *pro virili* [*lat.*: na medida de seus poderes], porque a própria forma de sua existência não é adequada a seu ensinamento, porque, ao eximir-se, estabelece uma teleologia que torna a vida sem sentido[296]. A um rei, a um filósofo, pode talvez, em sentido finito, convir um sujeito de cabeça sagaz e talentosa que garanta os poderes do rei e afirme os ensinamentos do filósofo e mantenha todos submissos ao rei e ao filósofo, embora ele mesmo não seja nem um bom súdito nem um verdadeiro adepto. Mas, em relação a Deus, isso é um tanto estúpido. O amante enganador, que não quer ser fiel como amante, mas só como *Entrepreneur* [*fr.*: empresário] histórico-universal, não será fiel até o extremo. Não quer compreender que nada há entre ele e Deus a não ser o ético; não quer compreender que deveria entusiasmar-se por isso; não quer compreender que Deus, sem fazer nenhuma injustiça e sem negar sua essência, que é amor, poderia criar um ser humano dotado de capacidades como nenhum outro, colocá-lo em um local afastado, e dizer-lhe: "Vivencia agora o humano, no esforço, como nenhum outro; trabalha de modo a que a metade do que faças já fosse suficiente para transformar uma época, mas tu e eu estamos combinados: todo o teu esforço não terá absolutamente nenhuma importância para nenhum outro ser humano, e, apesar

---

295. *reformerer*
296. *Tilværelsen meningsløs*

disso, tu deves, compreendes, tu deves querer o ético, tu deves, compreendes, tu deves te manter entusiasmado, pois isso é o que há de mais alto". Uma coisa dessas o amante enganador não compreende; compreende menos ainda o que vem depois, quando uma individualidade em verdade eticamente entusiasmada, movida pela seriedade, se eleva pelo sagrado gracejo ao delírio divino, dizendo: "Digamos que eu tenha sido criado por causa de uma ideia caprichosa; esta é a brincadeira; contudo eu quero, com o máximo empenho, querer o ético; esta é a seriedade. Não quero nada, nada mais do que isso. [VII 112] Ó, insignificante importância[297], ó, brincalhona seriedade[298], ó, bem-aventurados temor e tremor! Feliz de quem pode cumprir as exigências de Deus sorrindo das exigências de seu tempo; feliz de quem pode desesperar por não ser capaz de atender essas últimas, contanto que ele não abandone Deus!" Só uma tal individualidade é ética, mas ela também entendeu que o histórico-universal é uma composição que não é diretamente dialética para o ético.

Quanto mais a vida avança, e o existente, por suas obras, se deixa envolver nas teias da vida, tanto mais difícil fica separar o ético do exterior, e tão mais facilmente o [enunciado] metafísico parece ser reforçado, segundo a qual o exterior é o interior, e o interior, o exterior, cada um plenamente comensurável com o outro. Esta é, precisamente, a tentação, e por isso o ético se torna a cada dia mais difícil, na medida em que ele se situa na verdadeira exaltação da infinitude, que constitui o começo, onde ele se manifesta, por isso, mais claramente. Imaginemos um indivíduo[299] que está no começo da vida. Ele resolve então, p. ex., dedicar toda a sua vida a perseguir a verdade e a realizar a verdade, uma vez conhecida. No instante da resolução, portanto, ele desdenha tudo, tudo, e entre outras coisas, é claro, a importância histórico-universal. Mas, e se, pouco a pouco, uma grande importância surgir como fruto de seu trabalho? Sim, se ela vier como fruto de seu trabalho – mas isso ela nunca faz. Se ela chega, então é a Providência quem a acrescenta ao seu empenho ético consigo mesmo, e, por conseguinte, não é o fruto de seu trabalho. Ela é um *pro* que deve ser considerado como uma tentação, tal como

---

297. *intetsigende Betydningsfuldhed*: importância que não diz nada [N.T.].

298. *o, spøgefulde Alvor*

299. *Individ*

qualquer *contra*. É a mais perigosa de todas as tentações, e muito início glorioso com a exaltação do infinito se amorteceu naquilo que, para o derrotado, seria um tenro abraço feminino. Voltemos, porém, ao começo. Com a verdadeira exaltação ética do infinito, ele tudo desdenha. Em fábulas e contos de fadas, há uma lâmpada chamada de maravilhosa; quando a gente a esfrega, aparece o gênio[300]. É brincadeira! Mas a liberdade, esta é a lâmpada maravilhosa; quando alguém a esfrega com paixão ética, Deus fica ao seu dispor. E eis que o espírito da lâmpada é um servo (então desejem-no, vocês, cujo espírito é um desejo), mas aquele que esfrega a lâmpada maravilhosa da liberdade torna-se um servo – o espírito é o Senhor. Esse é o começo. Tentemos ver agora se convém acrescentar algo de diferente ao ético. O que toma a resolução diz, pois: Eu quero – porém assim então quero também[301] ter importância histórico-universal – *aber* [*al.*: porém]. Portanto, há um *aber* – [VII 113] e o espírito desaparece novamente, porque não se esfregou corretamente, e o começo não ocorre; mas se tiver ocorrido, ou tivesse sido feito corretamente, aí então todo e qualquer *aber* teria que ser, mais uma vez, na continuação, desdenhado, mesmo que a vida, do modo mais lisonjeiro e sedutor, tudo fizesse para forçá-lo. Ou o resoluto diz: Eu quero isso, mas quero, além disso, que meu esforço traga proveito a outras pessoas, porque, eu garanto a vocês, eu sou uma pessoa tão boa que gostaria muito de beneficiar, se possível, a humanidade inteira. Mesmo que o espírito aparecesse, ao se esfregar desse modo, acho, contudo, que se enfureceria e diria: "Homem tolo, não estou eu aqui, eu, o Todo-poderoso, e mesmo que os seres humanos (todos eles eu criei e contei, eu, aquele que conta até os fios de cabelo da cabeça de uma pessoa) fossem incontáveis como os grãos de areia do mar, eu não seria capaz de ajudar a todos, como estou te ajudando? Atrevido! Tens alguma coisa a exigir? Mas eu posso exigir tudo. Possuis algo que me poderias dar? Ou mesmo fazendo teu máximo, não estarás sempre devolvendo a mim a minha propriedade, e talvez em condição mais precária?" Portanto aqui está o iniciante – o mínimo vestígio de um *aber*, e eis que o começo malogra. Mas se é assim no começar, sua continuação deve lhe corresponder inteiramente. Se aquele inician-

---

300. *Aanden*: o espírito da lâmpada
301. *men saa vil jeg tillige*

te começou bem, se além disso executou alguma coisa estupenda, se todos os seus contemporâneos estão muito em débito com ele e lhe agradecem, então é importante, para ele, que saiba entender, na brincadeira, o que é brincadeira. O sério é sua própria vida interior; o engraçado é que apraza a Deus ligar essa importância ao seu empenho, dele que é apenas um servo inútil. Quando uma miragem, em seus absolutos poderes transformadores, toma uma pessoa e a mostra, em grandeza sobrenatural, ao observador espantado: isso é um mérito daquela pessoa? E assim então, quando a Providência arranja as coisas de modo a que o esforço interior de uma pessoa seja magicamente refletido no jogo de sombras da história do mundo: isso é mérito dela? Penso que o verdadeiro ético[302] a quem isso acontecesse, se fosse falar sobre isso, evocaria, de modo divertido, um Dom Quixote. Tal como aquele cavaleiro, talvez como compensação por querer ser histórico-universal, era perseguido por um gênio malvado que roubava tudo dele, assim também este precisaria de um gênio bondoso que executasse para ele o jogo ao contrário – pois apenas estúpidos mestres, e igualmente estúpidos gênios, cometem o engano de acreditar que são eles mesmos [que fazem isso] e se esquecem de si mesmos devido à sua grande importância na história do mundo.

Quem não consegue entender isso é tolo; e a quem ousar dizer o contrário, tratarei de tornar ridículo, com o poder que tenho nesse instante nos assuntos do cômico. [VII 114] Não digo mais nada, pois talvez pudesse agradar à Providência retirar de mim este poder, ainda hoje, e o dar a um outro, apenas para me testar. Talvez pudesse agradar à Providência deixar-me fazer o trabalho e aí então dirigir a gratidão de meus contemporâneos a um aprendiz de barbeiro, como se ele o tivesse feito. Isso eu não posso saber; sei apenas que preciso me manter no ético e não exigir nada, nada, e só me manter entusiasmado com minha relação ética para com Deus, a qual pode muito bem persistir, sim, poderia até se tornar mais interiorizada se Ele retirasse de mim esse dom. Portanto, talvez fosse mais esperto[303] não antecipar mais nada, para que não zombem ainda mais de mim, se não der certo. Mas o ético jamais pergunta pela esperteza; só requer compreensão suficiente para

---

302. *Ethiker*

303. *klogere*: mais prudente

descobrir o perigo – para então entrar nele com desembaraço, o que, aliás, parece bastante tolo. Oh, singular poder que reside no ético! Caso um soberano dissesse a seus inimigos: Fazei o que eu vos mando; se não, tremei diante de meu cetro, que se abaterá sobre vós de maneira terrível – a não ser que agradasse à Providência retirar ainda hoje de mim meu trono e fazer de um guardador de porcos meu sucessor! Por que tão raramente ouvimos esse "se", esse "a não ser que", essa última parte do discurso, que é a verdade ética? Pois que é verdade não há dúvida – e a arte consiste apenas em ser entusiasmado, ou, como disse um outro autor: alegrar-se sobre 70.000 braças de água. E aquele que, existindo, ele mesmo, tiver compreendido a vida desse modo, não se deixará, de jeito nenhum, enganar pelo histórico-universal, que só para a visão nebulosa da especulação leva a algo totalmente diferente, que só depois ela entende com profundidade.

É verdade que se diz que *die Weltgeschichte ist das Weltgericht* [*al.*: a história do mundo é o juízo do mundo], e a palavra "juízo"[304] parece reivindicar que o enunciado contenha uma visão ética da vida. Para Deus talvez seja assim mesmo, pois em seu eterno conhecimento presente a tudo, Ele possui o meio[305] que perfaz a comensurabilidade do exterior com o interior. Mas o espírito humano não consegue ver a história do mundo desse modo, mesmo que se desconsiderem as dificuldades e objeções, que não desejo comentar em detalhes agora, para que a atenção não se distraia do ético, mas apenas apontá-las e tocá-las, com tantas concessões quanto possível, a fim de não desviar o interesse para elas.

[VII 115] α. *Será preciso desconsiderar*, algo que já foi sugerido, *que o acesso ao tornar-se histórico-universal é quantitativamente dialético e que, portanto, o que se tornou histórico-universal já passou por esta dialética*. Que uma tal distinção não valha para o Deus onisciente, não serve de consolo para o espírito finito; pois eu, aliás, nem ouso falar em voz alta o que tenho em mente, seria inaceitável no histórico século dezenove, mas talvez ouse sussurrá-lo ao ouvido do sistemático: há uma diferença entre o rei Salomão e

---

304. *Dom*
305. *Medium*

o chapeleiro Jørgen – mas não conte isso a ninguém[306]. Para Deus, a concepção histórico-universal é produzida de ponta a ponta por e com o seu consaber do segredo mais íntimo da consciência do maior e do menor dos seres humanos. Se um ser humano quiser assumir este ponto de vista, então ele será um louco; mas se não o quiser, então terá que se contentar com uma visão geral que busca por pontos relevantes, e eis por que justamente a quantidade é o que decide. Que o ético esteja presente na história do mundo, como em toda parte em que Deus está, não se nega com isso, mas sim que um espírito finito possa vê-lo em verdade; querer vê-lo assim constituiria um empreendimento arriscado e presunçoso, que facilmente poderia terminar com o observador perdendo o ético que há nele mesmo.

Para estudar o ético, todo ser humano é reportado a si mesmo. Ele próprio é, nessa questão, mais do que suficiente para si mesmo; sim, ele é o único lugar onde *ele* pode, com segurança, estudar esse assunto. Já uma outra pessoa, com quem ele convive, ele só pode entender com clareza pelo exterior e, nessa medida, sua opinião já se envolve em questões duvidosas. Mas quanto mais complicada for a exterioridade em que a interioridade ética deve se refletir, mais difícil se tornará a observação, até que por fim ela se extravia em algo totalmente diferente, no estético. Por isso, a concepção da história do mundo facilmente se torna um assombro meio poético, ao invés de uma orientação ética. Mesmo para um juiz, quanto mais importantes são as partes em disputa, mais difícil se torna aclarar a questão. E, no entanto, o juiz não vai pronunciar um juízo ético, mas apenas um juízo civil, em que culpa e mérito se tornam dialéticos por uma consideração quantitativa das maiores ou menores relações das circunstâncias e de uma consideração casual do resultado. Essa possível confusão alcança uma abrangência muito maior na visão histórico-universal, em que frequentemente parece que o bem e o mal são quantitativamente dialéticos e que há uma certa magnitude de crime e astúcia ligados a milhões e à nação; em que o ético fica tão acanhado quanto um pardal numa dança de grous.

[VII 116] Mas olhar sempre de novo para esse incessante quantificar é prejudicial para o observador, que facilmente perde a pureza

---

306. *dog ikke mine Ord igjen*

singela do ético, o qual, em sua santidade, desdenha infinitamente todo quantificar, que é o prazer dos olhos do homem dos sentidos e a folha de figueira[307] do homem da sofística.

O ético, como o absoluto, é infinitamente válido em si mesmo, e não precisa de *Staffage* [*ingl.*: cenário decorado] para se dar uma melhor aparência. Mas tal cenário decorado duvidoso (quando quem deve ver não é um olhar de um onisciente, mas um olhar de um humano), é exatamente o histórico-universal, onde o ético, tal como a natureza, de acordo com as palavras do poeta, serve *knechtisch dem Gesetz der Schwere* [*al.*: subjugado à lei da gravidade], já que a diferença da quantidade é também uma lei de gravidade. Quanto mais pudermos simplificar o ético, tanto melhor o veremos. Portanto não é, como enganosamente se quer imaginar, que se veja melhor o ético na história do mundo, onde tudo gira ao redor de milhões, do que na vida simples própria da pessoa. Ao contrário, é justamente o oposto; cada um o vê melhor em sua própria vida, simplesmente porque não faz nenhuma confusão entre o estofo material[308] e o referente à massa[309]. O ético é a interioridade, e quanto menor for o âmbito em que é visto, desde que seja visto de fato em sua infinitude, tanto melhor será visto; enquanto que aquele que pensa que precisa ter o cenário decorado histórico-universal para, com isso, como acha, vê-lo melhor, mostra, com isso mesmo, que é eticamente imaturo. Aquele que não capta a validade infinita do ético, mesmo que este tenha a ver só com ele em todo o mundo, não capta propriamente o ético; pois que este tenha a ver com todos os seres humanos é algo que, em certo sentido, nem é da sua conta, a não ser como uma sombra que segue a claridade ética na qual ele vive. Com a compreensão do ético dá-se o mesmo que com o cálculo: aprende-se a calcular melhor calculando com números abstratos; quando se começa com os concretos, facilmente o interesse se volta para alguma coisa diferente. Na história universal as contas são feitas com quantidades concretas e com grandezas imensamente grandes[310], o que, por sua multiplici-

---

307. Alusão a Gn 3,7 [N.T.].

308. *Stofartige*

309. *Masseagtig*

310. *uhyre store Størrelser*

dade, estimula de múltiplas formas a multiplicidade[311] no observador. Mas o homem dos sentidos tem uma grande predileção por este quantificar e, por isso, para mais uma vez lembrar a comparação e a sua disparidade, aqui não é, de modo algum, o iniciante que calcula com números abstratos, dado que, ao contrário, é sinal de verdadeira maturidade ética renunciar ao que talvez bem cedo e também bastante naturalmente se deseje com ardor: calcular com quantidades histórico-mundiais. Tal como um nobre grego [VII 117] (Empédocles – Plutarco) disse que se deve jejuar em relação ao mal ($\nu\eta\sigma\tau\varepsilon\dot{\upsilon}\varepsilon\iota\nu$ $\kappa\alpha\kappa\dot{o}\tau\eta\tau o\varsigma$), vale também para a verdadeira concepção ética que esta deve ser abstinente e sóbria; que não se cultive o desejo de ir, de modo histórico-universal, ao banquete, e de se inebriar com o assombroso[312]. Essa abstinência, porém, é por sua vez, eticamente entendida, o mais divino dos gozos e o alívio da eternidade que conforta o coração. Num contexto histórico-universal, ao contrário, um homem é facilmente tentado a admitir que, se ele é um ser humano sem importância, não tem nenhuma importância infinita caso ele falhe; e, se ele for um ser humano muito grande, essa grandeza pode transformar seu mau passo em alguma coisa boa.

Mas mesmo que o indivíduo observador não esteja desmoralizado desse modo, se o ético for, ainda assim, confundido com o histórico-universal, de forma que se transforme em alguma outra coisa por concernir a milhões em vez de ter a ver com um só, uma outra confusão facilmente acontece, a saber, que o ético só encontraria sua concreção no histórico-universal, e que só nessa concreção seria uma tarefa para os viventes. O ético não fica assim o elemento original, o mais original de todos, presente em todo ser humano, mas antes uma abstração do que é vivenciado histórico-universalmente. Observa-se a história do mundo e eis que cada época tem sua substância moral[313]; fica-se objetivamente grandioso e, embora existindo, não se quer contentar-se com o assim chamado ético subjetivo – não, a geração que ora vive quer descobrir, já em sua vida vivente, sua ideia moral histórico-mundial e agir de acordo com isso. Ah, o que o ale-

---

311. *ved Mangfoldigheden mangfoldigt bevæge det Mangfoldige*
312. *Forbausende*
313. *sædelige Substants*

mão não faz por dinheiro³¹⁴ – e o que o dinamarquês não fará depois que o alemão o tiver feito! Em relação ao passado, é fácil a ilusão dos sentidos que esquece e, em parte, não pode saber, o que pertence ao indivíduo e o que pertence àquela ordem objetiva das coisas, que é o espírito da história do mundo; mas em relação à geração que ora vive, e em relação a cada indivíduo singular, deixar que o ético se torne algo cuja descoberta requer um profeta com um olhar histórico-universal lançado para a história universal – isso é um achado raro, engenhosamente cômico. Afortunado século dezenove: se não aparecer um tal profeta, [VII 118] então podemos encerrar o expediente, pois então ninguém saberá o que é o ético. Já é bem engraçado que o ético pareça tão pouca coisa, que seu ensino seja deixado de preferência para seminaristas e sacristães de aldeia; já seria ridículo se alguém quisesse dizer que o ético ainda não foi descoberto, mas ainda teria de ser descoberto. Entretanto, não seria loucura, se quisesse com isso dizer que o ético deveria ser descoberto pelo ato individual de se aprofundar em si mesmo e em sua relação para com Deus; mas que se exija um profeta, não um juiz, não, um vidente, um arruaceiro histórico-universal, que, ajudado por um olho fundo e um olho roxo, ajudado pela familiaridade com a história do mundo, talvez ajudado também pela borra de café e pelas cartas lançadas, descubra o ético, ou seja (pois essa é a moderna deixa para a ética desmoralizada), o que é que a época exige – isso é uma dupla produção de confusão, algo pelo qual quem gosta de rir há de sempre se sentir em dívida com os nossos sábios! É risível supor que uma coisa dessas seja o ético, risível que um vidente o descubra olhando para o histórico-universal, onde é tão difícil vê-lo e, finalmente, risível que o trato incessante com o histórico-universal tenha feito nascer esta conclusão. O que o homem mais estúpido, que fez sua confirmação numa casa de correção, consegue entender, vem a ser melhorado pela sabedoria catedrática até se tornar autêntica profundeza especulativa. Ah, enquanto o ilustríssimo *Herr Professor*, especulando, explica tudo o que existe, ele se esqueceu, na distração, de como ele mesmo se chama: de que é um ser humano, um puro e simples ser humano, e não um fantástico 3/8 de um §. Ele conclui o sistema;

---

314. Citação de um poema (*Stella*) de J.H. Wessel, poeta dano-norueguês (1742-85), acrescido aqui de uma sátira à mania dinamarquesa de imitar os alemães [N.T.].

anuncia num parágrafo conclusivo que irá descobrir o ético, que esta geração, ele e eu incluídos, deve realizar... pois este ainda não foi descoberto! O quê? O ético, ou aquilo que a época exige? Ah, o ético é uma descoberta antiga; por outro lado, bem posso acreditar que aquilo que a época exige ainda não tenha sido descoberto, a despeito dos vários satisfatórios e altamente respeitáveis, embora tão somente promissores, ensaios de galimatias.

Se alguém então disser que é um exagero capcioso[315], que aqueles que se ocupam com a história do mundo de bom grado permitem que seminaristas e sacristães de aldeia façam preleções sobre a ética popular, e que eles não têm nada a opor que a classe inferior, em especial, procure viver de acordo com essa, mas que o interesse histórico-universal só alude à superior, às tarefas de longe as mais elevadas; então essa resposta mostra, suficientemente, que não era nenhum exagero capcioso, pois se a segunda é superior, então vamos começar, quanto antes melhor, mas a desgraça é que provavelmente ela ainda não foi descoberta. E no que se refere às tarefas de longe as maiores, vamos falar com toda a simplicidade sobre elas, como um vizinho conversa com seu vizinho ao anoitecer. [VII 119] A afirmação geral de que a tarefa é de longe a maior ainda não é suficiente; para uma pessoa razoável, essa afirmação só seria encorajadora se também se tornasse claro que os dividendos para cada um dos participantes seriam maiores. Quando, assim, lá fora, no campo, onde a paz habita à sombra da ramagem, a pequena família (conforme o desejo piedoso daquele querido rei[316]) dispõe de uma galinha sobre a mesa, e há mais que suficiente para os poucos: não é esta uma refeição abundante, em comparação com a grande refeição em que, decerto, um boi inteiro é servido, mas os participantes são tão numerosos que quase não há um naco para cada um? Ou quando aquele que no dia a dia ama o silêncio encontra, secretamente, o caminho enigmático para a solidão do abandonado, e aí acha tempo e ocasião para dizer a palavra breve que, mesmo assim, reconforta indescritivelmente: um orador desse tipo não produz um efeito tão grande, ou antes, um efeito infinitamente maior do que o produzido por aquele orador admirado, que é recompensado com nove gritos de hurra? E por

---

315. *chikaneus Overdrivelse*

316. Henri IV, rei da França [N.T.].

quê? Porque este usa a deixa que a multidão adora[317] ouvir; portanto, não porque falou sabiamente, pois o barulho não permitia ouvir claro o que ele dizia, mas porque ele trouxe à baila uma expressão que qualquer imbecil pode usar; portanto, porque ele não era um orador, mas um assoprador[318].

A distração especulativa se deixa explicar de forma apenas psicológica pelo trato constante com a história do mundo, com o passado. Em vez de corretamente prestar atenção a si mesmo, como aquele que vive no presente e tem o futuro diante de si, para assim ser guiado até poder psicologicamente reproduzir o momento individual, que é apenas um fator dentre outros na história do mundo, mistura-se tudo e se quer antecipar seu próprio passado – para então chegar a agir, muito embora pareça afinal bem fácil de entender que, quando alguém se tornou passado, então já terá agido.

Só quando eu presto atenção acurada a mim mesmo, posso ser levado a me introduzir na maneira como uma individualidade histórica se comportou quando ainda vivia; e só assim o compreendo, quando em minha compreensão o mantenho vivo e não, como o fazem as crianças, quebro o relógio em pedacinhos para entender a vida dele, nem, como o faz a especulação, o transformo em algo totalmente diferente para entendê-lo. [VII 120] Mas dele, como alguém que já morreu, não posso aprender o que significa viver; preciso experimentá-lo por mim mesmo, e, por isso, preciso entender a mim mesmo, e não o contrário: depois de tê-lo mal-entendido de modo histórico-universal, seguir então adiante e deixar esse mal-entendido ajudar-me a compreender-me mal, como se eu, também, já estivesse morto. A individualidade da história do mundo, quando viva, provavelmente se socorreu da ética subjetiva, e então a Providência lhe deu de acréscimo a importância histórico-mundana, se é que teve alguma[319].

---

317. *gider*

318. *Bælgetræder*: propriamente, um instrumento de pele ou couro, como o fole de lareira, podendo também significar um agitador, instigador, até a conotação de incendiário. Lembra ainda o "ponto" do teatro, o *souffleur*, que "assopra" a deixa [N.T.].

319. Um dos homens que aparecem com maior destaque e plenos de significação como figuras histórico-mundiais é decerto Sócrates. Como é o caso dele? Deixemos que o sistema, chegando depois, compreenda sua necessidade, a necessidade do fato de ele nascer, e de sua mãe ser parteira, a necessidade de seu pai ter recebido ordem de um oráculo para permitir à criança cuidar de si e nunca ser forçada a nada (que vida curiosa, quando isso

Uma certa classe de gente percebeu corretamente isso, embora, de resto, estejam longe de encontrar o verdadeiro, dado que se dirigem ao extremo oposto. São os zombeteiros[320] e os incrédulos[321], que acham que toda a história do mundo gira em torno de puras bagatelas, em torno de "um copo d'água". A especulação forma o extremo oposto, que quer fazer da individualidade histórica já sem alma uma determinação metafísica, uma espécie de denominação categorial para a relação de causa e efeito pensada de modo imanente. Ambos os lados estão errados. O zombeteiro é injusto com o ser humano; a especulação, com Deus. Em termos histórico-universais, o sujeito individual pode ser uma bagatela, mas o histórico-universal é, afinal de contas, algo acrescentado; em termos éticos, o sujeito individual é infinitamente importante. Toma uma paixão humana qualquer e relaciona-a ao ético no indivíduo: do ponto de vista ético, isso terá grande significado; do ponto de vista histórico-universal, talvez absolutamente nenhum ou talvez um significado muito grande, pois o histórico-universal, visto eticamente, entra em cena com um "talvez". Enquanto aquela relação entre paixão e o ético ocupa ao máximo o indivíduo existente (é isso que o zombeteiro chama de nada, e a especulação, especulativamente, ignora, com a ajuda da imanência), a

---

é considerado como uma tarefa para um método necessário!), a necessidade do fato de ter sido casado, especificamente com Xantipa, de ter sido condenado à morte por uma maioria de exatos três votos – pois aqui tudo é necessário, e é bom que o sistema só tenha a ver com mortos; para um vivente, deve ser insuportável ser compreendido dessa maneira. Mas agora vejamos também, de modo menos sistemático e mais simples, como ele se comportava enquanto estava vivo, quando andava pela praça e caçoava dos sofistas, quando era um ser humano e, mesmo na talvez mais ridícula das situações que foi conservada a respeito dele (Cf. *Antoninus philos. – ad se ipsum*, vol. XI, § 28), quando este, já que Xantipa vestira as roupas dele e saíra para a rua com elas, teve que se enrolar com uma pele e, para o grande divertimento de seus amigos, assim apareceu na praça do mercado, ainda era, contudo, um ser humano e mesmo naquela pele não ficava tão ridículo quanto o ficaria mais tarde no sistema, ao aparecer fantasticamente drapeado com o rico dossel sistemático de um §. Falava Sócrates sobre o que a época exigia, concebia ele o ético como algo que um profeta, com um olhar histórico-universal, deveria descobrir ou tinha já descoberto, ou como algo a ser decidido por votação com bolas? Não, ele estava ocupado somente consigo mesmo, não sabia contar nem até cinco quando se tratava de contar votos (cf. Xenofonte), sua participação era imprestável, quando o que importava era formar um grupo envolvendo várias pessoas, para nem mencionar situações que envolvessem um ajuntamento histórico-universal. Ele cuidava de si mesmo – e aí então veio a Providência [VII 121] e acrescentou uma significação histórico-mundial à sua irônica autossatisfação. Que lástima que agora nos últimos dois mil anos não se tenha ouvido absolutamente nada da parte dele; só o deus sabe o que ele pensa sobre o sistema.

320. *Spotterne*

321. *Vantroe*

Providência histórico-universal forma talvez um ambiente de reflexão para este indivíduo, por meio do qual sua situação de vida adquire uma importância histórico-universal de larga abrangência. Ele não a tem, mas a Providência a confere a ela. O zombeteiro ri e diz: Vê, tudo girava em torno do orgulho ferido, i. é, em torno de nada. Mas isso é falso, porque a relação do orgulho ferido com o ético não é, em termos éticos, indiferente, não é um nada; e o histórico-universal é algo completamente diferente, algo que não seguia diretamente dessa relação. Para a especulação, tudo acaba se misturando. Ela derrotou a zombaria e a incredulidade, não por liberar o ético do histórico-universal, mas por levar armas e bagagens num *durcheinander* [*al.*: atabalhoadamente], tudo subordinado a uma declamatória teoria da imanência. Mas a zombaria se vinga; [VII 122] longe de ter sido excluída, pode-se antes pensar que a especulação se trancou junto com ela – tão ridícula se tornou. A distração se vinga quando, na ética, a especulação quer que um indivíduo ora existente deva agir em virtude de uma teoria da imanência, i. é, que deva agir em virtude de um deixar de agir, pois a imanência é só para a observação, essencialmente e em verdade, só para Deus, e só na fantasia para ilustríssimos professores e seus familiares e amigos.

Mas se é tão arriscado envolver-se com a observação da história do mundo, talvez a objeção seja devida à covardia e à preguiça, que estão, de fato, sempre prontas a retardar os entusiastas, neste caso, o alto voo dos histórico-universais, que bem sabem o quão arriscado isso é, mas, também por isso, se arriscam. De jeito nenhum! Se alguma coisa no mundo consegue ensinar um ser humano a se arriscar, esta coisa é o ético, que ensina a arriscar tudo por nada, a arriscar tudo, inclusive a renunciar à bajulação histórico-mundial – a fim de se tornar nada. Não, a objeção é magnânima justamente por ser ética; ela diz que o ético é, de modo absoluto e por toda a eternidade, o mais elevado, e que nem todo o que ousa já tem metade da vitória, pois há também uma ousadia atrevida em que muita coisa se perde. Além disso, uma façanha arriscada não se resume a uma palavra solene, não é o grito de uma interjeição, mas, sim, trabalho penoso; uma façanha arriscada, por mais temerária que seja, não é uma proclamação tumultuosa, mas uma iniciação silenciosa que sabe que não recebe nada adiantado, mas que aposta tudo. Ousa, portanto, diz o ético, ousa renunciar a tudo, inclusive também àquele tão distinto, porém enganoso, comércio com a observação histórico-mundial; ousa tornar-te absolutamente nada, tornar-te um indivíduo singular[322] de quem Deus exige, eticamente, tudo, mas sem que tu te atrevas, por causa disso, a deixar de ser entusiasta – vê, isso é a façanha arriscada! Mas então tu também vais ganhar que Deus, por toda a eternidade, não vá mais poder te largar, pois a tua consciência eterna está apenas no ético: vê, essa é a recompensa! Ser um indivíduo singular, não é, em termos histórico-universais, absolutamente nada, infinitamente nada – mas, no entanto, esta é a única verdadeira e mais alta significação de um ser humano, e, assim, mais alta do que qualquer outra significação, que é uma miragem, decerto não em si e por si mesma, mas é sempre uma miragem quando pretende ser o supremo.

β. *Será preciso não levar em conta*[323] *que a consideração histórico-universal, enquanto ato cognitivo, é uma aproximação*[324], *sujeita à mesma dialética* [VII 123] *a que se sujeita toda disputa entre ideia e empiria, que, a cada instante, quer impedir o início e, uma vez iniciada, a cada instante ameaça com uma revolta contra o início.* O material[325] histórico-universal é infindável, e, por conseguinte, o limite é, necessariamente, de um jeito ou de outro, arbitrário. Embora o histórico-universal seja algo passado, é incompleto enquanto material para a observação cognitiva; ele se cria constantemente através de observações sempre renovadas e de pesquisas contínuas, que descobrem mais e mais, ou fazem descobertas que confirmam ou

---

322. *et enkelt Individ*

323. *frasees*

324. Mesmo que se tivesse que conceder tudo a Hegel, há uma questão preliminar que ele não respondeu: o que significa, afinal de contas [*overhovedet*], que a [VII 123] observação histórico-mundial seja uma aproximação? Ele desdenhou a intuição intelectual de Schelling (expressão de S. para o início), é verdade. Ele próprio disse, e isso tem sido frequentemente repetido, que seu mérito consiste no método, porém nunca disse de que modo este método se relaciona com a intuição intelectual, se aqui se requer, ou não, um *salto* outra vez. Tanto sobre o método, quanto sobre o iniciar do método, o que sempre se diz é apenas que se deve começar nele e com ele. Mas se um início desse tipo não deve ser apenas algo que nos ocorre [*Indfald*], então a reflexão precisa ter vindo antes, e a questão preliminar reside justamente nessa reflexão.

325. *Stof*

corrigem as anteriores. Tal como o número de descobertas nas ciências naturais aumenta com a maior precisão dos instrumentos, assim também aumenta no histórico-universal o número das descobertas quando se aguça mais a qualidade crítica da observação.

Ai, se neste ponto eu pudesse revelar erudição! Se eu pudesse mostrar como a autorizada e, contudo, *valore intrínseco* [*lat*.: pelo seu valor intrínseco] bastante duvidosa ordenação hegeliana do processo histórico-universal peca por[326] arbitrariedade e saltos, e como à China deveria ter sido atribuído [VII 124] um outro lugar[327], e um novo § deveria ter sido inserido, em função de uma tribo recentemente descoberta em Monomotapa[328]; se eu pudesse mostrar que o método hegeliano se apresenta quase como uma tolice[329], quando deve ser aplicado num detalhe particular: então eu talvez pudesse satisfazer um ou outro leitor. Ou seja, o interesse em ordenar o histórico-universal continuaria essencial, mas o que eu diria sobre Monomotapa causaria impressão, tal como o Jerônimo fica impressionado com o que seu mestre-escola diz, em *Julestuen*[330], sobre a fênix, ave que vive na Arábia. Mas querer considerar todo o interesse histórico-universal, quando ele não busca, como um enamorado, interpretar com cientificidade filológica, desinteressadamente, uma particularidade da história do mundo, por amor do saber e do conhecimento como tais, mas quer, especulativamente, contribuir para confundir a tarefa da ética para o indivíduo singular com a tarefa histórico-mundial para o gênero humano, e, ainda mais, quando

---

326. *forskylder*

327. De fato, não ficou ainda bem claro, em termos de história universal, onde é que a China encontra seu lugar no processo histórico-universal, no qual todo *Privat-Docent* (livre-docente) de anteontem encontra espaço abundante, clara e determinadamente. Ou seja, todos os livre-docentes são incluídos, e tão logo o método chegou aos nossos dias, a coisa deslancha, e todos nós recebemos um lugar. O método registra um único chinês, mas nem um único livre-docente alemão ficou excluído, especialmente nenhum prussiano, pois quem possui a cruz abençoa primeiro a si mesmo. Mas o sistema não está ainda totalmente pronto; [VII 124] talvez esteja na expectativa de conseguir, num sistemático um, dois, três, aproveitar-se do árduo trabalho de um verdadeiro homem da ciência para conseguir deixar alguns chineses extras à sua disposição. Desse jeito vai; de momento, parece decerto um pouco embaraçoso ter só um chinês, quando se tem tantos alemães.

328. Reino do sudoeste africano, na região do Rio Zambeze, que teve sua importância nos séc. XVII e XVIII [N.T.].

329. *Narrestreg*

330. Festa de Natal, comédia de Holberg, de 1724 [N.T.].

esse interesse quer ser o interesse de qualquer um – querer considerá-lo como curiosidade imoral e neurastênica, certamente seria uma detestável estreiteza ética[331].

Somente uma pessoa muito limitada, ou alguém que, astuciosamente, quer evitar sentir-se atingido, poderia pensar, neste ponto, que sou um vândalo que pretende violar a paz da lavoura da ciência e deixar o rebanho perder-se; que sou um lazarone que, à frente de leitores de jornais e vagabundos com direito a voto[332] quer, numa revolta da plebe, roubar do tranquilo homem da ciência sua propriedade legalmente adquirida através de seu afortunado talento e de seu resignado labor. É verdade que há muitos, muitos, que possuem mais do que eu no mundo do espírito, mas não há nenhum que, mais orgulhosamente e com mais gratidão ao deus, acredite que no mundo do espírito há uma segurança eterna da propriedade, enquanto que os patifes ficam lá fora. Mas quando uma geração, *en masse*, quer mostrar sua incompetência de modo histórico-universal, quando, desmoralizada por isso, tal como se jogasse na loteria, rejeita o bem supremo[333], quando uma especulação não quer ser isenta de interesse, mas causa dupla confusão, primeiro por saltar por cima do ético, e em seguida por propor algo histórico-universal como sendo a tarefa ética para os indivíduos – então a própria ciência aprecia que se diga algo a respeito. Não, louvada seja a ciência, louvado todo aquele que espanta a criação[334] de seu santuário. [VII 125] O ético é e sempre será a mais alta tarefa atribuída a qualquer ser humano. Pode-se exigir também de um cultor da ciência que ele se tenha compreendido a si mesmo eticamente, antes de se dedicar à sua área de estudo, que continue a compreender a si mesmo eticamente durante todo seu trabalho, porque o ético é a respiração eterna e, em meio à solidão, a comunhão reconciliadora com todo ser humano. Mas então mais nenhuma palavra, a não ser de admiração para aqueles que se distinguiram, e de encorajamento para os que se esforçam. O tranquilo homem da ciência não perturba a vida; está eroticamente perdido

---

331. *ethisk Bornerethed*
332. *balloterende Løsgængere*
333. *det Høieste*
334. *Kreaturerne*: o rebanho, o gado, os animais. Alusão a Jesus no templo [N.T.].

em sua gloriosa ocupação. Se, ao contrário, um homem da ciência tumultuário quiser forçar seu caminho nas esferas da existência e aí confundir o que é o sentido da vida em sua totalidade, o ético[335], aí então, enquanto homem da ciência, ele não será um amante fiel, e aí a ciência o entregará ao tratamento cômico.

Só uma pessoa limitada poderia achar que a objeção que lembra que a observação histórico-universal é uma aproximação teria sua origem na covardia e na preguiça, que recuam diante do trabalho irrealizável. Se a orientação para esta meta é o que há de mais alto, e o medo é só do trabalho enorme, então a objeção não é digna de atenção. Mas a objeção é ética; por isso, é magnânima, e, por isso, com toda a sua humildade, ela não erra sua meta e seu alvo, que são, justamente, o que há de mais alto. A objeção diz: o ético[336] é a única certeza, concentrar-se nela é o único saber que no momento derradeiro não se transforma numa hipótese, estar nela é o único saber garantido, onde o saber é garantido por alguma outra coisa. Querer estar eticamente envolvido com a história do mundo é um mal-entendido ético, do qual a verdadeira ciência jamais é culpada. Mas enquanto em toda parte se faz pouco caso do ético, o que a vida ensina? Tal como eram poucos os amantes, tal como os crentes eram poucos, assim também, verdadeiras individualidades éticas são, talvez, poucas. Falstaff diz, em algum lugar, que já teve, uma vez, uma face honesta, mas o ano e a data em que isso se deu se obliteraram. Esse "uma vez" pode ser dito de inúmeras maneiras diferentes, todas relacionadas à obliteração; mas esse "uma vez" é, não obstante, uma expressão decisiva. Talvez queira o poeta ensinar-nos que é raro existir uma individualidade na qual a marca eterna da divindade, que se expressa no ético, mantenha-se, pura, clara e nitidamente, tal como uma vez já foi; uma individualidade para quem o tempo não se interpôs, como uma eternidade, [VII 126] entre ela e aquela impressão eterna recordada, mas para quem mesmo a mais longa das vidas, comparada à presença poderosa daquela eternidade, não é mais do que o dia de ontem; uma individualidade (evitemos falar à maneira estética, como se o ético fosse uma feliz genialidade) que, dia após

---

335. *det Ethiske*
336. *det Ethiske*

dia, luta na contracorrente³³⁷, a fim de conquistar aquela originalidade³³⁸ que era sua própria origem eterna!³³⁹ Quão rara, talvez, é uma individualidade para quem o ético preserva aquela santa castidade que é perfeitamente inacessível para qualquer determinação exótica, mesmo a mais remota, uma individualidade que a preserva, mas, não, falemos de maneira ética: que a conquista, que em vida conquista a pureza virginal da paixão ética³⁴⁰, em comparação com a qual a de uma criança não passa de uma adorável brincadeira! Pois, no sentido estético, um ser humano tem uma originalidade, uma riqueza da qual ele pode até arriscar-se a perder uma parcela na vida, mas, no sentido ético, se ele a teve, e não conquista nada, então tudo está perdido.

Se alguém disser que isso não passa de declamação, que só tenho um pouco de ironia, um pouco de *pathos*, um pouco de dialética com que trabalhar, responderei: Que outra coisa deve ter aquele que quer apresentar o ético? Deveria talvez tratar de colocá-lo objetivamente num § e sabê-lo de cor, *geläufigt*³⁴¹, para contradizer-se pela forma? Creio que a ironia, o *pathos* e a dialética são *quod desideratur* [*lat.*: o que se deseja], quando³⁴² o ético é *quod erat demonstrandum* [*lat.*: o que era para ser demonstrado]. Contudo, não penso, de modo algum, ter esgotado o ético com minhas escrevinhações, pois ele é infinito. Mas tanto mais é de se admirar que o ético seja visto como tão insignificante, que se jogue fora o certo pelo incerto, jogue-se fora a mais certa de todas as coisas em troca das variadas tarefas da aproximação que acenam. Digamos que a história do mundo seja um espelho, e o observador se sente e olhe a si mesmo no espelho; mas não nos esqueçamos do cão que também queria olhar-se no espelho – e perdeu o que possuía. O ético é também um espelho, e aquele que ali se olha perde decerto alguma coisa, e quanto mais olha para si no ético, tanto mais perde – ou seja, perde todo o incerto, para conquis-

---

337. *strider tilbage*

338. *Oprindelighed*, primitividade

339. *evige Udspring*

340. *den ethiske Lidenskabs jomfruelige Reenhed*

341. *al.*: fluentemente; porém aqui com terminação dinamarquesa [N.T.].

342. *naar*: uma vez que

tar o certo. Somente no ético há imortalidade e a vida eterna; entendida de outro modo, a história do mundo talvez seja um drama, uma peça teatral, que talvez continue – mas o espectador[343] morre, e sua contemplação[344] talvez tenha sido um importantíssimo – passatempo.

γ. Quando então essas coisas tiverem sido desconsideradas, e feita a concessão de que não se deve desistir do histórico-universal só porque o trato com ele [VII 127] é arriscado ou porque, covardemente, se teme o peso e a dificuldade da aproximação: vamos então considerar[345] a história do mundo, mas não *in concreto*, para não nos tornarmos prolixos, o que, porém, mesmo quem só conhece a História de Kofod[346] pode facilmente se tornar; mas sim *in abstrato* vamos ponderar: *o que há para ser visto no histórico-universal*.

Se o histórico-universal deve ser alguma coisa, e não uma determinação altamente indeterminada, na qual, apesar do muito que se aprende sobre a China e Monomotapa, ficam, contudo, em última instância sem solução as seguintes questões: qual é a fronteira[347] entre o individual e o histórico-universal, enquanto sempre surge um elemento perturbador, pelo fato de que um rei é incluído por ser um rei, e um ermitão porque, em seu isolamento, é uma importante individualidade; será que há alguma fronteira (ou será que as coisas andam especulativamente juntas, de modo que tudo esteja incluído e a história do mundo seja a história das individualidades); será que a fronteira é casual (relacionada apenas ao que se sabe até o momento); será que a fronteira é, talvez, dialeticamente arbitrária, relativa apenas ao que o ilustre professor arranjador[348] leu ultimamente, ou por razão de parentesco literário tem que incluir – portanto: se o histórico-universal deve ser alguma coisa, tem de ser a história do gênero humano. Aqui

---

343. *Betragteren*

344. *Betragtning*

345. *betragte*

346. *Historiens vigtigste Begivenheder, fragmentarisk fremstillede for Begyndere* [Os fatos mais importantes da história, apresentados de modo fragmentário para iniciantes], Copenhague, 1808, e muitas reedições [N.T.].

347. *Grændsen*

348. *den velbaarne arrangerende Professor*

reside um problema que, em meus pensamentos, é um dos mais difíceis: como, e até que ponto, o gênero humano resulta de indivíduos, e qual é a relação entre os indivíduos e o gênero humano? Não tentarei responder a essa questão, a resposta talvez falhasse, mas ao invés disso irei me divertir com a reflexão de que o panorama da história do mundo foi em sua maior parte concluído, ou que, pelo menos, foi bem adiantado, sem ter descartado essa dificuldade.

Se a história do mundo é a história do gênero humano, segue-se, obviamente[349], que não chego a ver nela o ético. O que chego a ver tem de corresponder a essa coisa abstrata que é o gênero humano, tem de ser algo igualmente abstrato, enquanto que o ético, pelo contrário, está voltado[350] para a individualidade e, nessa medida, calcula que cada indivíduo, propriamente e essencialmente, só em si mesmo compreenda o ético, pois este é seu consaber[351] com Deus. Com efeito, enquanto, num certo sentido, o ético é infinitamente abstrato, num outro sentido ele é infinitamente concreto, e concretíssimo, porque ele é dialético para cada ser humano, justamente como este ser humano individual[352].

Portanto, é em categorias puramente metafísicas que o observador vê a história do mundo, e a vê especulativamente, como a imanência de causa e efeito, fundamento e consequência. [VII 128] Se ele é ou não capaz de vislumbrar um τέλος [*gr.*: alvo, meta, fim] para todo o gênero humano, não vou decidir; porém esse τέλος não é o τέλος ético, que vale para os indivíduos, mas, sim, um τέλος metafísico. À medida que os indivíduos participam da história do gênero humano por suas ações, o observador não vê essas ações retrospectivamente nos indivíduos, dirigindo-se ao ético, mas as vê como brotando dos indivíduos e dirigindo-se à totalidade. Eticamente, o que faz da ação uma ação do indivíduo é a intenção, mas isso é precisamente o que não entra[353] na história do mundo, pois aí o

---

349. *at sig selv*

350. *beregnet paa*

351. *Samviden*: expressão já usada por H.L. Martensen, para designar a participação da criatura na visão da essência divina. Poder-se-ia traduzir "con-sciência", enquanto participação no conhecimento do outro [N.T.].

352. *enkelte*

353. *kommer med i*

que importa é a intenção histórico-universal. Na perspectiva histórico-universal, vejo o efeito; eticamente, vejo a intenção, mas quando, eticamente, vejo a intenção e compreendo o ético[354], então também vejo que todo e qualquer efeito é infinitamente indiferente, que é indiferente qual foi o efeito, porém assim, é óbvio, eu não vejo o histórico-universal.

Na medida em que às vezes as categorias de causa e efeito também assumem uma espécie de reflexo de culpa e castigo, isso provém meramente do fato de o observador não se comportar de modo puramente histórico-universal, não conseguir despir-se totalmente do ético que há nele. Mas isso não é absolutamente nenhum mérito em relação ao histórico-universal, e o observador, atento a isso, deveria agora justamente interromper sua observação, para ficar claro para ele mesmo se não seria por acaso o ético o que ele deveria desenvolver em si próprio, do começo ao fim e até o seu máximo, em vez de querer, com uma porçãozinha dele[355], auxiliar a história do mundo. De modo histórico-universal, não se vê a culpa do indivíduo[356], tal como esta só se encontra na intenção, o que se vê é a ação exterior consumida pela totalidade e, nessa, trazendo para si a consequência da ação. Portanto, ele vê algo que é, eticamente, inteiramente confuso e absurdo[357], vê a ação bem-intencionada trazer consigo a mesma consequência que a mal-intencionada: o melhor dos reis e um tirano causando a mesma desgraça. Ou, mais corretamente, nem mesmo isso ele vê, pois isso é uma reminiscência ética; não, ele vê, o que eticamente é um escândalo, que, de modo histórico-universal ele, em última instância, tem que desconsiderar[358] a verdadeira distinção entre bem e mal, como esta só se encontra no indivíduo e, a rigor, em cada indivíduo, apenas em sua relação com Deus.

Vista de maneira histórico-mundial, torna-se falsa uma proposição que, vista eticamente, é verdadeira e é a força vital no ético: a relação de possibilidade que toda individualidade existente tem para

---

354. *det Ethiske*
355. *med Lidt deraf*
356. *Individets*
357. *Nonsens*
358. *frasee*

com Deus. A gente não se preocupa com isso, na perspectiva histórico-universal, porque a gente entende tudo retroativamente e, por isso, esquece que os mortos, claro, uma vez também já foram vivos. [VII 129] No processo histórico-universal, tal como esse é visto pelos seres humanos, Deus não desempenha o papel de Senhor; tal como não se vê aí o ético, assim também não se vê Deus, de jeito nenhum, pois, se a gente não o vê no papel de Senhor, então a gente não o vê. No ético[359], ele realmente faz esse papel naquela relação de possibilidade, e o ético é para os existentes, para os viventes[360], e Deus é Deus dos viventes. No processo histórico-universal, os mortos não são chamados à vida, mas apenas a uma vida fantástico-objetiva, e Deus, num sentido fantástico, é a alma de um processo. No processo histórico-universal, Deus é metafisicamente cingido num espartilho[361] em parte metafísico, em parte estético-dramático, que é a imanência. Que diacho[362] de jeito de ser Deus! Um crítico dramático insiste com um poeta que tenha a gentileza de usar as individualidades que listou no cartaz, e extrair tudo o que puder delas; se forem moças, por exemplo, devem estar casadas antes de acabar a peça, senão, estará errado. Em relação ao passado, parece bastante correto que Deus tenha usado tais e tais individualidades; mas quando elas estavam vivas, quantas delas foram rejeitadas então? E as que foram utilizadas, com que frequência não tiveram que entender, eticamente humilhadas, que, diante de Deus, não vale nenhum privilégio da imanência, e que Deus não se constrange por convenções teatrais? Tiveram que entender o que aquele entusiástico eticista, que introduzimos como falante, entusiasmou-se ao entender que Deus não precisa delas. Não dizemos com isso que Deus deveria contradizer-se a si mesmo, ao criar e depois não querer usar; não, eticamente, haverá para cada um bastante a fazer, e aquela relação de possibilidade que é o entusiasmo do ético, em sua alegria por causa de Deus, é a liberdade de Deus, que, entendida corretamente, por toda a eternidade não se tornará, nem antes nem depois, imanência.

---

359. *I det Ethiske*
360. *Levende*
361. *Convenients-Snøreliv*
362. *Fanden*

A imanência histórico-mundial é sempre perturbadora[363] para o ético e, no entanto, a visão histórico-mundial reside precisamente na imanência. Se um indivíduo[364] vê algo ético, é o ético em si próprio, e um reflexo disso o induz a ver o que ele, contudo, não vê. Por outro lado, com isso, ele está, ou esteve, eticamente motivado para esclarecer-se a respeito de si mesmo. Pois seria incorreto concluir que: quanto mais alguém estiver desenvolvido eticamente, tanto mais verá o ético na história do mundo; não, é bem o contrário: quanto mais eticamente desenvolvido estiver, menos se preocupará com o histórico-universal.

Que me seja permitido por meio de uma imagem tornar mais sensível a diferença entre o ético e o histórico-universal, a diferença entre a relação ética do indivíduo com Deus e a relação do histórico-universal com Deus. Um rei às vezes possui, como se sabe, um teatro real só para ele, [VII 130], mas essa diferença, que exclui os súditos, é casual. É diferente quando falamos de Deus e do teatro real que Ele tem para si mesmo. Portanto, o desenvolvimento ético do indivíduo é o pequeno teatro privado onde é Deus o espectador, mas onde, ocasionalmente, o próprio indivíduo também o é, embora ele deva ser, essencialmente, o ator, que, no entanto, não ilude, mas revela, assim como todo desenvolvimento ético consiste em revelar-se diante de Deus[365]. Mas a história do mundo é o palco real para Deus, onde ele, não por acaso mas de modo essencial, é o único espectador, porque ele é o único que o *pode* ser. Para esse teatro o acesso não está aberto a nenhum espírito existente. Se alguém tem a pretensão de ser espectador ali, simplesmente esquece que ele próprio deve ser ator nesse pequeno teatro, deixando àquele real espectador e poeta [decidir] de que modo quer fazer uso dele no drama real, *Drama Dramatum* [*lat.*: drama dos dramas].

Isso se aplica aos viventes, e apenas a esses se pode dizer como deveriam viver; e só o compreendendo por si mesmo pode-se ser levado a reconstruir a vida de um falecido, se é que isso afinal deve ser feito, caso haja tempo para isso. Mas é uma inversão, quando, em

---

363. *forvirrende*
364. *Individ*
365. *at blive aabenbar for Gud*

vez de aprender da própria vida vivendo, [se quer] fazer os mortos reviverem, e prosseguir querendo, de mortos (que a gente concebe como jamais tendo vivido), aprender como se deveria (realmente, é incrível o quão invertido isso é) – viver – caso já se estivesse morto.

δ. Se não fosse este o caso com o tornar-se subjetivo, se isso não fosse a tarefa, a mais alta tarefa que é posta a todo ser humano, uma tarefa que, de fato, pode bastar até mesmo para a vida mais longa, dado que tem a singular propriedade de só terminar quando a vida termina – se não fosse este o caso com o tornar-se subjetivo: então restaria uma dificuldade, que, como me parece, precisaria pesar, como um quintal, sobre a consciência carregada de todo ser humano, de modo que esse desejasse estar morto antes hoje do que amanhã. A objeção não é mencionada em nossa época objetiva e liberal, que está azafamada demais com o sistema e com formas para apreciar a vida humana. A objeção é a seguinte: *Como é que se pode, se se estabelece apenas o desenvolvimento da geração, ou do gênero – ou, contudo, se se estabelece isso como o que há de mais alto – como é que se pode explicar o desperdício divino, que usa a* [VII 131] *infinita multidão de indivíduos, geração após geração, a fim de mover o desenvolvimento histórico-universal?* O drama histórico-universal avança de modo extremamente lento: por que Deus não se apressa, se isso é tudo o que ele quer? Que longanimidade pouco dramática ou, melhor, que prosaica e aborrecida prolixidade! E, se por acaso é só isso o que ele quer: que horror, desperdiçar tiranicamente miríades de vidas humanas. Mas o que é que o observador tem a ver com isso? O observador, de modo histórico-universal, vislumbra aquele jogo de cores[366] da geração, tal como um cardume de arenques no mar: os arenques avulsos não têm muito valor. O observador olha fixamente, entorpecido, para dentro daquela imensa floresta da geração e, como alguém que não consegue ver a floresta por causa das árvores, ele vê apenas a floresta, e não vê uma única árvore. Arma sistematicamente as cortinas e usa povos e nações para esse propósito, seres humanos individuais nada significam para ele; a própria eternidade é drapejada com observação sistemática e absurdidade

---

366. *Farvespil*

ética. A poesia desperdiça com suas criações[367], mas, longe de fazer abstinência ela mesma, não se atreve de jeito nenhum a pressupor a divina frugalidade da infinitude, que, ético-psicologicamente, não necessita de muitos seres humanos, mas, tanto mais, necessita da ideia. Não é milagre que aí então até se admire o observador, quando ele é nobre, bastante heroico, ou quiçá, mais corretamente, distraído o bastante para esquecer que é, também ele, um ser humano, um ser humano individual existente! Ele olha fixamente, firmemente, para o espetáculo histórico-universal, ele morre e vai embora; nada resta dele, ou ele mesmo fica para trás como um bilhete que o porteiro guarda na mão como um sinal de que o espectador já passou. – Se, contudo, o tornar-se subjetivo for a mais alta tarefa posta a um ser humano, então tudo se ordenará belamente. Disso se segue, em primeiro lugar, que ele afinal não tem nada a ver com a história do mundo, mas que, quanto a isso, deve deixar tudo para o poeta real; e, em seguida, que não há nenhum desperdício, pois ainda que os indivíduos fossem tão incontáveis quanto os grãos de areia do mar, a tarefa de tornar-se subjetivo é, afinal de contas, posta a cada um; e, por fim, com isso não se negou a realidade[368] do desenvolvimento histórico-universal, que, reservado a Deus e à eternidade, tem ambas as coisas: seu tempo e seu lugar.

ε. Primeiro, portanto, o ético, o tornar-se subjetivo, depois, o histórico-universal. No fundo, mesmo a pessoa mais objetiva está em seu foro interior de acordo com o que aqui foi exposto, que o sábio deva primeiro compreender o mesmo que o simples compreende, e sentir-se obrigado à mesma coisa que obriga o simples – e que só então deve passar ao histórico-universal. Primeiro, portanto, o que é simples. Mas, naturalmente, isso é tão fácil para o sábio compreender (por que mais seria ele chamado de sábio?) que essa compreensão é apenas uma questão de um instante, e, no mesmo instante, ele já se encontra a todo vapor junto ao histórico-universal [VII 132] – e assim acontece, decerto, com meus simples comentários: ele os compreendeu instantaneamente e, no mesmo momento, já foi adiante.

---

367. *Poesien... digterisk*
368. *Realitet*

Se eu, porém, inda que por um só instante, pudesse conversar com o sábio – pois eu seria, com prazer, aquele simples que o interromperia com a seguinte observação, bem simples: *Para o sábio, o mais difícil de compreender não seria precisamente o que é simples?* O simples compreende diretamente o que é simples, mas quando é o sábio quem deve compreendê-lo, isso se torna infinitamente difícil. É uma afronta para o sábio atribuir-lhe tanta importância, ao ponto de que o mais simples se torne o mais difícil, apenas porque se supõe que exatamente ele deva lidar com o simples? De jeito nenhum. Quando uma criada se casa com um criado, tudo transcorre calmamente; mas quando um rei se casa com uma princesa, isso se torna um evento. Falar assim significaria inferiorizar o rei? Quando a criança fala espontaneamente, sua fala é, talvez, bastante simples, e quando o sábio diz exatamente a mesma coisa, talvez isso se torne o que há de mais genial. Assim se relaciona o sábio com aquilo que é simples. Quando, entusiasticamente, honra aquilo como o mais alto, aquilo o honra em retorno, pois é como se aquilo se tornasse diferente através dele, embora ainda permaneça a mesma coisa. Quanto mais então o sábio reflete sobre o que é simples (que se possa falar de uma ocupação mais demorada em relação a isso, já mostra que, contudo, o assunto tão fácil não é), mais difícil isso se torna para ele. Ele se sente, ainda, comovido por um profundo sentimento de humanidade que o reconcilia com a vida toda: que a diferença entre o sábio e o mais simples de todos é essa pequena diferença evanescente *de que o simples sabe o essencial*, e o sábio, pouco a pouco, *vem a saber* que o sabe, ou *vem a saber* que não o sabe, mas que o que ambos sabem é o mesmo. Pouco a pouco – e desse modo a vida do sábio também chega a um fim: quando, então, houve tempo para o interesse histórico-universal?

Mas o ético[369] não é apenas um saber[370], ele é também um agir[371] que se relaciona com um saber, e um agir de tal natureza que sua repetição[372] pode, de mais de uma maneira, tornar-se, às vezes, mais

---

369. *det Ethiske*
370. *en Viden*
371. *en Gjøren*
372. *Gjentagelsen*

difícil do que o primeiro agir. Outra vez, novo adiamento – se se quer mesmo *partout* [*fr.*: de qualquer jeito] chegar ao histórico-universal. Aqui, porém, devo confessar, a cada um que insiste em se entregar ao histórico-universal, algo lastimável a meu respeito, algo a que talvez se deva que descubro tarefas que bastam para toda uma vida humana, enquanto que outros talvez consigam livrar-se delas antes que eu coloque o ponto final nesta frase. Olha só, a maioria das pessoas é, por natureza, gente amável; primeiro são crianças amáveis, depois, jovens amáveis, e, então, homens e mulheres amáveis. [VII 133] Isso, naturalmente, é bem outra coisa. Quando alguém tiver chegado naquele ponto em que tanto a própria esposa quanto todas as cunhadas digam, *en masse*: Só Deus sabe como ele é um homem extraordinariamente amável – bem, então sim ele pode, sem dúvida, achar tempo para dedicar-se ao histórico-universal. Infelizmente, esse não é o meu caso. Ai, os poucos que me conhecem sabem bem demais, e eu o confesso também por mim mesmo: eu sou um homem perdido e perverso. Isso é verdade até demais; enquanto toda aquela gente amável está, sem mais, prontinha para se ocupar com o futuro da história do mundo, eu sou obrigado, muitas vezes, a ficar sentado em casa, e a deplorar por mim mesmo. Embora meu pai esteja morto, e eu não mais frequente a escola, embora não tenha sido preso pelas autoridades públicas para uma reeducação social, percebi, contudo, a necessidade de me vigiar um pouquinho[373], ainda que, inegavelmente, eu preferisse muito mais ir passear em Frederiksberg e me ocupar com a história do mundo. Dá para entender: não tendo uma esposa para me dizer que só Deus sabe como eu sou um homem amável, eu é que tenho de lidar comigo mesmo. O único que me consola é Sócrates. Pois dele se conta que teria descoberto em si mesmo uma disposição para todo o mal; talvez até tenha sido essa descoberta o que o motivou a abandonar o estudo da astronomia, que o nosso tempo agora exige. De bom grado reconheço o quão pouco, aliás, me pareço com Sócrates. Seu conhecimento ético provavelmente o ajudou a fazer tal descoberta. Comigo o caso é outro; de fortes paixões e coisas semelhantes, tenho bastante material, e por isso me custa tanto extrair alguma coisa boa daí, com a ajuda da razão[374].

---

[373]. *passe lidt paa mig selv*

[374]. Com essas palavras, desejo recordar a esplêndida definição de virtude de Plutarco: "A virtude ética tem por matéria as paixões, e a razão por sua forma". Cf. seu pequeno escrito sobre as virtudes éticas.

Então, para que não nos perturbemos pensando em mim, fixemo-nos em Sócrates, a quem as *Migalhas* também recorreram. Graças ao seu saber ético, ele descobriu que tinha a disposição para todo o mal. Vê, agora não dá mais para num "um, dois, três" chegar ao histórico-universal. Ao contrário, o caminho para o ético torna-se extraordinariamente longo, pois só começa quando se faz essa descoberta. [VII 134] Quanto mais profundamente alguém a fizer, mais coisas terá por fazer; quanto mais profundamente alguém a fizer, mais ético se tornará; quanto mais ético se tornar, menos tempo terá para o histórico-universal.

É bem estranho que o que é simples possa ser tão extenso. Tomemos um exemplo da esfera religiosa (da qual a esfera ética está tão próxima, que elas continuamente se comunicam uma com a outra). O rezar[375] é, afinal, uma questão extremamente simples; dever-se-ia pensar que é tão fácil quanto abotoar as próprias calças, e, se nada mais se colocar como obstáculo, poder-se-ia então em seguida partir para o histórico-universal. E, no entanto, que difícil! Intelectualmente, preciso ter uma noção inteiramente clara de Deus, de mim mesmo e de minha relação para com Ele, e da dialética da relação que é a da oração, de modo que eu não confunda Deus com qualquer outra coisa e, nesse caso, não reze a Deus; e para que eu não confunda a mim mesmo com alguma outra coisa, de modo que não seja eu quem reza; e, na relação da oração, eu conserve a diferença e a relação. Vê, pessoas casadas sensatas reconhecem que precisam de meses e anos de vida cotidiana em comum para aprender a conhecerem direito um ao outro, e, contudo, Deus é muito mais difícil de conhecer. Pois Deus não é algo de exterior, como o é uma esposa, a quem posso perguntar se neste momento está satisfeita comigo. Quando, na minha relação com Deus, me parece que é bom o que faço, e não fico prestando atenção com infinita desconfiança a respeito de mim mesmo, então é como se Deus também estivesse contente comigo, pois Deus não é algo de exterior, mas é a própria infinitude; não é algo externo que discute[376] comigo quando faço algo errado, mas é, sim, a própria infinitude que não precisa de palavras de repreensão[377], mas

---

375. *at bede*
376. *skjendes*
377. *Skjendsord*

cuja vingança é terrível – a vingança de que Deus absolutamente não exista para mim, apesar de eu rezar. E o rezar é também uma ação. Oh, Lutero foi realmente, no que tange a isso, um homem experiente, e consta que ele teria dito que nunca, nenhuma vez em sua vida, rezou tão ardentemente que, enquanto rezava, um ou outro pensamento perturbador não se tivesse intrometido. Portanto, poder-se-ia quase pensar que rezar é tão difícil quanto interpretar o papel de Hamlet, do qual consta que seu melhor ator teria dito que só uma vez esteve perto de interpretá-lo bem; e, no entanto, ele quereria devotar toda a sua habilidade e toda a sua vida a esse constante estudo. Não deveria a oração ser quase tão importante e significativa?

[VII 135] Mas então tornar-se subjetivo é uma tarefa muito louvável, é um *quantum satis* [*lat.*: o suficiente] para uma vida humana. Ainda que eu tenha a triste necessidade de me apressar, como a esposa de Lot, mesmo a melhor das pessoas terá muito por fazer. Se, em relação a isso, eu fosse, de algum modo, capaz de servir a um indivíduo em meio a meus contemporâneos, meu serviço conteria uma referência à parábola das árvores que desejavam o cedro como rei, para descansar à sombra dele; do mesmo modo, nossa época quer ter uma sistemática árvore de Natal erguida, para descansar e relaxar após o trabalho; mas as árvores tiveram que se contentar com um arbusto espinhento. Se eu, não na qualidade de rei, mas como um humilde servo, me comparasse com esse arbusto, eu diria: sou tão infrutífero quanto ele; não há muita sombra e os espinhos são pontiagudos.

Portanto, o tornar-se subjetivo deveria ser a mais alta tarefa posta a um ser humano, assim como a mais alta recompensa, uma eterna felicidade, só existe para a pessoa subjetiva[378] ou, melhor, surge para quem se torna subjetivo. Além disso, o tornar-se subjetivo deveria dar à pessoa muito que fazer enquanto ela viver; então não ocorreria ao zeloso, mas só ao azafamado, terminar o que tinha por fazer na vida antes da vida terminar o que tinha a fazer com ele. E a este não seria lícito desdenhar a vida, mas, em vez disso, estaria obrigado a

---

378. *for den Subjektive*

compreender que ainda não havia compreendido direito a tarefa da vida, já que, se não fosse assim, seguir-se-ia, como algo óbvio, que a tarefa da vida duraria tanto quanto a própria vida, isto é, a tarefa de viver. Portanto, se o indivíduo compreendesse que tornar-se subjetivo é a sua mais alta tarefa, então, ao executá-la, alguns problemas deveriam revelar-se a ele, problemas que, por sua vez, poderiam bastar completamente ao pensador subjetivo, tanto quanto os problemas objetivos que o pensador objetivo tem nas mãos bastam a este – que vai sempre mais além, jamais se repete, desprezando o aprofundamento da repetição no seu pensamento único, mas provoca assombro, quando ele primeiro é um sistemático, depois um historiador do mundo, e então um astrônomo, um veterinário, um inspetor de sistema hidráulico, um geógrafo etc.

Que estranho! Mas por que não bastaria se alguém, a partir da sabedoria socrática que descobre a própria disposição para todo mal, antes de começar a se considerar realizado[379] como uma pessoa amável, aprendesse a fazer uma descoberta semelhante: [VII 136] que estar pronto rápido demais é o maior de todos os perigos? Essa é uma observação muito edificante, que tem uma extraordinária virtude de estender a tarefa, de modo que nunca falte. Reflitamos sobre esse fato engraçado, que, enquanto de resto se louva e celebra a velocidade e a pressa, há um caso em que o prêmio é inversamente proporcional à velocidade. Em geral, a celeridade é elogiada, e, em alguns casos, é considerada como indiferente, mas, neste caso, ela seria até condenável. Quando, num exame escrito, são dadas quatro horas para que jovens o resolvam, não faz diferença se este ou aquele termina antes do prazo, ou se usam todo o tempo. Aqui, então, a tarefa é uma coisa, e o tempo uma outra coisa. Mas quando o próprio tempo é a tarefa, é um erro estar pronto antes do tempo. Suponhamos que se dê a uma pessoa a tarefa de entreter-se por um dia e que, por volta do meio dia, tenha já terminado o entretenimento: nesse caso, sua celeridade não teria, de fato, nenhuma vantagem. Assim também, quando a vida é a tarefa. Estar realizado na vida, antes da vida ter-se realizado nele, significa, afinal, justamente, não ter realizado a tarefa.

---

379. *færdig*

É bem assim que as coisas se dão. Acreditem em mim, pois também eu sou um poderoso, eu mesmo devo dizê-lo, embora, em geral, eu seja talvez colocado na classe dos seminaristas e bedéis de aldeia. Eu sou um poderoso, contudo, meu poder não é o de um dominador ou de um conquistador, pois o único poder que tenho é o de frear[380]; porém, meu poder não é vasto, pois só tenho poder sobre mim mesmo, e nem mesmo este, se não me contiver[381] a cada momento. Para pretender refrear diretamente meus contemporâneos, para isso não tenho tempo e, além do mais, penso que pretender refrear de modo direto os seus contemporâneos é como quando um passageiro de um carro, para pará-lo, segura o assento à sua frente: ele se determina numa direta relação com a contemporaneidade e, no entanto, quer refreá-la. Não, a única coisa a fazer é sair do carro e refrear-se a si mesmo.

Se se desembarca do carro (e, especialmente em nosso tempo, quando se está atualizado, sempre *auf der Eisenbahn* [al.: na estrada de ferro]), e jamais se esquece de que a tarefa consiste no refrear, já que a tentação é terminar rápido demais, então nada é mais certo do que o fato de que a tarefa se prolonga pela vida toda. É impossível que a falha esteja na tarefa, pois a tarefa, afinal de contas, consiste justamente em que ela se prolongue. Ser considerado um seminarista e um filho serôdio é um bom sinal, pois seminaristas e filhos serôdios são considerados cabeças lentas. [VII 137]

Aqui seguem então alguns exemplos que, com toda brevidade, mostram como o problema mais simples se transforma, quando paramos[382], no mais difícil, de modo que não haja nenhuma razão para eleger, apressadamente, a astronomia, a ciência veterinária e coisas desse tipo, quando [ainda] não se entendeu o simples. A brevidade aqui não pode ser um obstáculo, pois os problemas não foram resolvidos.

P. ex., *o morrer*. No que tange a isso, sei o que as pessoas em geral sabem: que se tomar uma dose de ácido sulfúrico, então eu morro, do mesmo modo que se me atirar na água ou dormir respirando gás carbônico etc. Sei que Napoleão sempre carregava veneno consigo, que a Julieta de Shakespeare tomou o veneno; que os estoi-

---

380. *holde igjen*
381. *holder igjen*
382. *ved Paaholdenhed*

cos consideravam o suicídio um ato corajoso e que outros o consideram como covardia; que alguém pode morrer por causa de uma insignificância ridícula, de modo que o mais sério dos homens não pode deixar de rir da morte; que se pode evitar a morte certa etc. Eu sei que o herói trágico morre no quinto ato, e que a morte aí obtém uma realidade[383] infinita no *pathos*, mas não a tem quando morre um engarrafador de cerveja. Sei que o poeta faz variações na disposição de ânimo[384] com a concepção da morte, até chegar ao cômico; eu me obrigo a produzir, em prosa, a mesma diversidade de efeitos no ânimo. Eu sei, além disso, o que o clero costuma dizer; conheço os temas geralmente tratados em funerais. Se não há nenhum outro obstáculo antes de passar para a história do mundo, então já estou pronto; só preciso comprar algum tecido preto para o hábito clerical, e então irei proferir encomendações tão bem quanto qualquer clérigo ordinário, pois, que eles, com um peitoral de veludo, o fazem de modo mais elegante, isso eu admito de bom grado, porém essa diferença não é essencial, tampouco como a diferença entre um carro funerário de cinco ou de dez táleres do banco real. Mas eis que, a despeito desse conhecimento quase extraordinário, ou completude de[385] saber, não consigo, de forma alguma, encarar a morte como algo que eu já tenha compreendido. Antes, portanto, de passar para a história do mundo, sobre a qual ainda devo, necessariamente, dizer sempre: sabe Deus se tal coisa, de fato, te diz respeito; me parece que seria melhor refletir a respeito: para que a existência[386] não zombasse de mim se eu me tornasse tão erudito a ponto de ter esquecido de compreender o que há de acontecer a mim e há de acontecer a todo ser humano algum dia – algum dia, mas o que estou dizendo! – suposto que a morte seja traiçoeira o bastante para chegar amanhã! Já essa incerteza, se deve ser compreendida e firmemente sustentada por um existente e, precisamente porque é incerteza, deve ser pensada como inerente a tudo[387] [VII 138], incluída até mesmo em meu iniciar com a história do mundo, de forma a que eu esclareça para

---

383. *Realitet*
384. *i Stemning*
385. *Faerdighed*
386. *Tilværelsen*
387. *tænkes ind med i Alt*

mim mesmo se estou iniciando algo que valeria a pena iniciar caso a morte chegasse amanhã, já essa incerteza dá origem a dificuldades inacreditáveis, para as quais nem o orador está atento, se ele acha que pensa sobre a incerteza da morte e, no entanto, se esquece de pensar a incerteza incluída naquilo que ele está dizendo sobre a incerteza, quando, emocionado, fala tremendo sobre a incerteza da morte e acaba por encorajar uma proposta para a vida como um todo e, portanto, acaba tendo esquecido, essencialmente, a incerteza da morte, já que, de outro modo, sua proposta entusiástica para a vida como um todo teria que se fazer dialética em relação à incerteza da morte. Pensar esta incerteza de uma vez por todas, ou uma única vez por ano, nas matinas da manhã do ano-novo, é naturalmente absurdo, e não é, de modo algum, pensar tal coisa. Se aquele que o pensa deste modo também explica a história do mundo, pode talvez ser esplêndido o que ele diz da história do mundo, mas o que ele diz sobre a morte é bobagem. Se a morte é sempre incerta, se sou mortal: então isso significa que essa incerteza não pode ser entendida de um modo geral, se eu também não for um tipo assim de ser humano em geral. Mas isso, porém, eu não sou, isso é algo que só pessoas distraídas o são, por exemplo, Soldin, o vendedor de livros. E se eu o for ainda em meu início, a tarefa da vida consiste, de fato, em tornar-se subjetivo, e no mesmo grau, a incerteza se torna mais e mais dialeticamente penetrante em relação a minha personalidade; portanto, torna-se cada vez mais importante para mim pensando-a introduzi-la em cada momento de minha vida, pois, estando sua incerteza presente a cada momento, esta incerteza só pode ser vencida por meu ato de vencê-la a cada momento. Se, pelo contrário, a incerteza da morte for alguma coisa em geral, então o meu morrer será também alguma coisa em geral. Talvez o morrer seja também algo em geral para os sistemáticos, para gente distraída; para o falecido vendedor de livros Soldin, o morrer deve ter sido uma coisa em geral: "Quando estava para se levantar de manhã, ele não sabia que [já] estava morto". Mas para mim, que *eu* morra não é, de modo algum, uma coisa em geral; para os outros, o meu morrer é uma coisa desse tipo. *Eu* não sou, de jeito nenhum, para mim, uma tal coisa em geral; talvez para os outros eu seja uma tal coisa em geral. Mas se a tarefa consiste em tornar-se subjetivo, então todo sujeito torna-se, *para si mesmo*, exatamente o oposto de uma tal coisa em geral. Parece-me também que é embaraçoso ser tanta coisa para a história do mundo e então, em casa, consigo mesmo, ser, para si mesmo, uma tal coisa em geral. [VII 139] Já é bastante embaraçoso quando um homem extraordinariamente importante na assembleia popular vai para casa e para junto de sua esposa e, na frente dela, ele é apenas uma tal coisa em geral; ou ser um Diedrich Menschenschreck[388] histórico-universal e então, lá em casa, ser – bem, prefiro não dizer mais nada. Mas é ainda mais embaraçoso estar em tais maus termos consigo mesmo e, o que é pior, permanecer ignorante sobre isso. O nobilíssimo devoto da história do mundo não pode, contudo, negar-me uma resposta à questão sobre o que é morrer, e, no mesmo momento em que ele responder, a dialética iniciará. Ele que dê a razão que quiser para não se demorar mais em tais pensamentos; não adianta, porque a razão dada se tornará dialética para que se veja o que ela é essencialmente. Então eu teria que perguntar se é de algum modo possível ter uma ideia da morte, se a morte pode ser antecipada e, *anticipando* [*lat.*: sendo antecipada], ser vivenciada numa apresentação, ou se ela é apenas quando efetivamente ocorre[389]; e, já que seu ser real é um não ser [eu teria que perguntar], se ela, portanto, é apenas quando não ocorre[390], em outras palavras, se a idealidade pode, idealmente, vencer a morte ao pensá-la, ou se a materialidade sai vencedora na morte, de modo que um ser humano morra como um cachorro, enquanto que a morte só poderia ser superada pela representação que o moribundo tem sobre ela, no momento da morte. Essa dificuldade pode também ser expressa da seguinte maneira: se é de tal modo que o vivente nem possa aproximar-se da morte, já que, experimentando, ele não pode se aproximar o bastante sem se tornar, comicamente, vítima de seu próprio experimento; e, experimentando, não pode frear, mas nada aprende da experiência, já que não pode retornar para fora da experiência e tirar seu proveito mais tarde, porém fica preso à experiência? Agora, se a resposta for que a morte não pode ser captada numa representação, o assunto não está, com isso, de modo algum, decidido. Uma resposta negativa, um Não,

---

388. Diedrich o Terrível, protagonista de uma comédia de Holberg, de 1731, representada em Copenhague nos anos 40 do século XIX [N.T.].

389. *virkelig er*

390. *først er idet den ikke er*. *lit.*: só é quando ela não é

precisa ser dialeticamente definida tão completamente quanto uma resposta positiva, e apenas uma criança e uma pessoa simplória ficariam satisfeitas com: *das wei man nicht* [al.: isso não se sabe]. A pessoa que pensa[391] quer saber mais, não positivamente, é claro, sobre isso que, segundo nossa suposição, só pode ser respondido negativamente, mas quer, mesmo, que fique dialeticamente esclarecido que se tem de responder com um Não, e essa elucidação dialética estabelece sua resposta negativa em relação a todos os outros problemas da existência, de modo que não faltarão dificuldades. [VII 140] Caso se responda com um Sim, então fica a pergunta sobre o que é a morte, e o que ela significa para o vivente, como a representação da morte tem de transformar toda a vida de uma pessoa quando essa, para pensar a incerteza dela, tem de pensá-la a cada momento, para, assim, preparar-se para ela; e o que significa preparar-se para ela, já que aqui, outra vez, se diferencia entre sua vinda real[392] e a representação dela[393] (uma distinção que parece fazer de toda a minha preparação algo insignificante, já que aquilo que realmente vem não é o mesmo que aquilo para o que eu me preparei; e, caso seja a mesma coisa, então, afinal, a preparação, quando completada, é a própria morte), e já que ela pode chegar no mesmo momento em que eu inicio a preparação; pergunta-se por uma expressão ética para o significado da morte, por uma expressão religiosa para a vitória sobre ela[394]; requer-se uma palavra liberadora[395], que elucide seu enigma, e uma palavra vinculante[396], com a qual o vivente se proteja contra a representação contínua da morte, pois irreflexão e esquecimento decerto não ousamos, afinal de contas, recomendar abertamente como sabedoria de vida. E, além disso, que o sujeito pense sobre sua morte é uma ação. O fato de um ser humano em geral, um homem distraído como o livreiro Soldin, ou um sistemático[397], pensar na morte em geral, não é, por certo, uma ação; é só uma coisa

---

391. *Den Tænkende*
392. *virkelige Komme*
393. *Forestillingen om den*
394. *Overvindelse*
395. *løsende*
396. *bindende*
397. *en Systematiker*

assim em geral, e, o que uma tal coisa venha a ser, no fundo não dá bem para dizer. Se, porém, o tornar-se subjetivo é a tarefa, então, para o sujeito individual, o pensar-sobre-a-morte não é, de modo algum, uma tal coisa em geral, mas sim uma ação, pois o desenvolvimento da subjetividade consiste precisamente nisso, em que, agindo, ele se reelabore[398] a si mesmo em seu pensar sobre sua própria existência, e, portanto, que ele efetivamente pense o pensado realizando-o[399], e, portanto, que ele não pense num momento qualquer: *agora, tu deves prestar atenção a todo momento* – mas sim que a todo e qualquer momento ele preste atenção. Aqui tudo se torna agora cada vez mais subjetivo, o que é natural quando o que está em jogo é o desenvolver a subjetividade. – Nessa medida, parece que a comunicação entre os seres humanos está entregue a mentiras e enganos, se alguém quiser; pois basta que uma pessoa diga: "Isso eu fiz", e não podemos ir mais adiante. Está bem, e daí? E se ela, não obstante, não o tiver feito? Sim, o que é que tenho a ver com isso, pior para ela. Quando se trata de algo objetivo, pode-se controlar melhor; se, por exemplo, alguém dissesse que Frederico VI era imperador da China, então dir-se-ia ser mentira. Quando, ao contrário, alguém fala sobre a morte, do que tem pensado sobre a morte e que tem pensado sobre sua incerteza, por exemplo, daí não se segue que ele, realmente, o tenha feito. Com certeza! Há, porém, um modo ainda mais ardiloso de descobrir se está mentindo. É só deixá-lo falar: se ele for um impostor, irá se contradizer a si mesmo exatamente quando der as mais solenes garantias. [VII 141] A contradição não se encontra diretamente; não, ela reside no fato de o próprio enunciado não conter em si a consciência daquilo que o enunciado declara diretamente. Objetivamente compreendido, o próprio enunciado pode ser direto; mas o homem tem, apenas, este defeito: ele recita de cor[400]. Que ele também transpire e bata na mesa, não demonstra que não esteja recitando algo decorado – mas demonstra apenas que é muito tolo, ou

---

398. *gjennemarbeider;* se reinvente, se capacite [N.T.].

399. *tænker det Tænkte ved at virkeliggjøre det*

400. Basta que se preste atenção à presença reduplicada do pensamento em cada palavra, em cada frase intercalada, na digressão, no momento descuidado da imagem e da comparação, se se quer ter o trabalho de conferir se uma pessoa está mentindo – contanto que, então, escrupulosamente, se preste atenção a si mesmo; pois a habilidade de prestar atenção desse modo se obtém refreando-se a si mesmo; então se obtém esta habilidade inteiramente grátis, e geralmente não se tem vontade de lhe dar um uso particular.

que ele mesmo também tem em segredo consciência de recitar algo apenas decorado. Pois, com efeito, é muito estúpido supor que o recitar de cor produza emoção em alguém, já que a emoção é algo interior e recitar de cor é algo exterior, equivalente a esvaziar a bexiga; e é um blefe bem medíocre querer esconder a própria carência de interioridade batendo na mesa. Olha, quando o morrer é posto, desse modo, em relação com toda a vida do sujeito, eu estou muito longe ainda, mesmo que minha vida esteja em jogo, de ter compreendido a morte, e menos ainda realizei existencialmente a minha tarefa. E, contudo, pensei sempre de novo, procurei orientação em livros – e nada encontrei[401].

Por exemplo, *o ser imortal*. A esse respeito, sei o que a gente geralmente sabe; sei que alguns admitem a imortalidade, que outros dizem que não a admitem. Se eles realmente não a admitem, isso eu não sei; não me ocorre por isso querer combatê-los, pois tal procedimento é dialeticamente tão difícil, [VII 142] que eu precisaria de um ano e tanto para conseguir ver com clareza dialética se tal debate tem alguma realidade[402]; se a dialética da comunicação, quando bem compreendida, sancionaria tal conduta ou a transformaria numa disputa quimérica[403]; se a consciência da imortalidade é um ensinamento objetivo[404] sobre o qual se podem dar aulas, e como esse ensino deve ser determinado dialeticamente em relação às pressuposições do aprendiz; se essas não são tão essenciais que o ensino se torne um engano quando não se está logo consciente disso e então trans-

---

401. Embora já se tenha dito muitas vezes, quero aqui repeti-lo de novo: o que aqui é analisado não concerne, absolutamente, aos mais simples [*de Eenfoldige*], a quem o deus preservará em sua amável simplicidade (embora experimentem a peso da vida de outro modo), a simplicidade que não sente uma necessidade de um outro tipo de compreensão, ou, à medida que o sente, humildemente a transforma num suspiro sobre a miséria dessa vida, enquanto este suspiro, humildemente, encontra conforto no pensamento de que a felicidade da vida não consiste em ser aquele que sabe [*den Vidende*]. Por outro lado, isso concerne, sim, àquele que acredita possuir habilidade e oportunidade para um pesquisar mais profundo, e lhe concerne de tal modo que não se mete irrefletidamente com a história do mundo, mas, antes de tudo, se dá conta de que ser um homem existente é uma tarefa tão exaustiva e, contudo, tão natural, para cada ser humano, que, naturalmente, a gente a escolhe em primeiro lugar e provavelmente encontra neste esforço [*Anstrængelse*] o suficiente para toda uma vida.

402. *Realitet*

403. *Fægten i Luften*

404. *Læregjenstand*

forma o ensino num não ensino. Além disso, sei que alguns encontraram a imortalidade em Hegel, outros, não; eu sei que não a encontrei no sistema, e que de qualquer modo é absurdo⁴⁰⁵ procurá-la ali; pois, em um sentido fantástico, todo pensamento sistemático é *sub specie aeterni* e, assim sendo, a imortalidade está ali como eternidade, mas esta imortalidade não é de modo algum aquela sobre a qual se pergunta, já que se pergunta a respeito da imortalidade de um mortal, o que não está respondido ao se mostrar que o eterno é imortal, pois é claro que o eterno não é o mortal, e a imortalidade do eterno é uma tautologia e um abuso das palavras. Eu li o *Sjæl efter Døden* [Uma alma após a morte], do Professor Heiberg, sim, eu o li junto com o comentário de Deão Tryde. Oxalá não o tivesse feito, pois com uma obra poética a gente se deleita esteticamente e não exige a extrema exatidão dialética que se requer para um aprendiz que pretenda organizar sua vida de acordo com tal orientação. Se um comentador obriga alguém a procurar por algo assim no poema, ele não ajuda o poema. Do comentador eu aí talvez pudesse aprender o que não aprendi ao ler o seu comentário, se o Deão Tryde se apiedasse de mim e mostrasse apenas, no seu esforço catequético, como é que a gente constrói uma visão de vida baseada nas coisas profundas⁴⁰⁶ que ele ofereceu com suas paráfrases; pois louvado seja o Deão Tryde!, somente a partir desse pequeno artigo seu, daria para se construírem diversas visões de vida, porém *uma única* eu não consigo encontrar – aí, é justamente essa a desgraça; é desta que eu preciso, não de outras mais, pois não sou um grande erudito. Eu sei, além disso, que o falecido Prof. Poul Møller, que por certo estava familiarizado com a filosofia mais recente, [VII 143] só em tempos mais tardios atentou propriamente para a infinita dificuldade da questão da imortalidade, quando essa é posta de modo simples, quando não se pergunta sobre uma nova demonstração e sobre as opiniões, penduradas em fileira, de fulano e beltrano, ou sobre a maneira como elas podem ficar mais bem penduradas num fio; sei também que, num tratado⁴⁰⁷, ele tentou esclarecer a questão, e que

---

405. *urimeligt*

406. *paa det Dybsindige*

407. *"Reflexões sobre a possibilidade de provar a imortalidade do homem, com referência à literatura recente sobre o assunto"* (1837). H.-B. Vergote o apresenta numa tradução francesa em *Lectures philosophiques de Søren Kierkegaard*. Paris: PUF, 1993 [N.T.].

essa monografia traz uma marca nítida de sua aversão à moderna filosofia especulativa. A dificuldade da questão surge justamente quando ela é colocada de modo simples, e não do modo como um livre-docente[408] bem treinado pergunta pela imortalidade do ser humano, abstratamente entendido como o ser humano em geral, e, com isso, pela imortalidade do ser humano em geral, fantasticamente entendido como gênero, e, com isso, pela imortalidade do gênero humano. Um tal livre-docente bem treinado pergunta e responde sempre como os leitores bem treinados consideram que as respostas devem ser dadas. Um pobre leitor, não treinado, é feito de bobo com tais considerações, tal qual um ouvinte num exame para o qual perguntas e respostas foram previamente arranjadas, ou como alguém em visita a uma família cujos membros falam uma linguagem privada[409] e usam decerto as palavras da língua materna, porém entendem algo diferente ao usá-las. Daí segue que a resposta é geralmente muito fácil, dado que, com efeito, antes a pergunta foi alterada, razão por que não se pode negar que responderam à pergunta, mas se pode, de fato, legitimamente, insistir em que a resposta não é aquela que parece ser. Quando, num exame sobre a história da Dinamarca, o mestre, consciente de que os discípulos não sabem nada sobre o assunto, prontamente dá ao exame um outro rumo, por exemplo, perguntando sobre a relação de um outro país com a Dinamarca, e depois perguntando sobre a história desse outro país, pode-se dizer então que o exame foi sobre a história da Dinamarca? Quando crianças da escola escrevem uma palavra em seus livros e acrescentam: "Veja a respeito disso à p. 101", e, na p. 101: "Veja p. 216" e, na p. 216: "Veja p. 314", e então, finalmente, "Primeiro de abril": pode-se, legitimamente, dizer que alguém tirou proveito dessa orientação – para ser feito de bobo? Um livro levanta a questão da imortalidade da alma; o conteúdo do livro é, obviamente, a resposta. Mas o conteúdo do livro, como o leitor se convence ao lê-lo, consiste em todas as melhores e mais sábias opiniões dos homens a respeito da imortalidade, penduradas num varal. Portanto, a imortalidade consiste no conjunto das opiniões de todos os melhores e mais sábios homens sobre a imortalidade. Ó, meu grande deus chinês!, será isso a imor-

---

408. *Privat-Docent*
409. *eget Sprog*

talidade? A questão acerca da imortalidade é portanto uma questão erudita? Louvada seja a erudição! Louvado seja aquele que, como erudito, pode tratar da erudita questão da imortalidade [VII 144], mas a questão da imortalidade não é, essencialmente, uma questão erudita; é uma questão da interioridade, que o sujeito, ao tornar-se subjetivo, deve fazer a si mesmo. A questão nem se deixa responder objetivamente, porque, objetivamente, não se pode perguntar pela imortalidade, dado que a imortalidade é, precisamente, a potenciação[410] da subjetividade desenvolvida e o mais alto desenvolvimento. A questão só poderá apresentar-se de modo correto, quando alguém, corretamente, quiser tornar-se subjetivo; como, então, poderia ser respondida objetivamente? Em sociedade, a questão nem se deixa responder, porque não pode ser proposta socialmente, dado que só o sujeito que quer tornar-se subjetivo pode captá-la e corretamente perguntar: *eu* me torno imortal, ou *eu* sou imortal? Olha, para várias coisas as pessoas podem muito bem se associar; assim, várias famílias podem se associar para adquirir um camarote no teatro, e três cavalheiros particulares podem se associar para alugar um cavalo de montaria, de modo que cada um o monte a cada três dias. Mas não é assim que as coisas se dão com a imortalidade; a consciência da minha imortalidade pertence exclusivamente a mim, justamente no momento em que estou consciente de minha imortalidade, sou absolutamente subjetivo, e não posso tornar-me imortal numa sociedade[411] com dois outros cavalheiros particulares, rotativamente. Coletores de subscrições que conseguem uma lista numerosa de homens e mulheres que sentem uma necessidade genérica[412] de se tornarem imortais, dão-se a esse trabalho sem tirar nenhum proveito, pois a imortalidade é um bem que não se deixa extorquir pela força de uma lista de numerosas assinaturas. Sistematicamente, a imortalidade não se deixa, de jeito nenhum, demonstrar. O defeito não está nas demonstrações, mas na recusa em entender que, vista de modo sistemático, toda essa questão é um absurdo; de modo que, em vez de procurar por novas demonstrações, seria melhor procurar tornar-se um tanto quanto subjetivo. A imortalidade é o interesse mais apaixo-

---

410. *Potensation*: intensificação

411. *i Compagnie*

412. *i Almindelighed*

nado da subjetividade; no interesse reside exatamente a prova; quando alguém (em termos sistemáticos bem consistentemente) abstrai dele objetivamente, à maneira sistemática, sabe Deus o que é aí a imortalidade, ou sequer o que quer dizer querer prová-la, ou simplesmente que tipo de ideia fixa se daria ao trabalho de ainda esquentar a cabeça[413] por causa dela. Ainda que se pudesse, de um modo sistemático, pendurar lá em cima uma imortalidade, tal como o chapéu de Gessler[414], diante do qual, todos nós, de passagem, tiraríamos nossos chapéus, isso não significa ser imortal nem estar consciente da imortalidade. A trabalheira que se dá o sistema para demonstrar a imortalidade é um desperdício de esforço e uma contradição ridícula: pretender responder de um modo sistemático a uma questão que tem a peculiaridade de não poder ser levantada sistematicamente. É como pretender pintar Marte na armadura que o torna invisível. [VII 145] O ponto central está na invisibilidade, e no que toca à imortalidade o ponto central está na subjetividade e no desenvolvimento subjetivo da subjetividade. – Com toda simplicidade, então, a questão colocada pelo sujeito existente não é a da imortalidade em geral, pois um fantasma desse tipo absolutamente não existe, mas a da sua imortalidade; ele se pergunta pela sua imortalidade, sobre o que significa tornar-se imortal, se pode fazer alguma coisa para tornar-se tal, ou se ele se torna tal coisa sem mais nem menos, ou se ele [já] o é, mas [mesmo assim] pode se tornar tal[415]. No primeiro caso, ele pergunta sobre se tem e qual importância pode ter, caso ele tenha deixado passar algum tempo sem usar, se haveria, talvez, uma imortalidade maior e outra menor; no segundo caso, pergunta-se: que importância deve ter, para toda a sua existência humana, que o mais elevado na vida venha a ser algo como uma brincadeira, de modo que apenas as tarefas menores sejam atribuídas à paixão da liberdade que há nele, que ela não tenha nada a ver, porém, com o mais alto, nem mesmo negativamente, pois uma ação negativa em relação ao mais alto seria, por certo, de novo, a mais exaustiva das ações – ou seja, depois de, com a máxima habilidade, entusiasticamen-

---

413. *at bryde sig*: preocupar-se

414. Cf. *Wilhelm Tell*, de Schiller, Ato 1, cena 3: o tirano manda colocar seu chapéu suspenso numa coluna, para receber a reverência dos vassalos, sendo então desobedecido por Guilherme Tell [N.T.].

415. *Literalmente*: "ou se ele o é, mas pode se tornar tal". – Os colchetes são acréscimos da tradução [N.T.].

te, ter desejado tudo fazer, aprender então que o mais alto consiste em manter-se, a cada momento, apenas receptivo em relação àquele bem, para cuja aquisição desejar-se-ia, tão ardentemente, fazer alguma coisa? Pergunta-se: como ele se comporta ao falar sobre a sua imortalidade; como é que ele, ao mesmo tempo, pode falar a partir do ponto de vista tanto do infinito quanto do finito, e pensá-los junto no mesmo instante, de modo que não diga ora uma coisa, ora outra coisa; de que modo a linguagem e toda comunicação se relacionam com isso, quando se trata de ser consequente a cada palavra, para que um pequeno adjetivo descuidado ou uma oração interposta tagarela não provoquem distúrbios e zombem da coisa toda; onde é o lugar, por assim dizer, o lugar para se falar da imortalidade, já que ele sabe decerto quantos púlpitos eclesiásticos há em Copenhague e que há duas cátedras de Filosofia – mas qual é o lugar que realiza a unidade do finito e do infinito, onde ele, ao mesmo tempo, infinito e finito, fala simultaneamente sobre sua infinitude e sua finitude, e, se é possível encontrar esse lugar dialeticamente difícil, que é, no entanto, necessário? Pergunta-se como ele, existindo, mantém a consciência da sua imortalidade, de modo que a concepção metafísica da imortalidade não venha a confundir a concepção ética tornando-a uma ilusão, pois eticamente, tudo culmina na imortalidade, sem o quê, o ético é meramente costume e hábito, e, metafisicamente, a imortalidade engole a existência, sim, 70 anos de existência como se nada fossem, e, contudo, eticamente, este nada deveria ser infinitamente importante? Pergunta-se como a imortalidade lhe recria sua vida; [VII 146] em que sentido ele deve ter a consciência da imortalidade presente em si o tempo todo, ou será talvez suficiente pensar tal ideia de uma vez por todas? Se quando a resposta é positiva, a própria resposta não mostra que o problema ainda nem surgiu, dado que a uma consciência da imortalidade de uma vez por todas corresponderia ser um sujeito em absoluto e genérico[416], com o que a pergunta sobre a imortalidade é fantasticamente transformada em algo ridículo, tal como é ridículo o oposto disso, ou seja, quando aquelas pessoas que, fantasticamente, fizeram tudo atamancado e fizeram todas as coisas possíveis, um dia, preocupadas, perguntam ao pastor se realmente se manterão as mesmas no além – depois de não terem aguentado, nesta vida, ser as mesmas por uma

---

416. *Subjekt overhovedet og i Almindelighed*

quinzena e, portanto, depois de terem passado por todos os tipos de transmutações. Então a imortalidade seria, afinal de contas, por certo uma peculiar metamorfose, se pudesse transmutar uma centopeia inumana como essa naquela identidade eterna consigo mesmo, que é o significado de "ser o mesmo". Pergunta se agora é certo que ele é imortal, e de que tipo é a certeza da imortalidade, se essa certeza, caso ele a deixe de lado como certa de uma vez por todas (aproveitando a sua vida para cuidar de seus campos, tomar para si uma esposa, dar uns arranjos na história do mundo), não seria, precisamente, incerteza, de modo que, a despeito de toda a certeza, ele não tenha progredido muito, porque o problema nem mesmo foi entendido, mas já que ele não empregou sua vida para tornar-se subjetivo, então sua subjetividade se tornou de modo um tanto incerto algo de genérico, e aquela certeza abstrata justamente por isso virou incerteza; se a certeza, caso ele empregasse sua vida em tornar-se subjetivo, justamente por estar presente a ele a cada momento não se tornaria assim dialeticamente difícil, ou seja, pelo constante relacionar-se com o alternar[417] que constitui a existência, de modo que se transforme em incerteza[418]; se por acaso isso, que a certeza se transforme em incerteza, é o máximo que ele alcança, se não seria então melhor abandonar a coisa toda, ou se não deveria colocar toda a sua paixão na incerteza e, de modo infinitamente apaixonado, relacionar-se com a incerteza da certeza[419], e esse seria o único modo possível, para ele, de tornar-se ciente de sua imortalidade, enquanto ele é existente, porque, como existente, ele é estranhamente composto, de modo que a determinidade da imortalidade só possa caber, de modo determinado, ao eterno, porém ao existente só possa caber sua determinidade na indeterminidade. – E o perguntar a respeito de sua imortalidade é de fato também, para o sujeito existente que coloca a questão, um agir, não sendo assim, certamente, para gente distraída que, de vez em quando, de modo bem geral, se pergunta sobre o que é ser imortal, [VII 147] como se a imortalidade fosse uma coisa que a gente pudesse ser de vez em quando, e aquele que pergunta fosse essa tal coisa em geral. Ele se pergunta, portanto, como é que ele se comporta para, existindo, exprimir sua imortalidade, se

---

417. *Sig-Forholden til den Alterneren*
418. *Ubestemtheden*
419. *Bestemthedens Ubestemthed*

realmente a exprime, e se, por enquanto, se contenta com essa tarefa, que bem pode ser suficiente para toda uma vida humana, já que deve ser suficiente para uma eternidade. E então? Bem, então, muito bem, quando ele então terminar[420], então será chegada a vez da história do mundo. Hoje em dia, as coisas ocorrem exatamente ao contrário; hoje em dia, a gente se atém primeiro à história do mundo, e por isso também surge o divertido resultado de que, como um outro autor chamou a atenção, enquanto a gente demonstra cada vez mais a imortalidade em termos bem gerais, a fé na imortalidade diminui cada vez mais.

P. ex.: *O que quer dizer, que eu deva agradecer a Deus pelo bem que ele me dá?* Isso diz o pastor que devo fazer, todos o sabemos, e assim que tivermos dado atenção a isso, então haverá tempo, para os que não conseguem se contentar com o trabalho humilde a que os simples dedicam a vida, tempo para se dedicar à história do mundo. Para deixar tudo tão fácil quanto possível, nem mesmo devo objetar que isso, de qualquer modo, talvez tome algum tempo. Não, para acompanhar o pastor, admito que estou mesmo infinitamente disposto a fazê-lo, de modo que nem precisamos calcular o tempo de que eu precisaria para transformar a falta de inclinação para fazê-lo, conforme o supõe o pastor, em inclinação, graças à exortação do pastor. Admito, então, que eu gostaria infinitamente de agradecer a Deus; mais do que isso eu não digo. Não digo que isso seja realmente o caso, que eu o sei com certeza, pois frente a frente com Deus, sempre falo com incerteza sobre mim, já que ele é o único que sabe, com certeza, a respeito de minha relação para com ele. A cautela ao se expressar sobre sua própria relação para com Deus já contém uma multiplicidade de determinações dialéticas, e, na falta dela, pode acontecer a alguém como a muitas das pessoas históricas, que, quando falam sobre o que é simples, se contradizem a cada três linhas. Portanto, devo agradecer a Deus, diz o pastor; e pelo quê? Pelo bem que ele me deu. Excelente! Mas por qual bem? Ora, decerto, pelo bem que eu posso perceber que é um bem. Alto lá! Se agradeço a Deus pelo bem que posso perceber que é um bem, estou fazendo Deus de bobo, porque então, em vez de minha relação para com Deus significar que eu me deixaria transformar em semelhança a ele, significa que eu é que o estou transformando em semelhança

---

420. *naar han saa er færdig*

a mim. Agradeço a ele pelo bem que eu reconheço como um bem; [VII 148] mas o que conheço é o finito, e, então, vou em frente e agradeço a Deus por ter se deixado dirigir pela minha cabeça. E, contudo, em minha relação para com Deus, eu deveria, justamente, aprender que não sei nada com certeza, portanto, nem mesmo se isso é um bem – e, contudo, devo agradecer-lhe por aquele bem que eu sei ser um bem, algo que, entretanto, não posso saber. Então, o quê? Devo então deixar de lhe agradecer quando aquilo que me acontece, de acordo com meu pobre entendimento finito, é um bem, que eu talvez tenha desejado ardentemente e que, agora que o recebi, faz com que eu sinta apoderar-se de mim uma necessidade de agradecer a Deus? Isso é que não, justamente[421]; mas eu devo refletir que não é um mérito o fato de eu o ter desejado tão ardentemente, e continua não sendo um mérito que eu tenha realizado o meu desejo. Devo então associar ao meu agradecimento um pedido de desculpas, para ter certeza de que é Deus aquele com quem tenho a honra de conversar, e não o meu amigo e camarada[422] Conselheiro Andersen, devo, envergonhado, reconhecer que me soa muito bem que eu deva pedir perdão por ter agradecido, porque não posso deixar de fazê-lo. Portanto, eu devo pedir perdão por agradecer. Isso não era o que o pastor dizia. Então, ou o pastor tem de querer fazer-me de bobo, ou ele próprio não sabe o que diz – a não ser que este pastor esteja também preocupado com o histórico-universal. Em minha relação para com Deus preciso justamente aprender a deixar de lado meu entendimento finito e, com isso, o "distinguir", que me é natural, para, numa divina loucura, sempre ser capaz de agradecer. Sempre agradecer – isso é algo genérico, uma coisa assim de uma vez por todas? Este sempre agradecer a Deus significa que, uma vez por ano, no segundo domingo da quaresma, nas ladainhas, reflito que eu devo sempre agradecer a Deus, e, talvez, nem mesmo isso, pois se acontecer algo estranho, e eu estiver deprimido naquele domingo, não o compreenderei nem mesmo naquele dia. Portanto, agradecer a Deus, essa coisa tão simples, de repente me coloca uma das mais exaustivas tarefas, que se estenderá por toda a minha vida. Ora, será preciso algum tempinho até que eu a realize, e, se de fato a tiver

---

421. *Det just ikke*
422. *Duusbroder*

realizado, o que será aquela coisa suprema que eu deveria agarrar a seguir, para liberar esta outra? Então, enquanto seu amigo, enquanto sua amada, perturbados e quase em desespero, olham para ele e dizem: Desgraçado, o quanto tens de sofrer: aquele que teme a Deus deve ter a coragem de dizer, e expressar, agindo, o que diz: Queridos, vocês se enganam; isso que me acontece é um bem, [VII 149] sinto-me animado a agradecer a Deus, só quisera que meu agradecimento lhe pudesse agradar. E até alcançar isso, devo, quando agradecer a Deus pelo bem sobre o qual fala o pastor, fazê-lo envergonhado. A dificuldade que aqui, e assim em qualquer ponto da relação para com Deus (neste sentido, em inumeráveis pontos), se mostra como a passagem para a verdadeira infinitização em Deus, a dificuldade de estar sempre agradecendo, enquanto que o discurso do pastor era ostentação inautêntica, essa dificuldade, eu poderia, num estilo docente, expressar da seguinte maneira: aquilo que o espírito simples religioso faz espontaneamente, o espírito simples religiosamente consciente o faz primeiro através do humor (o humorístico consiste, assim, em que após um exame minucioso, ainda tenha que fazer um pedido de desculpas ao realizar o que a primeira instância ordena e recomenda como o mais elevado), não no sentido de que sua religiosidade seja humor, mas de que o humor seja o limite a partir do qual ele define sua religiosidade, se ele deve indicá-lo, o limite que distingue entre ele e o imediato. É um ponto de transição que já é bastante difícil de alcançar, mas a verdadeira infinitização religiosa esqueceu-se dele de novo. Contudo, não é minha intenção falar como um docente, para não me acostumar a recitar decorado ou dar ocasião para que alguém o faça.

P. ex.: O que significa casar-se? Sei sobre isso o que em geral todo o mundo sabe, tenho acesso ao jardim onde o erótico[423] busca seu buquê de flores – o meu terá uma fragrância tão rica quanto o da maioria dos outros; sei onde fica a dispensa de onde os pastores buscam seus discursos. Se não há nenhum outro impedimento para tornar-se histórico-universal, então, sim, então vamos começar. Porém – resta ainda um porém; porém: qual é o termo médio[424] entre

---

423. *Erotikeren*: aquele que ama. Conforme Paul Petit assinala, a expressão em dinamarquês tem um sentido muito amplo [N.T.].

424. *den Midte*

o pneumático e o psicossomático que o casamento expressa, de que modo ele não é um atraso, de que modo, compreendido espiritualmente, ele é uma bênção (pois o que ele é, eroticamente, constitui uma resposta, afinal de contas, apenas para uma parte da questão), de que modo ele, eticamente *in concreto*, se torna uma tarefa, ao mesmo tempo em que o erótico estatui a maravilha por toda parte, de que modo, enquanto perfeição da existência[425], ele não é perfeito demais, fornece uma satisfação (a não ser quando preocupações com o ganha-pão e outras coisas semelhantes trazem perturbações, o que todavia deve ser deixado fora desse nosso cálculo), que sugere de maneira alarmante que o espírito em mim está obscurecido e não percebe claramente a contradição que consiste em que um espírito imortal se tenha tornado um ser existente, se, portanto, a felicidade matrimonial não seria justamente uma coisa duvidosa, embora um casamento infeliz não seja exatamente o que se recomendaria, e o sofrimento deles não seja, de modo algum, idêntico ao sofrimento do espírito, que, na existência, é o sinal seguro de que estou existindo *qua* espírito [VII 150]; se o fantasma do paganismo não faz mais sua aparição no casamento, e se os §§ teológicos a seu respeito, junto com os reverendíssimos adornos dos clérigos (sejam esses taxados em um ou em cem táleres reais), não seriam uma diversidade confusa de conhecimento que, ora não percebe a dificuldade inerente ao erótico, ora não ousa dizê-la, ora não percebe a dificuldade no religioso, ora não ousa dizê-la. Sim, quando uma jovem criada festeja seu casamento com um jovem criado, se fosse esse o seu desejo, eu pagaria alegremente os músicos, se tivesse os meios para tanto; e, se tivesse tempo, alegremente dançaria com ela no dia do casamento, alegrando-me com os que se alegram: ela, provavelmente, não sente nenhuma necessidade de uma compreensão mais profunda. Que eu, só porque sinto essa necessidade, deva ser melhor do que ela, é um contrassenso e está mais do que longe do curso laborioso de meu pensamento; mesmo que eu achasse o que procurava, eu não seria, talvez nem pela metade, tão bom; mas eu sinto essa necessidade de saber o que estou fazendo, a necessidade que, em seu triunfo máximo, recompensa com aquela tola diferençazinha entre o saber da coisa simples pela

---

425. *Tilværelsens Fuldkommelse*

pessoa simples e pela pessoa sábia - que a pessoa simples a sabe, e a pessoa sábia sabe que a sabe, ou sabe que não a sabe. Sim, todo aquele que pode, simples e honestamente, dizer que não sente necessidade dessa compreensão: sim, ele realmente não tem culpa. Ai daquele que o perturba, que não quer deixar por conta do deus[426] o que esse exige de cada um em particular. Sim, aquele que, humilde e contente com sua sorte, em sincera modéstia, acredita que o gênero humano por certo não começa com ele, mas que está, com toda confiança, seguindo as *impressa vestigia* [*lat.*: pegadas] do gênero humano, porque o amor erótico o leva a acreditar que ele, "humilde diante de Deus, submisso à real majestade da paixão amorosa", não se julga capaz de ter compreendido o que, sem maiores pretensões, faz sua felicidade terrena: sim, ele é de fato digno de honra; ai daquele que se atreve a trazer os perigos e horrores do combate intelectual para dentro do jardim do matrimônio em sua tranquilidade abençoada. Mas quando por toda parte se usa uma linguagem pomposa, e se quer troçar de Deus[427] de modo histórico-universal e sistemático, quando até mesmo os pastores rapidamente viram suas vestes talares às avessas, para que de alguma maneira quase possam parecer becas universitárias, quando, por toda parte, se conta que o imediato está superado, aí não é provocar a divindade caso se pergunte a esses imponentes sábios o que eles sabem sobre essa simples questão. Li o que o Assessor escreveu sobre o casamento em *Ou isto - ou aquilo* e em *Estádios no caminho da vida*; eu o li minuciosamente. [VII 151] Não me surpreendeu aprender que muitos dos que estão em bons termos com a história do mundo e com o futuro da humanidade, se queixaram[428] por causa de uma resposta que, antes de ensaiar uma explicação, primeiro torna o problema tão difícil quanto ele de fato é. Não posso culpar o Assessor por isso, nem por seu zelo entusiasmado pelo casamento, mas, contudo, eu penso que, suposto que eu possa encontrá-lo, se eu lhe sussurrar um pequeno segredo ao pé da orelha, admitirá que as dificuldades permanecem.

---

426. *Guden*
427. *vil spille Gud paa Næsen*
428. *har opholdt sig over*

Fiquemos então com uns poucos exemplos. Exemplos eu ainda tenho com certeza de sobra; poderia continuar tanto quanto fosse preciso; tenho o suficiente para toda minha vida de modo que não preciso passar para a astronomia ou a ciência veterinária. Os exemplos são até dos mais fáceis. A questão se torna bem mais difícil quando se quer perguntar sobre a religiosidade no sentido mais estrito, no qual a explicação não pode consistir em conseguir efetuar de maneira imanente a infinitização, mas em tornar-se consciente do paradoxo, e a cada momento manter o paradoxo e, mais do que tudo, em temer, mais que qualquer outra coisa, uma explicação que deixasse fora o paradoxo, porque o paradoxo não é uma forma transitória de relação do religioso, no sentido mais estrito, para com o existente; mas é essencialmente condicionado pelo fato de este ser um existente, de modo que aquela explicação que põe de lado o paradoxo, ao mesmo tempo, fantasticamente, transforma o existente em algo fantástico que não pertence nem ao tempo nem à eternidade, mas algo assim não é um ser humano. Então, chega de exemplos. E então, o que segue daí? Nada, pura e simplesmente nada; afinal, sou eu que digo sempre que entre o saber a respeito do simples[429] que a pessoa simples tem e o que a pessoa sábia tem, há apenas a ridícula diferençazinha, de que a pessoa simples o sabe, e a pessoa sábia sabe sobre o que sabe ou sobre o que não sabe. Mas, por outro lado, algo de fato se segue: Não seria mais correto conter-se um pouco em relação à história do mundo, se é assim que as coisas se relacionam com o conhecimento que se tem do simples? Não digo mais nada, talvez os grandes sábios estejam suficientemente informados sobre tudo isso; talvez eles tenham encerrado de uma vez por todas as tarefas nas quais o ponto principal estava em que elas deveriam bastar para toda uma vida. Oh, quem dera esses caros pensadores, que fazem tanto pela história do mundo, se lembrassem também de nós, gente humilde, não totalmente simples, visto que sentimos uma necessidade de compreender, mas somos ainda tão limitados, que sentimos, especialmente, a necessidade de compreender o que é simples[430].

---

429. *af det Eenfoldige*

430. *det Eenfoldige*

Foi assim que tentei entender a mim mesmo; por mais pobre que a compreensão tenha sido e por mais escasso que tenha sido seu resultado, resolvi, para compensar, agir com toda a minha paixão pela força daquilo que compreendi; [VII 152] talvez, em última instância, seja uma dieta mais saudável compreender pouca coisa, mas possuir esse pouco na infinita responsabilidade da paixão, no engaste da eternidade, do que saber muita coisa, e não possuir nada porque eu mesmo me tornei, fantasticamente, uma fantástica coisa qualquer subjetivo-objetiva. Considerei indigno eu me envergonhar mais diante de humanos e de seu julgamento do que diante do divino e de seu julgamento; covarde e ignobilmente, inquirir sobre o que o respeito humano poderia me tentar a fazer, mais do que sobre o que o respeito diante da divindade ordena. E, aliás, quem são essas pessoas que se há de temer, uns poucos gênios talvez, alguns críticos literários, e aquilo que se vê nas ruas e nas vielas. Ou não viveram seres humanos antes de 1845? Ou o que são essas pessoas em comparação com a divindade; o que é a recreação de sua barulheira azafamada, em comparação com o deleite daquele solitário manancial que há em cada ser humano, aquele manancial em que reside o divino, aquele manancial no profundo silêncio, quando tudo se cala! E o que é o tempo daquela hora e meia em que devo conviver com os seres humanos, mais do que um breve instante, confrontado com uma eternidade? Será que, talvez, me perseguirão por toda a eternidade? É bem verdade que o pastor diz que vamos nos reencontrar, mas isso se aplica a qualquer um que se conheceu na rua? Penso que não. Suponhamos que houvesse uma separação, suponhamos que eu estivesse errado; aí, sem dúvida, eu teria de ser excluído de sua companhia; suponhamos que eu estivesse certo; aí, por certo, eu iria para uma outra classe; suponhamos que a eternidade fosse tão vasta que eu jamais chegasse a pôr os olhos em Sua Reverendíssima, que tão gentilmente garantira que nos veríamos de novo! Mas ai de mim se a divindade[431] me julgar, em meu ser mais íntimo, por desejar, mentirosamente, ser sistemático e histórico-universal e esquecer o que significa ser um ser humano e, com isso, esquecer o que significa que ela seja a divindade; ai de mim! Ai de mim no tempo e, ainda mais terrível, se ela puser as mãos em mim na eternidade! Seu julgamento

---

431. *Guden*

é o derradeiro, é o único; de sua onisciência[432] não se escapa, dado que ela opera, penetrando, através dos mais débeis movimentos de minha consciência[433] no seu mais secreto comércio consigo mesma; sua presença é uma contemporaneidade eterna – e eu deveria ter ousado me envergonhar diante dela!

Isso quase dá impressão de seriedade; se eu me atrevesse ao menos a apelar para visões e revelações, e me desse uma vermelhidão na face, muita gente, ao invés de admitir que fosse uma congestão, assumiria isso como seriedade. Pois tal como era uma exigência da época, quando Sócrates vivia, que se berrasse e lamentasse diante do tribunal, implorando por piedade – e, assim, ele teria sido absolvido: [VII 153] do mesmo modo é exigência desta época berrar de modo histórico-universal e cantar de galo sistematicamente, proclamando-se a si mesmo como aquele que é o esperado. Mas não tenho nenhum milagre ao qual apelar; ai, essa foi a boa ventura do Dr. Hjortespring![434] De acordo com seu próprio relato, particularmente bem escrito, ter-se-ia ele, graças a um milagre no *Hotel Streit*, em Hamburgo (embora nenhum dos garçons tivesse notado coisa alguma), numa manhã de Páscoa, tornado adepto da filosofia hegeliana – daquela filosofia que proclama que não há milagres. Maravilhoso sinal dos tempos, se esse homem não é o esperado filósofo, quem o será então, quem como ele conhece a exigência da época! Maravilhoso sinal dos tempos, muito mais glorioso e mais pleno de significado do que a conversão de Paulo; pois que Paulo se convertesse, por meio de um milagre, a uma doutrina que se proclama a si mesma como um milagre é mais direito[435]; mas ser convertido, graças a um milagre, a uma doutrina que não aceita milagres, é mais arrevesado[436]. O milagre ocorreu na manhã da Páscoa. O ano e a data são questões totalmente indiferentes, em se tratando de um herói poético como esse e de uma manhã de Páscoa poética como essa; pode muito bem ter sido a mesma manhã de Páscoa do *Fausto* de Goethe, ainda que

---

432. *Samviden*

433. *Bevidshed*

434. *Literalmente*: "Salto de cervo", apelido da caricatura de J.L. Heiberg feita pelo jovem Kierkegaard [N.T.].

435. *ligefremt*

436. *bagvendt*

os dois contemporâneos, Dr. Hjortespring e Fausto, no *Fausto* de Goethe, tenham chegado a resultados diferentes! Quem se atreve a aventurar-se numa explicação daquele milagre! A coisa toda permanece infinitamente enigmática, mesmo que se assuma que a Páscoa naquele ano tenha ocorrido muito cedo, p. ex., no dia 1º de abril, de modo que o doutor também se tornasse, além de hegeliano, um bobo de 1º de abril: uma recompensa poética adequada, de acordo com a natureza da criação poética, para o fato de se desejar enfeitar romanticamente a passagem à filosofia hegeliana, cujo mérito reside precisamente no método, e, por isso, contesta[437] o romantismo.

Olha só, com um milagre ou qualquer coisa infinitamente plena de significação não posso ser útil; não, realmente não posso. Preciso implorar a cada contemporâneo sensível[438], de perto e de longe, morador da cidade ou de fora dela, que se convença de que eu quereria com o maior dos prazeres satisfazer assim as demandas do tempo, mas para mim a verdade é o que há de mais caro[439], e aqui a verdade não é nada a não ser um milagre, e é por isso que a narrativa não precisa de jeito nenhum ser uma narrativa miraculosa e *wunderbar* [al.: maravilhosa] sobre um evento extremamente insignificante, que, portanto, não ocorreria naquela remota, desconhecida, cidade ao oeste, na hanseática cidade de Hamburgo, aonde um viajante raramente chega.

[VII 154] Fazem agora cerca de quatro anos desde que me veio à mente a ideia de querer me experimentar como autor. Eu me lembro com toda clareza, era um domingo, sim, para ser bem exato, era uma tarde de domingo. Como sempre, eu estava sentado no lado de fora da confeitaria nos jardins de Frederiksberg, naquele maravilhoso jardim que havia sido, para o menino, a terra encantada onde o rei vivera com a rainha, naquele adorável jardim que havia sido, para o jovem, uma distração feliz no alegre divertimento popular, naquele amigável jardim em que, agora, o homem mais maduro se sentia tão à vontade em sua melancólica elevação acima do mundo e do que pertence ao mundo, naquele jardim em que mesmo a invejada

---

437. *protesterer (no sentido jurídico)*
438. *følende Medmenneske*
439. *det Kjæreste*

glória da dignidade real é o que é, afinal, lá fora – a recordação que uma rainha cultiva por seu falecido senhor. Lá estava eu sentado, como de costume, e fumava meu charuto. Lamentavelmente, a única semelhança que fui capaz de descobrir entre o iniciar de minha migalha de esforço filosófico e o miraculoso início daquele herói poético é: que ambos se deram em um espaço público. Afora isso, não há absolutamente nenhuma semelhança e, muito embora autor das *Migalhas*, eu sou tão insignificante que estou fora da literatura; nem mesmo aumentei a literatura de subscrição, nem se pode dizer que eu ocupe um lugar significativo nela.

Eu tinha sido estudante por meia vintena de anos; embora nunca preguiçoso, toda minha atividade era, entretanto, apenas uma esplêndida inatividade, uma espécie de ocupação pela qual ainda tenho grande predileção, e para a qual talvez tenha uma pequena genialidade. Lia muito, passava o resto do dia flanando e pensando, ou pensando e flanando, mas não saía disso; o germe de produtividade que havia em mim, servia ao uso diário e se extinguia em sua primeira floração. Um inexplicável poder de persuasão, tão forte quanto habilidoso, continuamente me detinha, fascinado por sua persuasão. Este poder era minha indolência. Não é como o desejo veemente do amor erótico ou o intenso estímulo do entusiasmo; em vez disso, é como uma dona de casa[440] que retém alguém, e com quem esse alguém se dá muito bem, tão bem que ele nunca sonha em querer se casar; e pelo menos uma coisa é certa: embora de resto eu não seja alheio aos confortos da vida, de todos os confortos a indolência é o mais confortável.

[VII 155] Lá estava eu então sentado e fumava meu charuto, e me deixei enfim levar pelos pensamentos. Entre outros, lembro-me do seguinte. Tu vais andando, eu disse a mim mesmo, e vais ficando um homem velho sem seres coisa alguma e sem teres empreendido propriamente coisa alguma. Por outro lado, para onde quer que olhes, na literatura ou na vida, vês os nomes e as figuras das celebridades, homens valiosos e saudados com aclamações, destacados ou comentados, os numerosos benfeitores da época, que sabem como ser úteis à humanidade tornando a vida dela cada vez mais fácil, al-

---

440. *Hustru*

guns com ferrovias, outros com ônibus e navios a vapor, outros com a telegrafia, outros com bem acessíveis visões panorâmicas e publicações breves a respeito de tudo o que merece ser conhecido e, por fim, os verdadeiros benfeitores da época que fazem a existência espiritual, em virtude do pensamento, sistematicamente cada vez mais fácil e, no entanto, cada vez mais significativa: E tu, o que fazes? Aqui se interrompeu minha autorreflexão, pois meu charuto tinha acabado e eu precisava acender um novo. E então tornei a fumar e, de repente, o seguinte pensamento cruzou a minha mente: Tu tens de fazer algo, mas já que para tuas limitadas capacidades será impossível tornar qualquer coisa mais fácil do que já é, então, com o mesmo entusiasmo humanitário que outros tiveram, tens de assumir a tarefa de tornar algo mais difícil. Tal ideia me agradou extraordinariamente; também me lisonjeou pensar que por esse esforço eu seria amado e respeitado por toda a comunidade, tanto quanto qualquer outra pessoa. Com efeito, quando todos se unem para, de todas as maneiras, tornar tudo mais fácil, aí só resta um perigo possível, a saber, que a facilidade se torne tão grande que venha a ser fácil demais; então restará apenas um anseio (embora ainda não sentido), quando a gente vier a sentir a falta da dificuldade. Por amor à humanidade, e desespero por minha embaraçosa situação de não ter realizado nada e de ser incapaz de tornar qualquer coisa mais fácil do que já é, por um autêntico interesse por aqueles que tornam tudo mais fácil, concebi esta então como a minha tarefa: por toda parte engendrar dificuldades. Também me pareceu especialmente curioso que eu realmente, no fundo, tivesse de agradecer à minha indolência por essa tarefa ter se tornado a minha. Pois longe de a ter encontrado por um golpe de sorte, como um Aladim, devo antes admitir que minha indolência, ao me impedir de intervir na hora devida tornando fáceis as coisas, me obrigou a fazer a única coisa que ainda restava.

Assim, também eu me esforço rumo ao nobre objetivo de vir a ser saudado com aclamação – [VII 156] a menos que eu venha a ser objeto de zombaria, ou talvez crucificado; pois uma coisa é certa, que todo aquele que grita *bravo*, grita também "*pereat*" [*lat.*: morra], e *item* [*lat.*: também] "crucifica-o", e o faz mesmo sem se tornar infiel ao próprio caráter, dado que, ao contrário, permanece essencialmente fiel a si mesmo – *qua* aclamador. Mas mesmo que meu esforço não venha a ser reconhecido, estou ainda consciente de que é tão nobre quanto o dos outros. Quando, num banquete em que os convidados já estão saciados, alguém pensa em servir mais alguns pratos, e um outro pensa em disponibilizar um vomitivo, então é claro que só o primeiro entendeu o que os convidados exigem, mas será que o outro não ousaria dizer que ele pensou no que poderia ser a exigência deles?

A partir daquele instante encontrei minha ocupação[441] nesse trabalho, quero dizer que esse trabalho, o trabalho de preparação e autodesenvolvimento, tem sido divertido[442] para mim, já que minha contribuição[443] até agora, foi apenas a migalhazinha das *Migalhas*, e não encontrei nisso o meu sustento[444], dado que eu é que pus dinheiro ali. Contudo, não posso de jeito nenhum pedir que as pessoas paguem para ter algo dificultado; isso seria, de fato, aumentar a dificuldade por meio de uma nova dificuldade, e, quando se toma remédio, antes se costuma receber uma *Douceur* adicional [*fr.*: doce, recompensa]. Estou tão longe dos mal-entendidos sobre isso que, se eu estivesse objetivamente seguro (o que eu, como um autor *subjetivo*, naturalmente não estou) da utilidade de meu remédio, e de que ele não depende exclusivamente do modo como é usado, de forma que o modo de usar seja propriamente o remédio, então eu seria o primeiro a prometer a cada um dos meus leitores uma *raisonnable Douceur* [*fr.*: um doce, uma recompensa razoável], ou a abrir a todos os meus leitores, homens e mulheres, a perspectiva de participarem de um sorteio de presentes de bom gosto, para, desse modo, insuflar neles a força e a coragem para ler meus opúsculos. Se acaso aqueles que tornam tudo fácil percebessem, uma vez que fosse, que em verdade tirariam algum proveito de minha migalha de dificuldade, para que a facilidade não se transformasse numa calmaria; e se, comovidos e tocados por essa compreensão do meu esforço, talvez por sua mediação[445] com os deles, devessem decidir me sustentar por

---

441. *Underholdning*: entretenimento ou sustento ou ocupação [N.T.].
442. *underholdende*
443. *Præstationen*
444. *Underholdning*
445. *medieret ind*

debaixo do pano[446] com contribuições em dinheiro, aí essas seriam aceitas alegremente, e eu prometo segredo inviolável, para que a humanidade, de quem nós, unidos, tiramos vantagem e proveito, não venha a descobrir o verdadeiro estado das coisas.

[VII 157] O que foi apresentado acima será, decerto, considerado bem-apropriado a um autor subjetivo. Mais estranho é quando um sistemático nos entretém[447] com um relato de que se tornou adepto do sistema por meio de um milagre, o que parece sugerir que sua vida e suas atitudes sistemáticas não têm em comum com o sistema uma coisa: o iniciar com nada.

---

446. *underhaaden at understøtte*
447. *underholder*; diverte

CAPÍTULO 2
A verdade subjetiva, a interioridade; a verdade é a subjetividade

Quer se defina verdade, mais empiricamente, como concordância do pensar com o ser ou, mais idealisticamente, como concordância do ser com o pensar, importa, em qualquer dos casos, que se dê minuciosa atenção ao que se entende por ser e que ao mesmo tempo se atente a que o espírito humano consciente[448] não seja atraído com engodos para o indeterminado[449], não se venha a tornar fantasticamente alguma coisa tal que nenhum ser humano *existente* jamais foi ou pode ser, um fantasma com o qual o indivíduo se ocupa ocasionalmente, sem, contudo, jamais elucidar para si mesmo, por meio de determinações intermediárias dialéticas, de que modo ele chega a esse mundo fantástico, que significado tem, para ele, estar lá, se todo o esforço lá fora não se dissolve numa tautologia no interior de uma temerária aventura fantástica.

Se, nas duas definições dadas, ser[450] é entendido como ser empírico, então a própria verdade é transformada num *desideratur* [lat.: algo desejado] e tudo é posto no devir[451], porque o objeto empírico não está acabado, e aliás o próprio espírito existente cognoscente[452] está no devir, e assim a verdade é uma aproximação cujo começo não pode ser posto de modo absoluto, justamente porque não há nenhuma conclusão[453] que tenha poder retroativo; por outro lado, todo começo (se não for uma arbitrariedade, por não estar conscien-

---

448. *vidende*
449. *narres ud i det Ubestemte*
450. *Væren*
451. *Vorden*
452. *erkjendende*
453. *Slutning*

te disso), quando *é feito*, não acontece em virtude do pensamento imanente, mas *é feito* em virtude de uma resolução[454], essencialmente em virtude da fé[455]. Que o espírito cognoscente é um existente, e que todo ser humano é um tal espírito existente para si mesmo, não posso repetir com suficiente frequência; pois o fato de que se o tenha negligenciado de maneira fantástica tem causado muita confusão. [VII 158] Que ninguém me entenda mal. Sou, de fato, um pobre espírito existente, como todos os outros seres humanos, mas se, de um modo lícito e honesto, eu pudesse ser ajudado para me tornar algo de extraordinário, o puro *Eu-Eu*, estaria sempre disposto a agradecer pelo presente e pela boa ação. Contudo, se isso só pode acontecer da maneira acima mencionada, alguém dizendo *eins, zwei, drei, kokolorum* [*al.*: um, dois, três, abracadabra], ou amarrando uma fita em torno do dedo mindinho, e quando for lua cheia atirando-a em algum lugar remoto: nesse caso prefiro permanecer o que sou, um pobre ser humano existente individual.

Naquelas definições, o ser tem de ser entendido, portanto, de modo muito mais abstrato, como a reprodução[456] abstrata ou o modelo[457] abstrato do que o ser é, *in concreto*, como ser empírico. Compreendido assim, nada impede que a verdade seja definida abstratamente como algo abstratamente acabado, pois a concordância entre pensar e ser, vista abstratamente, está sempre acabada, dado que o começo do devir reside, precisamente, na concreção, da qual a abstração, abstratamente, abstrai[458].

Mas, se o ser é compreendido desse modo, então a fórmula é uma tautologia; quer dizer, pensar e ser significam a mesmíssima coisa, e a concordância de que aqui se trata é apenas a abstrata identidade consigo mesma. Eis por que nenhuma das fórmulas diz mais do que isso: que a verdade é, se isso é compreendido de modo a acentuar a cópula, a verdade *é*, ou seja, a verdade é uma reduplicação[459],

---

454. *Beslutning*
455. *væsentlig i Kraft af Tro*
456. *Gjengivelse*, réplica
457. *Forbillede*
458. *fra hvilken Abstraktionen abstrakt seer bort*
459. *Fordoblelse*

a verdade é o primeiro, mas o segundo ponto da verdade[460], que ela *seja*, é o mesmo como o primeiro; esse seu ser é a forma abstrata da verdade. Desse modo se expressa que a verdade não é algo simples[461], mas sim, num sentido inteiramente abstrato, uma reduplicação, que, contudo, é superada[462] no mesmo instante.

A abstração pode continuar a parafrasear isso tanto quanto quiser, nunca chegará mais longe. Tão logo o ser da verdade se torna empiricamente concreto, a própria verdade está no devir, é, decerto outra vez, pressentida, a concordância entre pensar e ser, e é bem assim realmente para Deus, mas não é assim para um espírito existente, dado que esse mesmo, existindo, está no devir.

Para o espírito existente *qua* espírito existente, a questão continua sendo a respeito da verdade; pois a resposta abstrata é apenas para aquele *abstractum* [*lat.*: abstrato] [VII 159] no qual o espírito existente se transforma, ao abstrair de si mesmo *qua* existente, o que só pode fazer por momentos, embora mesmo em tais momentos ainda pague seus débitos para com a existência, ao existir, de qualquer modo. Portanto, é um espírito existente que pergunta pela verdade, presumivelmente por querer existir nela; mas, em todo caso, o inquiridor está consciente de ser um ser humano existente individual. Desse modo, creio ser capaz de fazer-me compreender a todo grego e a todo ser humano racional. Se um filósofo alemão segue seu desejo de afetar ser quem não é[463] e, antes, transmuta a si mesmo[464] em algo de suprarracional, tal como alquimistas e feiticeiros se enfeitam fantasticamente, para então responder à questão sobre a verdade de modo extremamente satisfatório: não me interessa, tampouco como sua satisfatória resposta, que, por certo, é extremamente satisfatória – caso se esteja vestido de maneira fantástica. Se, por outro lado, um filósofo alemão faz isso ou não, é algo de que qualquer um poderá facilmente se convencer se, com entusiasmo, concentrar sua alma

---

460. *Sandhedens Andet*, o segundo, o outro [lado] da verdade. Junghans propõe que o primeiro seja a verdade como *Satzgegenstand* (objeto proposicional) e o segundo como *Satzaussage* (predicação) [N.T.].

461. *enkelt*, avulso

462. *hævet*

463. *skabe sig*

464. *skabe sig om*

em querer deixar-se guiar por um tal sábio e, sem crítica, apenas utilizando docilmente sua orientação, quiser moldar sua existência de acordo com ele; justamente quando alguém, como um aprendiz, entusiasticamente se relaciona assim com um tal professor alemão, realiza o mais soberbo epigrama sobre este, pois nada adianta menos a um tal especulante do que o honesto e entusiástico zelo de um aprendiz para expressar e realizar, para existencialmente apropriar-se de sua sabedoria, já que esta é algo de que o Sr. Professor se convenceu a si mesmo[465] e sobre a qual escreveu livros, mas que nunca experimentou ele próprio, sim, nem mesmo jamais lhe ocorreu que isso devesse ser feito. Tal como aquele funcionário da alfândega escrevia o que nem ele próprio conseguia ler, partindo da ideia de que seu trabalho era tão somente o de escrever, há especulantes que só escrevem, e escrevem o que, se deve ser lido com a ajuda da ação (se ouso dizer assim), prova ser sem sentido[466], a não ser que, talvez, fosse dirigido para seres fantásticos.

Quando surge a questão da verdade para o espírito existente *qua* espírito existente, aquela reduplicação[467] abstrata da verdade reaparece; mas a própria existência, a própria existência no inquiridor, que por certo existe, mantém os dois momentos apartados um do outro, e a reflexão mostra duas relações. Para a reflexão objetiva, a verdade se torna algo objetivo[468], um objeto[469], e aí se trata de abstrair do sujeito; [VII 160] para a reflexão subjetiva, a verdade se torna a apropriação[470], a interioridade, a subjetividade, e aí se trata justamente de, existindo, aprofundar-se na subjetividade.

Mas e daí? Devemos nos manter nessa disjunção, ou a mediação não oferece sua bondosa assistência aqui, de modo que a verdade se torne o sujeito-objeto? Por que não? Mas pode, então, a mediação ajudar o existente, enquanto ele existe, a se tornar ele mesmo a mediação, que é, como se sabe, *sub specie aeterni*, enquanto o pobre

---

465. *indbildt sig selv*
466. *Nonsens*
467. *Reduplikation*
468. *et Objektiv*
469. *en Gjenstand*
470. *Tilegnelsen*

existente está existindo? Certamente, não adianta nada ludibriar uma pessoa, atraí-la com o sujeito-objeto, quando ela própria está impedida de entrar no estado no qual poderia se relacionar com isso, impedida porque, ela própria, em virtude da existência, está no devir. De que adiantaria explicar como a verdade eterna deve ser entendida eternamente, quando aquele a quem a explicação deve ser útil está impedido de entendê-la desse modo, por estar existindo, e que é, simplesmente, um fantasista[471], quando se imagina ser ele mesmo *sub specie aeterni*, portanto, quando precisa valer-se exatamente da explicação sobre: como a verdade eterna deve ser compreendida na determinação do tempo por aquele que, por existir, está, ele próprio, no tempo, algo que o próprio ilustríssimo Professor reconhece, se não sempre, então a cada três meses, quando recebe seu ordenado. Com o sujeito-objeto da mediação, apenas retornamos à abstração, pois a definição da verdade como sujeito-objeto é exatamente o mesmo que: a verdade *é*, ou seja, a verdade é uma reduplicação[472]. A alta sabedoria foi, portanto, mais uma vez distraída o bastante para esquecer que era um espírito existente que perguntava pela verdade. Ou será que o espírito existente é, talvez, ele próprio, o sujeito-objeto? Nesse caso, eu teria de perguntar: onde está um tal ser humano existente que é também um sujeito-objeto? Ou devemos, talvez, aqui também, primeiro, transformar o espírito existente em alguma coisa em geral, e então explicar tudo, exceto aquilo sobre o que se perguntava: Como um sujeito existente *in concreto* relaciona-se com a verdade? Ou sobre o que, então, deve-se perguntar: Como o sujeito individual existente relaciona-se, então, com essa coisa que parece ter não pouco em comum com um papagaio de papel ou com o torrão de açúcar que os holandeses costumavam pendurar no teto e que todos iam lamber?

    Retornemos, portanto, aos dois caminhos da reflexão, e não nos esqueçamos de que é um espírito existente quem faz as perguntas, um ser humano totalmente individual, [VII 161] e também não podemos esquecer, de jeito nenhum, de que o fato de ele ser existente é justamente o que impedirá que ande pelos dois caminhos ao mesmo tempo, e sua questão preocupada[473] evitará que, leviana e fantastica-

---

471. *Phantast*

472. *Fordoblelse*

473. *bekymrede*: inquieta, aflita, cheia de cuidados; em alemão, "*besorgte*", relacionada à *Sorge* [N.T.].

mente, ele se torne sujeito-objeto. Qual dos caminhos é então o caminho da verdade para o espírito existente? Pois só o fantástico *Eu-Eu* está pronto com ambos os caminhos ao mesmo tempo, ou avança *methodice* [*lat.*: metodicamente] pelos dois caminhos ao mesmo tempo, um modo de caminhar que, para um ser humano existente, é tão desumano que não me atrevo a recomendá-lo.

Dado que aquele que pergunta[474] enfatiza, precisamente, que ele é um existente, o caminho a ser especialmente recomendado é, naturalmente, o que acentua em especial o existir.

O caminho da reflexão objetiva faz do sujeito algo de casual[475] e, com isso, torna a existência algo de indiferente, evanescente. Afastando-se do sujeito, vai o caminho para a verdade objetiva, e, enquanto o sujeito e a subjetividade se tornam indiferentes[476], a verdade também se torna assim, e precisamente esta é a sua validade objetiva[477], pois o interesse é, tal como a decisão, a subjetividade. O caminho da reflexão objetiva agora leva ao pensamento abstrato, à matemática, ao conhecimento histórico de várias espécies, sempre distanciando-se do sujeito, cuja existência ou não existência[478] se torna, com toda razão do ponto de vista objetivo, infinitamente indiferente, com toda razão, pois, como diz Hamlet, existência e não existência possuem apenas significação subjetiva. Em seu máximo, este caminho levará a uma contradição e, no caso do sujeito não se tornar inteiramente indiferente a si mesmo, isso é apenas um sinal de que seu esforço objetivo não está sendo objetivo o bastante. Em seu máximo, levará à contradição de que apenas a objetividade apareceu, enquanto que a subjetividade desapareceu, quer dizer, a subjetividade existente, que fez uma tentativa para se tornar o que, em sentido abstrato, se chama subjetividade, a forma abstrata da objetividade abstrata. E, contudo, visto subjetivamente, a objetividade que veio a ser é, em seu máximo,

---

474. *den Spørgende*
475. *Tilfældige*: contingente
476. *ligegyldig*
477. *Gyldighed*
478. *Tilværelse eller Ikke-Tilværelse*; ser ou não ser (aí/de fato), em tradução menos rígida [N.T.].

ou uma hipótese ou uma aproximação, porque toda decisão eterna reside justamente na subjetividade.

O caminho objetivo acredita, entretanto, possuir uma segurança que o caminho subjetivo não possui (e isso é fácil de entender, existência, o existir e segurança objetiva não podem ser pensados juntos) [VII 162], e acredita evitar um perigo que aguarda o caminho subjetivo, e este perigo é, em seu máximo, a demência[479]. Numa definição meramente subjetiva da verdade, loucura e verdade ficam em última análise indistinguíveis, porque ambas poderiam ter a interioridade[480]. Mas por se tornar objetivo ninguém se torna louco[481]. Talvez eu possa aqui contudo me permitir uma pequena observação que não me parece supérflua numa época objetiva. A ausência de interioridade também é loucura[482]. A verdade objetiva, enquanto tal, não decide, de modo algum, que aquele que a expressa esteja de posse de suas faculdades mentais[483]; pelo contrário, pode até mesmo revelar que esse homem é louco, não obstante seja inteiramente verdadeiro aquilo que diga e, em especial, objetivamente verdadeiro. Vou me permitir relatar um incidente que, sem qualquer modificação da minha parte, provém diretamente de um hospício. Um paciente numa tal instituição quer fugir e, de fato, executa seu plano pulando de uma janela. Encontra-se agora no jardim da instituição e quer iniciar sua marcha para liberdade, e aí ele se dá conta (devo dizer que era sagaz o bastante, ou louco o bastante, para que lhe ocorresse essa ideia?): Quando chegares à cidade, serás reconhecido e, muito provavelmente, serás logo transportado de volta, por isso é importante convenceres completamente a todo mundo, por meio da verdade objetiva de tua fala, de que, no que toca ao teu entendimento, está tudo em ordem. Enquanto está andando e refletindo sobre isso, ele vê ali na terra uma bola de boliche, ele a agarra e a coloca

---

479. *Afsindighed*

480. Contudo, nem mesmo isso é verdade; pois a demência jamais possui a interioridade da infinitude. Sua ideia fixa é justamente um tipo de coisa objetiva, e a contradição da demência está justamente em que se queira envolvê-la com paixão. O que pesa na balança, no que se refere à demência, não é, portanto, outra vez, o subjetivo, mas sim a pequena finitude que se tornou fixa, algo que a infinitude nunca pode se tornar.

481. *gal*

482. *Galskab*

483. *er forstandig*

no bolso da cauda da casaca. A cada passo que dá, a bola lhe bate, com perdão da má palavra, na bun..., e a cada vez que ela lhe bate, ele diz: "Bum! A terra é redonda"[484]. Ele chega à Capital e visita em seguida um de seus amigos, quer convencê-lo de que não está louco e, por isso, anda, para cima e para baixo pela sala, dizendo sem parar: "Bum! A terra é redonda!" Mas será que a terra não é então redonda? Será que o hospício não exige, ainda, mais um sacrifício por causa dessa hipótese, como naqueles dias em que todos supunham que ela fosse tão chata quanto uma panqueca? Ou estará louco o homem que, por dizer uma verdade universalmente aceita, e universalmente considerada como objetiva, espera provar que não está louco? E, exatamente com isso, no entanto, torna-se evidente ao médico que o paciente [VII 163] ainda não está curado, muito embora a cura decerto não possa girar ao redor da questão de fazê-lo aceitar que a terra fosse chata. Mas nem todo mundo é médico, e a exigência da época tem considerável influência na questão da loucura, sim, de vez em quando, poder-se-ia mesmo ser tentado a supor que os tempos modernos, que modernizaram o cristianismo, também modernizaram a pergunta de Pilatos, e que a necessidade da época de encontrar algo em que repousar anuncia-se na pergunta: O que é loucura?[485] Quando um livre-docente[486], cada vez que a cauda de sua beca lhe relembra de dizer algo, diz *de omnibus dubitandus est* [*lat.*: deve-se duvidar de tudo], e sem hesitação escreve um sistema no qual a cada duas frases há bastante evidência interna de que este homem jamais duvidou de coisa alguma: então ele não é considerado louco. – Dom Quixote é o modelo da loucura subjetiva na qual a paixão da interioridade envolve uma representação particular finita e fixa. Mas quando, por outro lado, a interioridade está ausente, aparece a loucura da lengalenga[487], que ainda é cômica, e que seria de desejar que um psicólogo experimentador[488] a encenasse, tomando um punhado de tais filósofos e colocando-os juntos. Quando a demência é um delírio da interioridade, o trágico e o cômico consistem em que algo que é

---

484. *Bum, Jorden er rund*

485. *hvad er Galskab*

486. *Privatdozent*

487. *ramsende*, que fala o tempo todo sem pensar [N.T.].

488. *experimenterende*

infinitamente importante para o infeliz seja um detalhe[489] fixado que não tem importância para ninguém mais. Quando, pelo contrário, a demência consiste na ausência de interioridade, o cômico está em que aquilo que o felizardo sabe, é o verdadeiro, o verdadeiro que importa a todo o gênero humano, mas que pura e simplesmente não tem importância alguma para o muito honrado orador de lengalenga[490]. Este tipo de demência é mais inumano do que o outro; a gente estremece ao olhar nos olhos daquele primeiro, para não descobrir a profundidade de seu estado desvairado, mas a gente nem se atreve, de modo algum, a olhar para o outro, por medo de descobrir que não tem olhos de verdade, mas olhos de vidro e cabelos de capacho, em suma, que ele é um produto artificial. Se a gente topa por acaso com um doente mental[491] desse tipo, cuja doença consiste justamente em ele não ter uma mente, a gente o escuta com um frio horror; não se sabe se a gente ousa crer que é com um ser humano que se está falando, ou, talvez, com um "bastão de passeio", ou com uma invenção artificial de Döbler que esconde em si um realejo[492]. E ter bebido confraternizando com um carrasco pode ser, afinal, sempre bem desagradável para um homem de brio, mas deixar-se levar a uma conversação racional e especulativa com um bastão de passeio [VII 164] – isso é quase de enlouquecer.

A reflexão subjetiva volta-se para dentro, em direção à subjetividade, e quer, nessa interiorização, ser a [reflexão] da verdade, e assim, tal como no que vimos antes, quando a objetividade avançava, a subjetividade desaparecia, agora a própria subjetividade torna-se o derradeiro, e o que é objetivo, o evanescente. Aqui não se esquece, nem por um instante, que o sujeito é existente, e que o existir é um vir-a-ser, e que por isso aquela identidade, própria da verdade, de pensamento e ser é, portanto, uma quimera da abstração e, em verdade, apenas um anseio de criação, não porque a verdade não seja uma identidade, mas porque aquele que conhece é um existente, e, então, a verdade não pode ser uma identidade para ele, enquanto

---

489. *Enkelthed*
490. *Ramser*
491. *Sindssyg*
492. *Positiv*

ele existir. Se isso não ficar bem-estabelecido, então, com a ajuda da especulação, prontamente entraremos no fantástico *Eu-Eu* que a recente especulação decerto utilizou, mas não explicou de que modo um indivíduo particular se relaciona com isso e, meu Deus, afinal de contas, nenhum homem é mais do que um indivíduo particular.

Se o existente pudesse, realmente, estar fora de si mesmo, aí a verdade seria uma coisa concluída para ele; mas onde está este ponto? O *Eu-Eu* é um ponto matemático que pura e simplesmente não existe; nessa medida, qualquer um pode a seu bel-prazer ocupar esse ponto de parada – ninguém impede o caminho dos demais. Só por um momento pode um indivíduo particular existente estar numa unidade de infinito e finito que transcenda o existir. Este momento é o instante da paixão. A especulação moderna fez de tudo para que o indivíduo possa objetivamente passar por cima de si mesmo; mas isso simplesmente não se deixa fazer; a existência o impede, e, se os filósofos de hoje em dia não se tivessem tornado escreventes a serviço da azáfama de um pensamento fantástico, teriam percebido que o suicídio seria a única interpretação prática, razoável, de sua tentativa. Mas a moderna especulação escrevinhadora faz pouco caso da paixão; e, contudo, para o existente, a paixão é o ápice da existência – e existentes nós somos, afinal de contas. Na paixão, o sujeito existente é infinitizado na eternidade da fantasia e contudo é, também, ele mesmo na sua determinação máxima. O fantástico *Eu-Eu* não é infinitude e finitude numa identidade, pois nem uma nem outra é real; [VII 165] ele é uma reunião fantástica nas nuvens, um abraço estéril, e a relação do *eu* individual com esta fantasmagoria não é jamais indicada.

Todo conhecimento essencial tem a ver com existência, ou só o conhecimento cuja relação com a existência é essencial é conhecimento essencial. Visto essencialmente, o conhecer que, voltado para o interior, não tem a ver, na reflexão da interioridade, com a existência, é conhecer acidental, e seu grau e abrangência, vistos essencialmente, são indiferentes. Que o conhecer essencial se relacione essencialmente à existência não significa, contudo, a já mencionada identidade abstrata entre pensar e ser, nem significa objetivamente que o conhecer se relacione com algo de real[493] como seu objeto; mas

---

493. *Tilvœrende*

quer dizer que o conhecer se relaciona com aquele que conhece[494], o qual, essencialmente, é um existente, e que todo conhecimento essencial, por isso, se relaciona essencialmente com a existência e com o existir. Somente o conhecer ético e o ético-religioso são, portanto, conhecimentos essenciais. Mas todo o conhecer ético e ético-religioso é, essencialmente, um relacionar-se com isso[495]: que aquele que conhece[496] existe.

A mediação é uma miragem, tal qual o *Eu-Eu*. Visto abstratamente, tudo *é*, e nada se torna. Na abstração, a mediação não consegue, então, encontrar seu lugar, já que ela tem o *movimento* como seu pressuposto. O saber objetivo pode muito bem ter o real[497] como seu objeto, mas como o sujeito conhecedor é existente, e está, ele mesmo, no vir-a-ser, por existir, a especulação precisa, antes, explicar como um sujeito particular existente se relaciona com o conhecimento da mediação, o que ele é nesse momento, se, p. ex., ele não está, naquele exato momento, um bocado distraído, e onde ele está, se não é na lua. Fala-se a toda hora de mediação e mediação; será a mediação, então, um ser humano, tal como *Per Degn* supõe que *Imprimatur* o seja? Como é que um ser humano se comporta, para se tornar algo desse tipo? Estuda até alcançar esta dignidade, esse grande *philosophicum* [*lat.*: exame de filosofia]? Ou o magistrado o distribui, como distribui as funções de sacristão e de coveiro? Procure-se envolver com essas questões singelas e outras similares despertadas por um ser humano singelo, que gostaria muito de ser a mediação, se pudesse se tornar tal de uma maneira legal e honesta e não simplesmente dizendo *eins, zwei, drei, kokolorum* [*al.*: 1, 2, 3, abracadabra] nem tampouco esquecendo que ele próprio é um ser humano existente, [VII 166] para quem existir é, por conseguinte, algo essencial, e para quem existir de modo ético-religioso é um conveniente *quantum satis* [*lat.*: o bastante]. Para um especulante pode talvez parecer *abgeschmackt* [*al.*: de mau gosto] colocar questões desse tipo, mas é especialmente importante não polemizar no lugar

---

494. den Erkjendende
495. sig forholdende til
496. den Erkjendende
497. det Tilværende, o subsistente

errado e, portanto, não começar, ele mesmo de modo fantástico-objetivo, um *pro* e *contra* para saber se há ou não mediação, mas, sim, que a gente se agarre à questão do que significa ser um ser humano.

Eu devo agora, para aclarar a diferença de caminho da reflexão objetiva e da subjetiva, mostrar a busca da reflexão subjetiva no retorno para dentro da interioridade. O máximo da interioridade num sujeito existente é paixão; à paixão corresponde a verdade como um paradoxo, e que a verdade se torne um paradoxo é algo que está fundamentado justamente na relação da verdade para com um sujeito existente. Dessa maneira, uma corresponde à outra. Ao esquecer que se é sujeito existente, a paixão se esvai, e a verdade, em compensação, não se torna paradoxal; mas o sujeito cognoscente deixa de ser um homem para se tornar algo fantástico, e a verdade se torna um objeto fantástico para o seu conhecimento.

Quando se pergunta pela verdade objetivamente, reflete-se aí sobre a verdade como um objeto com o qual aquele que conhece se relaciona. Aí não se reflete sobre a relação, mas sobre o fato de que é com a verdade, com o verdadeiro que ele se relaciona. Desde que aquilo com que ele se relaciona seja a verdade, o verdadeiro, o sujeito está então na verdade. Quando se pergunta pela verdade subjetivamente, reflete-se aí subjetivamente sobre a relação do indivíduo. Desde que o como dessa relação esteja na verdade, o indivíduo está então na verdade, mesmo que, assim, se relacione com a não verdade[498]. Tomemos como exemplo o conhecimento de Deus. Objetivamente, reflete-se sobre o ser este o Deus verdadeiro; subjetivamente, sobre o indivíduo se relacionar com um algo *de tal modo* que sua relação seja, em verdade, uma relação com Deus. Em qual dos lados está então a verdade? Aí, não deveríamos, aqui, buscar apoio na mediação e dizer: Não está em nenhum dos lados; está na mediação? [VII 167] Excelente dito, desde que alguém pudesse dizer de que maneira um existente consegue estar na mediação; pois estar na mediação é estar pronto e acabado, existir é devir[499]. Um existente também não pode estar em dois lugares ao mesmo tempo, não pode

---

498. O leitor preste atenção a que aqui se fala da verdade essencial, ou daquela verdade que se relaciona essencialmente à existência, e que seu contraste é indicado precisamente a fim de evidenciar que ela é a interioridade ou a subjetividade.

499. *at existere er at vorde*

ser sujeito-objeto. Quando chega mais próximo de estar em dois lugares ao mesmo tempo, é quando está na paixão; mas paixão é só por momentos, e paixão é o máximo da subjetividade. – O existente que escolhe o caminho objetivo agora penetra em toda a consideração aproximativa que quer apresentar[500] Deus objetivamente, o que em toda a eternidade jamais se alcançará, porque Deus é sujeito e, por conseguinte, só é para a subjetividade na interioridade. O existente que escolhe o caminho subjetivo, no mesmo instante apreende toda a dificuldade dialética: vai precisar de algum tempo, talvez de um longo tempo, para encontrar Deus objetivamente; ele apreende essa dificuldade dialética em toda sua dor, porque vai precisar de Deus no mesmo instante, porque é desperdiçado cada instante em que ele não tem Deus[501]. No mesmo instante, ele tem Deus, não em virtude de qualquer consideração objetiva, mas em virtude da paixão infinita da interioridade. O [tipo] objetivo não se deixa perturbar por dificuldades dialéticas como: o que significa dedicar todo um período de investigações a encontrar Deus – dado que afinal seria possível que o investigador morresse amanhã, e que, se continuasse vivo, não poderia não obstante considerar Deus como algo que se toma consigo conforme as conveniências, dado que Deus é algo que a gente leva consigo *à tout prix* [*fr*.: a qualquer preço], o que, no entendimento da paixão, é justamente a verdadeira relação da interioridade para com Deus.

É neste ponto, dialeticamente tão difícil, que o caminho bifurca[502] para aquele que sabe o que significa proceder dialeticamente[503] e proceder dialeticamente existindo, o que é diferente de sentar-se como um ser fantástico a uma escrivaninha e escrever sobre algo que jamais se fez, que é algo diferente de escrever *de omnibus dubitan-*

---

500. *bringe frem*

501. Deste modo, Deus vem a ser, com efeito, um postulado, mas não no sentido ocioso em que normalmente se toma isso; antes, torna-se evidente que essa é a única maneira de um existente entrar numa relação com Deus: quando a contradição dialética leva a paixão ao desespero e a auxilia a abraçar Deus com "a categoria do desespero" (fé), de forma que o postulado, longe de ser arbitrariedade, é justamente uma legítima defesa [*Nødværge, lit.*: defesa *necessária*]; de modo que Deus não é um postulado, mas que o existente postule Deus é – uma necessidade.

502. *at Veien svinger af*

503. *dialektisere*

dum e, ele mesmo existindo, ser tão crédulo quanto o ser humano mais preso aos sentidos [VII 168] – é aqui que o caminho bifurca, e a mudança é esta: que enquanto o saber objetivo avança calmamente pelo longo caminho da aproximação, não incitado ele próprio pela paixão, para o saber subjetivo toda demora é fatal, e a decisão é tão infinitamente importante que é imediatamente tão urgente, como se a oportunidade já tivesse passado em vão.

Agora, se o problema for calcular onde há mais verdade (e estar ao mesmo tempo igualmente em ambos os lados não é dado a um existente, como já foi dito, mas é apenas uma beatificante ilusão para um iludido *Eu-Eu*), se do lado daquele que de modo apenas objetivo busca o Deus verdadeiro e a verdade aproximativa da noção de Deus, ou do lado daquele outro que está infinitamente preocupado em saber se ele se relaciona, na verdade, com Deus, com a infinita paixão da carência: então não pode a resposta ser duvidosa para quem não se tiver deixado emaranhar totalmente graças à ciência. Se alguém que vive em meio ao cristianismo adentra a casa de Deus, a casa do verdadeiro Deus, com o conhecimento da verdadeira noção de Deus, e então ora, mas ora na inverdade; e quando alguém vive num país idólatra, mas ora com toda a paixão da infinitude, não obstante seus olhos descansem na imagem de um ídolo: onde, então, há mais verdade? Um ora na verdade a Deus, apesar de adorar um ídolo; o outro ora na inverdade ao verdadeiro Deus, e por isso adora na verdade um ídolo.

Se alguém objetivamente investiga sobre a imortalidade, e um outro depõe a paixão da infinitude na incerteza: Onde, então, há mais verdade, e quem tem mais certeza? Um deles ingressou, de uma vez por todas, numa aproximação que nunca termina, pois a certeza da imortalidade reside, afinal de contas, justamente na subjetividade; o outro é imortal e, justamente por isso, empenha-se em combater contra a incerteza. Observemos Sócrates. Hoje em dia, cada um mexe canhestro[504] com algumas provas, um tem muitas, outro tem menos. Mas Sócrates! Ele coloca a questão objetivamente de modo problemático: se há ou não uma imortalidade. Portanto, comparado com um desses pensadores modernos de três provas, ele era um

---

504. *fusker*

cético?[505] De modo algum. Em cima deste "se" ele aposta toda a sua vida; ele se arrisca a morrer e, com a paixão do infinito, organiza então toda sua vida, de modo a tornar a morte aceitável - *se* houver uma imortalidade. Haverá alguma prova melhor da imortalidade da alma? Mas os que têm as três provas não organizam, em absoluto, suas vidas de acordo com essas; [VII 169] se houver uma imortalidade, ela terá de enojar-se do modo de vida que levam - haverá alguma contraprova melhor contra as três provas? A "migalha" de incerteza ajudou Sócrates, pois ele próprio se ajudou com a paixão da infinitude. As três provas não trazem proveito algum para aqueles outros, porque eles afinal são e sempre serão uns embotados[506] e, na falta de provar qualquer outra coisa, já provaram, com suas três provas, que o são. Assim também quiçá uma jovem, com uma frágil esperança de ser amada por seu amado, possuiu toda a doçura do amor[507], porque ela própria colocou tudo nesta frágil esperança: ao contrário, muita madame casada, que mais de uma vez se submeteu[508] à mais forte expressão do amor erótico, teve decerto provas e, contudo, por estranho que pareça, não possuiu o *quod erat demonstrandum* [*lat.*: como queríamos demonstrar]. A ignorância socrática foi então a expressão, firmemente mantida com toda a paixão da interioridade, de que a verdade eterna se relaciona com um existente, e, por isso, precisa permanecer, para ele, enquanto ele existe, como um paradoxo e, contudo, é possível que, na ignorância socrática, houvesse mais verdade em Sócrates do que na verdade objetiva de todo o sistema que flerta com as exigências do tempo[509] e se acomoda aos livre-docentes[510].

*Objetivamente, acentua-se: **o que** é dito; subjetivamente: **como** isso é dito*. Esta distinção já é válida na estética, e se expressa especificamente quando se diz que o que é verdade pode na boca desta ou daquela pessoa se tornar inverdade. A essa distinção há que se dar em nossos dias uma atenção especial, pois se se devesse expres-

---

505. *Tvivler*, duvidador
506. *dødbidere*
507. *Forelskelsens Sødme*
508. *har ligget under*
509. *Tidens Fordringer*
510. *lemper sig efter Privat-Docenter*

sar numa única sentença a diferença entre a Antiguidade e o nosso tempo, dever-se-ia, sem dúvida, dizer: que na Antiguidade havia apenas alguns indivíduos que conheciam a verdade; agora, todos a conhecem, mas a interioridade está numa relação inversa para com ela[511]. Em termos estéticos, a contradição, que se apresenta quando a verdade se torna inverdade na boca dessa ou daquela pessoa, é melhor entendida comicamente. Em termos ético-religiosos, acentua-se outra vez: o *como*; contudo isso não deve ser entendido como decoro, modulação de voz, desenvoltura oral etc., mas se compreende como a relação da pessoa existente, em sua própria existência, com aquilo que ela enuncia. Objetivamente, só se pergunta pelas categorias de pensamento[512]; subjetivamente, pela interioridade. Em seu máximo, esse "como" é a paixão da infinitude, e a paixão da infinitude é a própria verdade. Mas a paixão da infinitude é justamente a subjetividade, e assim a subjetividade é a verdade[513]. Visto objetivamente, não há nenhuma decisão infinita, [VII 170] e desse modo está objetivamente correto que a distinção entre bem e mal seja abolida junto com o princípio de contradição e também, com isso, a distinção infinita entre verdade e mentira. Só na subjetividade há decisão, contraposto ao que, querer tornar-se objetivo é a inverdade. A paixão da infinitude é o decisivo, não seu conteúdo, pois seu conteúdo é, precisamente, ela mesma. Assim, o "como" subjetivo e a subjetividade são a verdade.

Mas o "como" que se acentua subjetivamente é também, precisamente porque o sujeito está existindo, dialético em relação ao tempo. No momento de decisão da paixão, onde o caminho desvia do saber objetivo, a decisão infinita parece estar, com isso, finalizada. Mas, no mesmo instante, o existente está na temporalidade, e o "como" subjetivo se transforma num esforço que é impulsionado e repetidamente revigorado pela decisiva paixão da infinitude, mas que é, mesmo assim, um esforço.

Se a subjetividade é a verdade, a definição da verdade tem também de conter, em si mesma, uma expressão do oposto da objetivi-

---

511. Cf. *Estádios no caminho da vida*, p. 366, nota.
512. *Tankebestemmelserne*
513. *er Subjektiviteten Sandheden*

dade, uma recordação daquela encruzilhada[514] no caminho, e essa expressão indicará, ao mesmo tempo, a tensão da interioridade. Eis aqui uma tal definição de verdade: *a incerteza objetiva, sustentada na apropriação da mais apaixonada interioridade, é a verdade*, a mais alta verdade que há para um *existente*. Lá onde o caminho se desvia (e onde é este ponto não se pode estabelecer objetivamente, pois ele é, precisamente, a subjetividade), o saber objetivo é suspenso[515]. Objetivamente ele tem, então, apenas incerteza, mas é exatamente isso que tensiona a infinita paixão da interioridade, e a verdade é justamente a ousada aventura de escolher, com a paixão da infinitude, o que é objetivamente incerto. Observo a natureza a fim de encontrar Deus e, de fato, vejo onipotência e sabedoria, mas vejo também muita outra coisa que preocupa e perturba. A *summa summarum* [*lat.*: soma total] disso é a incerteza objetiva, mas precisamente por isso a interioridade é tão grande, porque a interioridade abrange a incerteza objetiva com toda a paixão da infinitude. No que toca a uma proposição matemática, p. ex., a objetividade é dada, mas, por isso, sua verdade é também uma verdade indiferente.

Mas a definição de verdade dada acima é uma paráfrase[516] da fé. Sem risco não há fé. Fé é justamente a contradição entre a paixão infinita da interioridade e a incerteza objetiva. Se eu posso apreender objetivamente Deus, então eu não creio; mas, justamente porque eu não posso fazê-lo, por isso tenho de crer; e se quero manter-me na fé, tenho de constantemente cuidar de perseverar na incerteza objetiva, de modo que, na incerteza objetiva, eu estou sobre "70.000 braças de água", e contudo creio.

Na proposição de que a subjetividade, a interioridade, é a verdade, está contida a sabedoria socrática, cujo mérito imortal consiste justamente em ter respeitado o significado essencial do existir, de que o cognoscente é existente, razão pela qual Sócrates, no sentido mais elevado, em sua ignorância em meio ao paganismo, estava na verdade. Compreender que o infortúnio da especulação está exatamente no fato de ela esquecer, a cada vez, que aquele que conhece

---

514. *Veiskille*
515. *sat i Bero*
516. *Omskrivning*

é um existente, já pode ser um tanto difícil em nossa época objetiva. "Mas ir além de Sócrates quando nem mesmo se compreendeu o socrático – isso, no mínimo, não é socrático." Cf. a moral das *Migalhas*.

Vamos então, a partir deste ponto, ensaiar, como nas *Migalhas*, uma categoria que vá realmente mais além. Se essa é verdadeira ou é falsa, aqui não me importa, pois estou apenas experimentando, mas pelo menos se há de exigir que fique claro que o socrático está compreendido nela, de modo que no mínimo eu não acabe de novo atrás de Sócrates.

Quando a subjetividade, a interioridade, é a verdade, então a verdade, determinada objetivamente, é o paradoxo; e que a verdade objetivamente seja o paradoxo mostra precisamente que a subjetividade é a verdade, já que, com efeito, a objetividade repele e a repulsão da objetividade, ou a expressão da repulsão da objetividade, é a elasticidade e o dinamômetro da interioridade. O paradoxo é a incerteza objetiva que é a expressão da paixão da interioridade, o que é justamente a verdade. Até aí o socrático. A verdade eterna, essencial, i. é, aquela que se relaciona essencialmente ao existente por ter a ver essencialmente com o existir (visto socraticamente, qualquer outro saber é contingente, e seu grau e abrangência são indiferentes), é o paradoxo. Entretanto, a verdade essencial eterna, não é, ela mesma, de modo algum o paradoxo, mas ela o é por relacionar-se com um existente. A ignorância socrática é a expressão da incerteza objetiva, a interioridade do existente é a verdade. Para já antecipar, note-se o seguinte: a ignorância socrática é um *analogon* [*gr.*: algo análogo] à categoria do absurdo, só que há ainda menos certeza objetiva na repulsão exercida pelo absurdo, e, justamente por esta razão, há uma elasticidade infinitamente maior na interioridade. A interioridade socrática no existir é um *analogon* da fé, [VII 172] só que a interioridade desta, correspondendo não à repulsão pela ignorância e sim à repulsão pelo absurdo, é infinitamente mais profunda.

Socraticamente, a verdade eterna essencial não é, de modo algum, paradoxal em si mesma, mas só por se relacionar com um existente. Isso é expresso numa outra proposição socrática: que todo conhecer é um recordar. Esta proposição é um indício do iniciar da especulação, mas também por isso Sócrates não a perseguiu; essencialmente, ela se tornou platônica. Aí é onde o caminho desvia, e

Sócrates, essencialmente, acentua o existir, enquanto Platão, esquecendo-o, perde-se na especulação. O mérito infinito de Sócrates é, justamente, o de ser um pensador *existente*, não um especulante, que esquece o que é o existir. Para Sócrates, portanto, que todo conhecer seja um recordar significa, no instante da despedida e como uma possibilidade constantemente anulada de especular, significa, para ele, duas coisas: (1) que aquele que conhece é essencialmente *integer* [*lat*.: íntegro] e que para ele não há nenhuma outra precariedade[517] no que se refere ao conhecimento da verdade eterna afora esta, que ele existe, uma precariedade tão essencial e decisiva para ele que significa que o existir, a profundidade interior no e pelo existir, é a verdade; (2) que a existência na temporalidade não tem nenhuma significação decisiva, porque persiste, constantemente, a possibilidade de, recordando, levar-se de volta para a eternidade, embora esta possibilidade seja constantemente anulada pelo fato de que a interiorização no existir preenche o tempo[518].

---

517. *Mislighed*

518. Aqui será talvez o lugar correto para elucidar uma dubiedade na composição das *Migalhas*, motivada por eu não ter querido logo fazer a coisa ser tão dialeticamente difícil quanto ela é, porque, em nossa época, as terminologias e coisas semelhantes são tão confusas que é quase impossível salvaguardar-se contra uma confusão [*Confusion*]. A fim de, se possível, elucidar corretamente a diferença entre o socrático (que deveria sim ser o filosófico, o filosófico pagão) e a categoria [*Tankebestemmelse*] experimentalmente construída, que realmente vai além do socrático, reduzi o socrático à proposição de que todo conhecer é recordar. Isso é o geralmente aceito, e só aquele que, com um interesse muito especial, se dedica ao socrático, sempre retornando às fontes, só para este será importante nesse ponto distinguir entre Sócrates e Platão [VII 173], já que a proposição pertence decerto a ambos, mas Sócrates se despede constantemente dela, porque ele quer existir. Ao ligarmos Sócrates à proposição de que todo conhecer é recordar, ele se torna um filósofo especulativo, ao invés daquilo que ele era, um pensador existente que compreendia o existir como o essencial. A proposição de que todo conhecer é recordar é própria da especulação, e o recordar é a imanência, e do ponto de vista especulativo e eterno, não há nenhum paradoxo, mas a dificuldade, de qualquer modo, está em que nenhum ser humano é a especulação, e aquele que fica especulando [*den Speculerende*] é um existente, sujeito às exigências da existência; esquecê-lo não é nenhum mérito, mas agarrar-se a isso com firmeza é, de fato, um grande mérito, e é o que Sócrates justamente fazia. Acentuar a existência, que contém em si a determinação da interioridade, é o socrático: o platônico, por outro lado, é perseguir a recordação e a imanência. Com isso Sócrates está, no fundo, mais além de toda especulação, porque ele não possui um início fantástico, em que o que está especulando troca suas roupas e assim vai continuando e continuando e especulando, esquecendo o mais importante, o existir. Mas, precisamente porque Sócrates foi, desse modo, mais longe, adquire, corretamente representado, uma certa semelhança análoga com aquilo que o experimento apresentava como o que em verdade vai além do socrático: a verdade como paradoxo torna-se uma analogia do paradoxo *sensu eminentiori* [*lat*.: no sentido mais eminente]; a paixão da interioridade no existir torna-se, então, uma analogia da fé *sensu eminentiori*. Que a diferença é, contudo, infinita, que as determinações das *Migalhas* para aquilo que verdadeiramente vai além do socrático estejam inalteradas [*ufo-*

O mérito infinito do socrático foi, precisamente, o de acentuar que o cognoscente é existente, e que o existir é o essencial. Ir mais além, sem ter entendido isso, não passa de um mérito medíocre. É o que devemos ter *in mente* [*lat.*: em mente], [VII 174] e então tratar de ver se a fórmula não se deixa transformar de modo a que se vá, de fato, mais além do socrático.

Portanto, a subjetividade, a interioridade, é a verdade; agora, há uma expressão *mais interior*[519] para isso? Sim, se o dito: a subjetividade, a interioridade, é a verdade começar assim: A subjetividade é a inverdade. Não nos apressemos demais. A especulação também diz que a subjetividade é a inverdade, mas ela o diz no sentido diametralmente oposto, ou seja, dando a entender que a objetividade é a verdade. A especulação define a subjetividade negativamente em proveito da objetividade. A outra definição, contudo, põe obstáculos em seu próprio caminho, quando quer iniciar, o que torna a interioridade muito mais interior. Socraticamente, a subjetividade é a inverdade quando ela se recusa a entender que a subjetividade é a verdade, mas quer, p. ex., ser objetiva. Aqui, pelo contrário, ao querer começar a se tornar a verdade, tornando-se subjetiva, a subjetividade encontra-se na dificuldade de ser a inverdade. E então o trabalho recua, recua, com efeito, para a interioridade. Bem longe de o caminho se voltar assim na direção do objetivo, seu início só se encontra ainda mais profundamente na subjetividade.

Mas a inverdade o sujeito não pode ser eternamente, nem se pode pressupor que o tenha sido eternamente; é preciso que ele tenha se tornado tal no tempo, ou que se torne tal no tempo. O paradoxo socrático residia em que a verdade eterna se relacionasse com um existente, mas agora a existência marcou o existente uma

---

randrede], será fácil mostrar, mas temi *perturbar* ao utilizar, de imediato, aparentemente as mesmas determinações, ao menos as mesmas palavras, em relação a coisas diferentes, já que o objeto do experimento tinha que ser apresentado como algo de diferente delas. Agora penso que nada impediria de falar sobre o paradoxo com referência a Sócrates e à fé, pois tudo vai bem, desde que seja corretamente compreendido, e dado que, além disso, os gregos antigos, afinal de contas, também usam a palavra πιστις [*gr.*: fé], embora de modo algum no sentido do objeto daquele experimento [*i Experimenteredes Forstand*], e utilizam-na, especialmente em conexão com um dos trabalhos de Aristóteles, em que o termo ocorre, de modo a possibilitar observações muito esclarecedoras sobre sua diferença em relação à fé *sensu eminentiori*.

519. *inderligere*

segunda vez; ocorreu uma alteração tão essencial nela, que ela não pode, de jeito nenhum, retomar-se na eternidade por meio da recordação socrática. Fazer tal coisa, ser capaz de fazê-lo, é especular, mas suspender a possibilidade disso ao conceber a interiorização na existência, é o socrático; mas *agora* a dificuldade é que o que seguia Sócrates como uma possibilidade suspensa, tornou-se uma impossibilidade. Se já em relação ao socrático o especular era um mérito duvidoso, agora isso é apenas confusão.

O paradoxo se apresenta quando a verdade eterna e o existir são justapostos, mas quanto mais se marca[520] o existir, tanto mais claro se torna o paradoxo. Visto à maneira socrática, o cognoscente era um existente, mas agora o existente está marcado de tal modo que a existência operou uma alteração essencial nele.

Chamemos agora a inverdade do indivíduo de *pecado*. Visto eternamente, ele não pode ser pecado, nem se pode pressupor que tenha estado eternamente nele. Portanto, [VII 175] nascendo[521] (pois o início era, como se disse, que a subjetividade é a inverdade), ele se torna um pecador. Ele não nasce como pecador no sentido de ser pressuposto como pecador antes mesmo de ter nascido, mas nasce no pecado e como pecador. A isso poderíamos chamar, aliás, *pecado hereditário*. Mas se a existência apoderou-se desse modo dele, então ele está impedido de retomar-se a si mesmo na eternidade pela reminiscência. Se já era paradoxal que a verdade eterna se relacionasse com um existente, agora é absolutamente paradoxal que ela se relacione com um tal existente. Mas quanto mais difícil ficou para ele abstrair-se da existência pelo recordar, tanto mais interiorizado pode se tornar seu existir na existência; e, então, quando aquilo ficou impossível para ele, quando ele se enfiou até o pescoço na existência de tal maneira que a porta dos fundos da reminiscência trancou-se para sempre, então a interioridade se torna o que há de mais profundo. Mas nunca nos esqueçamos de que o meritório em Sócrates consistiu justamente no enfatizar que o cognoscente é existente, pois quanto mais difícil a coisa se torna, tanto mais a gente se sente ten-

---

520. *mærkes*

521. *ved at blive til*: ao nascer, com o entrar na existência, pelo nascimento, pelo fato de nascer... São várias as traduções possíveis, pois a preposição *"ved"* permite múltiplas leituras [N.T.].

tado a, no caminho fácil da especulação, deixando para trás terrores e decisões, apressar-se rumo à fama, à honra, a dias agradáveis etc. Se já Sócrates havia percebido como era complicado, especulando, abstrair-se da existência e remontar à eternidade, quando nenhuma complicação havia para o existente senão o fato de que ele existia, além de que o existir fosse o essencial: agora, ficou impossível. Ele precisa andar para a frente; recuar é impossível.

A subjetividade é a verdade. Ao se relacionar a verdade essencial eterna com o existente, surge o paradoxo. Agora avancemos, admitamos que a verdade essencial eterna seja, ela mesma, o paradoxo. De que modo surge o paradoxo? Ao serem justapostos a verdade essencial eterna e o existir. Por conseguinte, quando os reunimos na própria verdade, a verdade se torna então um paradoxo. A verdade eterna surgiu no tempo. É isso o paradoxo. Se o sujeito acima mencionado foi impedido pelo pecado de retomar-se a si mesmo na eternidade, agora não deve mais se preocupar por causa disso, pois agora a verdade eterna, essencial, já não se encontra lá atrás, mas veio para a frente dele, pelo fato de ela mesma existir[522], ou ter existido, de modo que se o indivíduo, existindo, na existência, não alcançar a verdade, jamais a alcançará.

A existência jamais poderá ser acentuada mais fortemente do que o foi agora. A fraude da especulação de querer recordar-se de si fora da existência ficou impossibilitada. Trata-se aqui de compreender apenas isso, e toda especulação que quer ser especulação mostra *eo ipso* [*lat.*: precisamente por isso] que não o compreendeu. O indivíduo pode rejeitar tudo isso e recorrer à especulação, mas aceitá-lo e depois querer superá-lo pela especulação é impossível, [VII 176] porque é algo calculado justamente para evitar a especulação.

Quando a verdade eterna relaciona-se com um existente, ela se torna o paradoxo. O paradoxo rebate[523], na incerteza objetiva e na ignorância, para a interioridade daquele que existe. Mas como o paradoxo não é, em si mesmo, o paradoxo, ele não rebate com interioridade suficiente; pois sem risco não há fé; quanto maior o risco, maior a fé; quanto mais confiabilidade objetiva, menos interioridade (pois

---

522. *men [er] kommen foran det ved selv at existere*
523. *støder... fra*

a interioridade é justamente a subjetividade); quanto menos confiabilidade objetiva, mais profunda é a possível interioridade. Quando o próprio paradoxo é o paradoxo, ele rebate em virtude do absurdo, e a paixão da interioridade, que corresponde a isso, é a fé. - Mas a subjetividade, a interioridade, é a verdade; pois de outro modo teremos esquecido o mérito[524] socrático. Mas para a interioridade não há expressão mais forte do que, quando a retirada, da existência para dentro da eternidade, pela recordação, se tornou impossível, então, com a verdade contra si, como paradoxo, na angústia do pecado e com sua dor, com o tremendo risco da objetividade – crer. Mas sem risco não há fé, nem mesmo a socrática, menos ainda essa de que falamos aqui.

Quando Sócrates acreditava que Deus existe, mantinha firme a incerteza objetiva com toda a paixão da interioridade, e nesta contradição, neste risco está justamente a fé. Agora é de outro modo, ao invés da incerteza objetiva, há aqui a certeza de que isso, visto objetivamente, é o absurdo, e essa coisa absurda[525], sustentada na paixão da interioridade, é a fé. A ignorância socrática é como um gracejo engenhoso em comparação com a seriedade do absurdo, e a interioridade existencial[526] socrática assemelha-se à despreocupação grega em comparação com o esforço da fé.

O que, então, é o absurdo?[527] O absurdo é que a verdade eterna veio a ser no tempo[528], que Deus foi gerado[529], nasceu, cresceu etc., veio a ser como qualquer humano, a ponto de não se poder diferenciá-lo de um outro ser humano, pois toda possibilidade de reconhecimento imediato[530] é paganismo pré-socrático e, do ponto de vista judeu, idolatria; e toda e qualquer determinação daquilo que realmente vai além do socrático tem que ter, essencialmente, uma marca de que se relaciona ao fato de que o deus veio a ser, porque fé, *sensu strictissimo* [*lat.*: no

---

524. *Fortjenstlige*: a valiosa contribuição
525. *dette Absurde*
526. *existerende*
527. *det Absurde*
528. *er bleven til i Tiden*
529. *Gud er blevet til*
530. *umiddelbar Kjendelighed*

sentido mais estrito], tal como foi desenvolvido nas *Migalhas*, se refere ao devir[531]. Quando Sócrates acreditava que Deus existe[532], percebia, sem dúvida, [VII 177] que lá onde o caminho bifurca há um caminho de aproximação objetiva, por exemplo, pela observação da natureza, pela história do mundo etc. Seu mérito foi, justamente, o de evitar este caminho, onde o canto da sereia da quantificação encanta e engana o existente. Em relação ao absurdo, a aproximação objetiva assemelha-se à comédia *Misforstaaelse paa Misforstaaelse*[533], que ordinariamente é encenada por livre-docentes e especulantes.

O absurdo é, justamente pela repulsa objetiva, o dinamômetro da fé na interioridade. Então, há um homem que quer ter a fé; a comédia já pode começar. Ele quer ter a fé, mas quer estar seguro, com a ajuda da consideração objetiva e da aproximação. O que acontece? Com a ajuda da aproximação, o absurdo se torna uma outra coisa; torna-se provável, torna-se mais provável, torna-se talvez extraordinariamente e sumamente provável. Agora aí está, ele agora deve estar em condições de crer, e ousa dizer de si mesmo que não crê como sapateiros e alfaiates e como a gente simples, porém só depois de longa consideração. Agora ele deve estar em condições de crer, mas, vejam, agora crer se tornou de fato impossível. O quase provável, o provável, o extraordinariamente e sumamente provável – isso ele pode quase saber, ou praticamente saber, extraordinariamente e no mais alto grau, quase *saber* – mas *crer* nisso, é algo que não dá para fazer, pois o absurdo é justamente o objeto da fé, e a única coisa que se pode crer. – Ou há um homem que diz que tem a fé, mas agora quer se esclarecer sobre sua fé; quer compreender-se em sua fé. A comédia já pode recomeçar. O objeto da fé se torna quase provável, se torna praticamente o mesmo que provável, se torna extraordinariamente e sumamente provável. Ele terminou; ousa dizer de si mesmo que não crê como sapateiros e alfaiates e a gente simples, mas que também compreendeu a si mesmo em sua fé. Que estranha compreensão! Ao contrário, veio a saber algo diferente sobre a fé, diferente do que acreditava, e veio a saber que não mais crê, dado que quase sabe, praticamente sabe, de modo extraordinário e em sumo grau quase sabe.

---

531. *Tilblivelse*

532. *at Gud er til*

533. "Mal-entendido sobre mal-entendido"

Na medida em que o absurdo contém em si o momento do devir, um caminho aproximativo será também aquele que confunde o fato absurdo do devir, que é o objeto da fé, com um fato histórico simples e, portanto, persegue a certeza histórica para aquilo que é justamente o absurdo porque contém a contradição de que algo, que só contra todo entendimento humano pode tornar-se histórico, tenha se tornado tal. [VII 178] Esta contradição é justamente o absurdo, que só pode ser crido; quando se obtém uma certeza histórica, obtém-se apenas a certeza de que aquilo que é certo não é o que se procurava.

Uma testemunha pode dar testemunho de que ela o creu e, portanto, longe de ser isso uma certeza histórica, está em direta oposição a seu entendimento, mas uma tal testemunha causa repulsão do mesmo modo que o absurdo o faz, e uma testemunha que não cause repulsão desse modo é, *eo ipso*, um enganador, ou um homem que fala de algo bem diferente; e uma tal testemunha não pode ser de nenhuma ajuda, a não ser para obter certeza a respeito de algo completamente diferente. Cem mil testemunhas individuais, que, pela natureza especial de seu testemunho (que creram no absurdo), continuam sendo testemunhas individuais, não se tornam de jeito nenhum algo diferente *en masse*, de forma que o absurdo se tornasse menos absurdo; e por quê? Porque cem mil pessoas creram, cada uma por si, que isso era absurdo? Pelo contrário, aquelas cem mil testemunhas causam repulsão, por sua vez, da mesmíssima maneira como o absurdo. – Contudo, não preciso desenvolver isso aqui mais detalhadamente. Já expus nas *Migalhas* (especialmente lá onde a diferença entre o discípulo de primeira e o de segunda mão é abolida) e na primeira parte daquele livro, com suficiente meticulosidade, que toda aproximação não serve para nada, já que o importante é, ao contrário, desembaraçar-se[534] de observações introdutórias, certificações[535], provas a partir dos efeitos, e toda a turba de diretores da casa de penhores e fiadores, para deixar nítido o absurdo – de modo que aí possa crer, quem quiser – eu só digo que isso precisa ser um esforço extremo.

Se a especulação quer se envolver com isso e, como de costume, dizer: do ponto de vista eterno, divino, teocêntrico, não há parado-

---

534. *skaffe... bort*
535. *Tilforladeligheder; lit.*: confiabilidades

xo – não conseguirei decidir se o especulante tem razão, pois eu sou apenas um pobre ser humano existente que não pode observar o eterno nem divinamente nem teocentricamente, mas tem de se contentar com existir. Por outro lado, uma coisa é certa, que com a especulação tudo recua, recua para trás de Sócrates, que pelo menos entendeu que existir era o essencial, para um existente; para nem questionar se a especulação se deu tempo para compreender o que quer dizer estar *situado* na existência, como o existente conforme nosso experimento.

A diferença entre o socrático e aquilo que vai além de Sócrates está suficientemente nítida, e é essencialmente a mesma das *Migalhas*, pois, nesta, nada mudou, e, naquela, o problema apenas se tornou algo mais difícil, mas, de qualquer modo, não mais difícil do que ele é, assim como também se tornou um pouco mais difícil porque, enquanto nas *Migalhas* adiantei a determinação teórica[536] do paradoxo [VII 179] de forma meramente experimental, aqui tentei também, de modo latente, tornar nítida a necessidade do paradoxo, o que, muito embora a tentativa esteja um tanto fraca, sempre é algo diferente do que abolir especulativamente o paradoxo.

Ora, o próprio cristianismo proclamou-se como a verdade essencial, eterna, que veio a ser no tempo; ele se proclamou como *o paradoxo* e exigiu a interioridade da fé em relação ao que é um escândalo para os judeus, e para os gregos uma tolice – e para o entendimento o que há de absurdo. Não se poderia expressar de modo mais vigoroso que a subjetividade é a verdade e que a objetividade apenas repele[537], e ainda mais em virtude do absurdo, como também parece estranho que o cristianismo devesse ter vindo ao mundo para ser explicado, ah, como se ele próprio estivesse um tanto confuso a respeito de si mesmo e, por isso, viesse ao mundo à procura do homem sábio, do especulante, daquele que pode ajudar com a explicação. Não se pode expressar de modo mais interiorizado que a subjetividade é a verdade do que quando a subjetividade é, inicialmente, a inverdade, e mesmo assim a subjetividade é a verdade.

---

536. *Tankebestemmelse*
537. *støder fra*

Suponhamos que o cristianismo fosse e quisesse ser um mistério, um mistério assim de proveito, não um mistério de teatro que é revelado no quinto ato, embora o espectador engenhoso já o tenha percebido no correr da exposição. Suponhamos que uma revelação *sensu strictissimo* tenha que ser um mistério e ser reconhecida pura e exclusivamente como um mistério, enquanto que uma revelação *sensu laxiori* [*lat.*: em sentido mais amplo], o recolhimento[538] para dentro do eterno pela recordação, seria uma revelação no sentido direto. Suponhamos que a diferença no talento intelectual seja a diferença de ser capaz de expor, de modo cada vez mais nítido, que aquilo é e sempre será um mistério para os existentes. Suponhamos que o talento intelectual difira da má compreensão de acordo com a habilidade do indivíduo[539], cada vez mais enganadora, de passar a ilusão de que teria compreendido o mistério. Suponhamos que fosse, contudo, uma felicidade que, situados na extremidade da existência, pudéssemos relacionar-nos com esse mistério sem entendê-lo, apenas crendo. Suponhamos que o cristianismo não desejasse, de modo algum, ser compreendido; suponhamos que, a fim de expressar isso e de evitar que alguém, desorientado, tome o caminho da objetividade, o cristianismo tenha proclamado ser o paradoxo. Suponhamos que desejasse ser apenas para os existentes, na interioridade, na interioridade da fé, o que não pode ser expresso de modo mais determinado do que este: é o absurdo, que deve ser afirmado[540] com a paixão do infinito. Suponhamos que não desejasse ser compreendido, e que o máximo de compreensão que viria ao caso fosse compreender que ele não pode ser compreendido. [VII 180] Suponhamos que por isso acentuasse o existir de modo tão decisivo, que o indivíduo singular se tornasse um pecador; o cristianismo, o paradoxo; e a existência, o tempo da decisão. Suponhamos que o especular fosse uma tentação, a mais grave de todas. Suponhamos que o especulante não seja o filho pródigo – pois neste caso o Deus preocupado talvez só o chamaria de escandalizado, a quem continuava, contudo, a amar –, mas sim o filho malcriado que se recusa a ficar no lugar a que pertencem os existentes, no jardim de infância e na sala de educação da existên-

---

538. *Tilbagetagen*
539. *den Enkelte*
540. *fastholdes*: sustentado

cia, onde alguém só se torna adulto graças à interioridade do existir, mas quer, em vez disso, intrometer-se no conselho de Deus, gritando continuamente que, do ponto de vista do eterno, do divino, do teocêntrico, não há nenhum paradoxo. Suponhamos que o especulante fosse aquele morador inquieto que, embora evidentemente locatário, contudo, em vista da abstrata verdade de que do ponto de vista eterno e divino toda propriedade é comum, quisesse ser proprietário, de modo que a única coisa a fazer fosse mandar chamar um oficial, que decerto diria, tal como os beleguins dizem a Gert Westphaler: *Lamentamos ter de vir resolver este assunto*. – Ser um humano tornou-se agora algo diferente do que era nos tempos antigos? A condição não é a mesma: ser um ser *existente* individual[541], – e não é o existir o essencial enquanto se está na existência? "Mas as pessoas agora sabem muito mais." "Corretíssimo, mas suponhamos que o cristianismo não fosse uma questão de saber; então, o muito saber não traz nenhum benefício, a não ser para, mais facilmente, alguém cair na confusão de considerar o cristianismo como uma questão de saber." E se as pessoas realmente sabem mais agora, e não estamos falando de saber a respeito de estradas de ferro, máquinas e caleidoscópios, mas de saber mais sobre a religiosidade, como então se chegou a saber mais? Não foi pelo cristianismo? Então é assim que se recompensa o cristianismo. Aprende-se algo do cristianismo, algo que não se compreende bem, e, num novo mal-entendido, usa-se essa má compreensão contra o próprio cristianismo. Se o terrível, nos velhos tempos, era que alguém pudesse se escandalizar; agora o terrível consiste em que não haja mais nada terrível; que alguém, num um, dois, três, antes de dar uma olhada ao redor, se transforme num especulante a especular sobre a fé. Sobre qual fé? Será sobre a fé que se tem e, especialmente, sobre se de fato se tem ou não se tem fé? Ai, não, isso é demasiado pouco para um especulante. Então, sobre a fé objetiva. O que significa isso: a fé objetiva? Isso quer dizer uma soma de princípios doutrinais. Mas suponhamos que o cristianismo não fosse nada disso; suponhamos que, ao contrário, fosse interioridade, e, por isso, o paradoxo, para poder repelir objetivamente, [VII 181] de modo a que ele pudesse existir para o existente na interioridade da existência, ao situá-lo[542] decisivamente, mais decisivamente do que

---

541. *at være et enkelt existerende Væsen*
542. *stille ham*

qualquer juiz poderia convocar[543] um acusado, entre o tempo e a eternidade no tempo, entre o céu e o inferno no tempo da salvação. A fé objetiva é, afinal, como se o cristianismo tivesse sido também proclamado como um pequeno sistema, decerto não tão bom quanto o hegeliano. É como se Cristo – não é minha culpa se o digo – como se Cristo tivesse sido um professor e os apóstolos tivessem formado uma pequena Academia de ciências. Verdadeiramente, se alguma vez foi difícil tornar-se cristão, acredito que agora se torna mais difícil a cada ano, pelo fato de agora isso ter-se tornado tão fácil; só há um pouco de concorrência para tornar-se especulante. E, contudo, o especulante é talvez o mais distanciado do cristianismo, e talvez seja mil vezes preferível ser um escandalizado, que contudo constantemente se relaciona com o cristianismo, enquanto que o especulante o compreendeu. Neste sentido, há esperança de que ainda haja uma similaridade entre ser um cristão agora e naqueles primeiros tempos, e que querer ser um cristão se tornará, outra vez, insensatez[544]. Nos primeiros tempos, um cristão era um insensato aos olhos do mundo, para pagãos e judeus, era uma insensatez que alguém quisesse se tornar um cristão; agora, a gente é cristã assim sem mais. Se alguém quer ser um cristão com paixão infinita, é um insensato, tal como sempre é insensatez querer empenhar-se com infinita paixão para tornar-se aquilo que já se é sem mais, como se alguém empenhasse toda a sua fortuna para adquirir uma pedra preciosa – que já possuía. Antigamente, um cristão era um insensato aos olhos do mundo; agora todos os humanos são cristãos, mas ele ainda assim se torna um insensato – aos olhos dos cristãos.

Suponhamos que isso seja assim; eu só digo "suponhamos", e, mais do que isso, não direi; mas já que logo mais estaremos cansados de especulantes que se examinam, uns aos outros, naquelas ladainhas sistemáticas impressas, sempre poderá ser, ao menos, uma variação perpassar a questão de uma outra maneira.

"Mas do ponto de vista do eterno, do divino, e, mui particularmente, do teocêntrico, não há nenhum paradoxo, por isso a verdadeira especulação não fica imobilizada no paradoxo, mas vai além dele

---

543. *stille*

544. *Daarskab*

e o explica." "Posso agora pedir um pouco de paz e não tolerar mais que isso recomece? Afinal, eu já disse que não posso me envolver com o que está acima ou abaixo da terra." "O início da explicação e seu acabamento estão comigo, e é por essa explicação que a verdade eterna esperava; pois é corretíssimo que ela entrou no tempo, mas a primeira edição foi apenas uma tentativa imperfeita. [VII 182] A verdade eterna entrou no mundo, porque precisava de uma explicação, e a esperava de uma discussão que ela proporcionaria. Do mesmo modo, um professor publica os traços fundamentais de um sistema, calculando que a obra escrita, ao ser resenhada e debatida, tomará, mais cedo ou mais tarde, uma forma nova e totalmente revista. Somente esta segunda edição, que esperou pelo conselho e pelo julgamento dos especialistas, é a verdade, e assim só a especulação é a verdadeira e única edição satisfatória da verdade provisional do cristianismo."

Vamos agora ilustrar, com alguns exemplos, como a especulação, precisamente por não querer entender que a subjetividade é a verdade, fez-se merecedora do cristianismo[545], que é o paradoxo de uma vez por todas e é paradoxo em cada ponto, enquanto que a especulação, permanecendo na imanência, que é o excluir-se da existência pela recordação, em cada ponto produz uma volatização que, graças ao malabarismo de nada pensar de decisivo no que há de mais decisivo (o qual é justamente calculado para impedir a imanência por ocasião da decisão), mas usando a expressão de decisão como uma simples maneira de falar, fica sendo uma reminiscência pagã, contra a qual nada há a objetar, se romper frontalmente com o cristianismo, mas muito a objetar, caso pretenda ser cristianismo.

A proposição de que Deus tenha existido em forma humana, que tenha nascido, crescido etc., é, por certo, o paradoxo *sensu strictissimo*, o paradoxo absoluto. Mas, como o paradoxo absoluto, não pode relacionar-se com uma diferença relativa. O paradoxo relativo se relaciona com a diferença relativa entre cérebros mais ou menos sagazes, mas o paradoxo absoluto, precisamente por ser ele o absoluto, só

---

545. *har gjort sig fortjent af Christendom*; expressão de difícil interpretação. Tanto Junghans quanto os Diderichsen traduziram: *sich um das Christentum verdient gemacht hat*; Petit foi literal, sem ser claro: *a bien merité du christianisme*; já a espanhola diz: *ha llegado a obtener mérito a ojos del cristianismo* [N.T.].

pode relacionar-se com a diferença absoluta, pela qual o ser humano é diferente de Deus; não pode relacionar-se a uma querela relativa entre um homem e outro sobre qual deles tem uma cabeça um pouco melhor que a do outro. Mas a diferença absoluta entre Deus e um homem está justamente em que um homem é um ser existente individual[546] (e isso o é tanto a melhor cabeça quanto a mais tola), cuja tarefa essencial, portanto, não pode ser pensar *sub specie æterni*, dado que ele próprio, se bem que eterno, é, de fato, enquanto existe, essencialmente existente, e por isso o essencial para ele tem que ser a interioridade na existência; Deus, ao contrário, é o infinito que é eterno. Logo que torno a compreensão do paradoxo comensurável com a diferença entre ser mais ou menos dotado intelectualmente (uma diferença que jamais ultrapassa o fato de ser humano, [VII 183] a não ser que alguém fosse tão brilhante que se tornasse, não só um homem, mas ao mesmo tempo Deus), meu discurso sobre a compreensão demonstra, *eo ipso*, que o que compreendi não era o paradoxo absoluto, mas um paradoxo relativo, pois do paradoxo absoluto só se pode compreender que ele não pode ser compreendido. "Mas então a especulação de jeito nenhum conseguirá captá-lo." "Corretíssimo, é exatamente isso que diz o paradoxo, que nos choca empurrando no rumo da interioridade na existência." Talvez a razão disso seja que, objetivamente, não há nenhuma verdade para seres existentes, mas tão somente aproximação, enquanto que, subjetivamente, a verdade, para eles, está na interioridade, porque a decisão da verdade reside na subjetividade.

    A corrente moderna mítico-alegórica declara, sumariamente, ser o cristianismo no seu todo um mito. Um tal procedimento é, pelo menos, uma conduta clara, e qualquer um pode, facilmente, formar um juízo a seu respeito. A amizade da especulação é de uma outra espécie. A especulação combate, por uma questão de segurança, a corrente ateia mítico-alegórica, e, então, prossegue dizendo: "A especulação, ao contrário, aceita o paradoxo, mas não se detém nele". "E nem se exige isso, pois quando alguém, crendo, continua a aderir firmemente a ele, aprofundando-se em sua própria existência na interioridade da fé, também não se detém." A especulação não se detém – o que isso quer dizer? Quer dizer que os Srs. Especulantes cessam de

---

546. *enkelt*

ser homens, homens individuais existentes e, *en famille* [*fr.*: em família], se tornam qualquer coisa? Se não for assim, será certamente obrigatório deter-se no paradoxo, se este justamente se fundamenta em, e é a expressão disso, que a verdade essencial, eterna, relaciona-se com os existentes conclamando-os a que avancem cada vez mais na interioridade da fé.

O que quer dizer, em última análise, *explicar* alguma coisa? Explicar significa mostrar que a coisa obscura em questão não é essa, mas é uma outra coisa? Esta seria uma curiosa explicação, eu acreditava que, com a explicação, deveria justamente se tornar claro que a coisa em questão é essa coisa definida, de modo que a explicação removeria, não a coisa em questão, mas a obscuridade. De outro modo, a explicação será uma coisa diferente de uma explicação; será uma retificação. A explicação do paradoxo torna claro o que ele é e remove a obscuridade; a retificação remove o paradoxo e torna claro que não há nenhum paradoxo; [VII 184] mas essa última decerto não é uma explicação do paradoxo, e sim uma explicação de que não há paradoxo. Mas se o paradoxo surge quando o eterno e um ser humano individual existente são reunidos, a explicação, assim como remove o paradoxo, remove também o existir do existente? E quando, por sua própria conta, ou com a assistência de alguém, um existente chegou, ou foi levado, o mais próximo possível do ponto como se ele próprio não existisse, o que ele seria então? Então ele estaria distraído. Portanto, a explicação do paradoxo absoluto, de que não há paradoxo, a não ser até um certo ponto, em outras palavras, de que só há paradoxos relativos, é uma explicação – não para existentes, mas para distraídos[547]. Bem, então tudo está em ordem. A explicação é de que o paradoxo o é só até certo ponto, e está em ordem que ela, ou seja, essa explicação, é para um existente que só é existente até certo ponto, dado que ele o esquece, dia sim dia não, e quem existe assim é justamente um distraído. Ora, quando alguém fala do paradoxo absoluto, que é um escândalo para os judeus, para os gregos uma tolice, e para o entendimento o absurdo, e dirige seu discurso à especulação, essa não é tão descortês a ponto de dizer, diretamente, que ele é um tolo – mas dá uma explicação que contém uma retificação e, desse modo, indiretamente, lhe dá a entender que

---

547. *Distraite*

estava em erro: assim se comporta sempre um intelecto humano, superior, frente ao mais limitado. O modo de proceder é inteiramente socrático; o único elemento não socrático seria se o falante afinal estivesse, não obstante, mais próximo da verdade do que a explicação especulativa, pois, aí, a diferença ficaria que Sócrates, de um modo cortês e indireto, afastava a inverdade do aprendiz e dava a ele a verdade, a especulação, ao contrário, de um modo cortês e indireto, afasta a verdade do aprendiz e dá a ele a inverdade. A cortesia, porém, permanece ainda como o denominador comum. E quando o próprio cristianismo se declara como sendo o paradoxo, a explicação da especulação não é uma explicação, mas sim uma retificação, uma cortês e indireta retificação, como condiz com um intelecto superior em relação com o mais limitado.

Explicar o paradoxo significa transformar a expressão "paradoxo" numa expressão *retórica*, em alguma coisa que o digníssimo especulante diz que tem lá sua validade – mas que, então, de novo, não tem sua validade? Nesse caso, a *summa summarum* fica sendo, de fato, que não há paradoxo algum. Honra seja dada ao *Herr Professor*! Não é para retirar a honra dele que eu digo isso, como se eu também pudesse abolir[548] o paradoxo, de modo algum. Mas se o professor o aboliu, então está, afinal, abolido; aí, atrevo-me a dizer que ele está abolido – a não ser que a supressão[549] tenha mais a ver com o professor do que com o paradoxo, de modo que ele, em vez de abolir o paradoxo, [VII 185] se tenha tornado ele próprio um inquietante, fantástico inchaço[550]. No outro caso, admite-se que explicar algo signifique torná-lo claro em sua significação[551] – que seja isso, e não alguma outra coisa. Explicar o paradoxo seria, então, compreender cada vez mais profundamente o que o paradoxo é, e que o paradoxo é o paradoxo. Deus é, assim, uma representação suprema que não se deixa explicar por nenhuma outra, mas só pelo aprofundar-se nessa própria noção; os princípios supremos de todo pensamento só se deixam demonstrar indiretamente (negativamente): suponhamos

---

548. *hæve*
549. *Ophævelse*
550. *Hævelse*: o A. joga com outro sentido da palavra, relacionado com fermentação [N.T.].
551. *Betydning*

que o paradoxo seja assim o limite para a relação de um *existente* para com uma verdade eterna, essencial – nesse caso, o paradoxo não será para se explicar por algo diferente, caso a explicação deva ser para existentes. Mas, entendido especulativamente, até mesmo o paradoxo absoluto (pois a especulação não teme usar expressões decisivas; a única coisa que ela teme é pensar algo decisivo com elas) expressa apenas uma diferença relativa entre homens mais ou menos talentosos e estudados. Desse modo, a figura do mundo irá se modificando gradualmente. Quando o cristianismo entrou no mundo, não havia professores, nem livre-docentes de qualquer tipo – então ele era um paradoxo para todos; na geração presente, pode-se supor que de cada dez um é livre-docente; consequentemente, o cristianismo é um paradoxo apenas para nove entre dez; e quando afinal vier a plenitude dos tempos, o incomparável futuro, quando viver na terra uma geração de livre-docentes e livre-docentas[552] – então o cristianismo terá cessado de ser um paradoxo. Quem, ao contrário, quiser tomar a si a tarefa de explicar o paradoxo, na pressuposição de que saiba o que quer, concentrar-se-á diretamente em mostrar que ele tem de ser um paradoxo. Explicar uma alegria inexprimível[553] – o que significa isso? Significa explicar que ela seja isso e aquilo? Nesse caso, o predicado "inexprimível" se torna meramente um predicado retórico, uma expressão forte, ou algo desse tipo. O explicador sabe-tudo[554] já tem tudo preparado antes do início da apresentação, e agora ela tem início. Ele deslumbra o ouvinte; chama a alegria de inexprimível, e então, uma nova surpresa, uma surpresa verdadeiramente surpreendente – ele a exprime[555]. Ora, suponhamos que esta alegria inexprimível tivesse seu motivo na contradição de que um ser humano existente seja composto do infinito e do finito, esteja situado no tempo, de modo que a alegria do eterno nele se torna inexprimível porque ele é existente; ela se torna um supremo alento

---

552. *Privat-Docenter og Docentinder*: É óbvio que no tempo de SK não existiam "livre-docentas" (no feminino mesmo!) nem no dicionário nem na academia, tal como os países não eram governados então por Presidentas. A hipótese absurda de fundo e o próprio neologismo assumem aqui forte sentido satírico [N.T.].

553. *uudsigelige*: indizível, inefável; cf. 1Pd 1,8.

554. *Den florklarende Tusindkunstner har da Alt*

555. *siger den ud*

que não consegue tomar forma[556], porque o existente é existente: a explicação seria então a de que é inexprimível, não pode ser de outra maneira; nada de bobagem. [VII 186] Quando, porém, uma pessoa profunda começa por julgar este ou aquele que nega que haja uma alegria inexprimível, e logo acrescenta: Não, eu aceito que haja uma alegria inexprimível, porém vou mais adiante e a exprimo, nesse caso está apenas se fazendo de boba, e ela se diferencia da outra, que ela julga, só num ponto, que a outra é mais honesta e direta, diz o que a pessoa profunda também está dizendo, pois ambas estão dizendo essencialmente a mesma coisa. – Explicar o decisivo significa transformar esta expressão numa locução retórica, de modo que não se negue toda decisão, como o faria uma pessoa menos reflexiva, mas que se aceite a decisão, mas a aceite só até certo ponto. O que significa dizer de uma decisão que ela é aceitável até certo ponto? Significa negar a decisão. Decisão é algo justamente destinado a pôr um fim àquela infindável tagarelice do "até certo ponto"; então se aceita a decisão – mas, vejam, ela é aceita só até certo ponto. Pois a especulação não teme usar expressões de decisão; a única coisa que teme é pensar com elas algo de decisivo. E quando então o cristianismo quer ser a decisão eterna para o sujeito existente, e a especulação explica que a decisão é relativa, não explica o cristianismo, assim ela o retifica. Se a especulação tem [ou não] razão, é uma questão totalmente diferente; aqui só se trata de saber como sua explicação do cristianismo se relaciona com o cristianismo que ela explica.

Explicar algo significa *superá*-lo? Bem sei que a palavra *aufheben* tem, na língua alemã, diversos significados, até mesmo opostos; com bastante frequência se tem lembrado que ela tanto pode significar *tollere* [*lat.*: anular, aniquilar] quanto *conservare* [*lat.*: conservar]. Não estou informado de que a palavra dinamarquesa *ophœve*[557] permita tal ambiguidade, mas por outro lado sei que nossos filósofos dano-germânicos a empregam no sentido da palavra alemã. Se o possuir significados opostos é uma boa qualidade para uma palavra, isso eu não sei, mas quem quer expressar-se com precisão prefere evitar o uso de uma tal palavra nas passagens decisivas. Temos uma expressão singela, popular, com a qual, humoristicamente, designamos o

---

556. *gestalte sig*

557. abolir, suspender

impossível: ter a boca cheia de farinha e assoprar ao mesmo tempo; a especulação realiza uma façanha[558] semelhante ao utilizar uma palavra que também designa o seu oposto. Para assinalar bem claramente que a especulação não sabe o que dizer sobre uma decisão, ela mesma emprega uma palavra ambígua para assinalar [VII 187] o tipo de compreensão que é a compreensão especulativa. E quando a examinamos mais de perto, a confusão se torna mais clara. *Aufheben*, no sentido de *tollere*, significa aniquilar; no sentido de *conservare*, significa conservar[559] em condição inteiramente inalterada, não fazer absolutamente nada com aquilo que está sendo conservado[560]. Se o governo suspende[561] uma sociedade política, ele com isso a anula[562]; se um homem conserva algo para mim, é importante para mim justamente que ele não faça nenhuma alteração na coisa em questão. Nenhum dos dois é o *aufheben* filosófico. A especulação anula[563] então todas as dificuldades, e me deixa só com a de compreender exatamente o que ela faz com este *Aufheben*. Mas agora deixemos que este *Aufheben* signifique reduzir algo a um momento relativo, como também se diz quando o que é decisivo, o paradoxo, é reduzido a um momento relativo; então isso significará que não há nenhum paradoxo, nenhuma decisão, já que o paradoxo e o decisivo são o que são precisamente por causa de sua inflexibilidade. Se a especulação tem [ou não] razão, é uma outra questão; mas aqui afinal só se pergunta como a sua explicação do cristianismo se relaciona com o cristianismo que ela explica.

Que o cristianismo seja a inverdade, a especulação não o diz, de modo algum; ao contrário, diz, isso sim, que justamente a especulação compreende a verdade do cristianismo. Mais do que isso não se poderia, por certo, exigir; alguma vez o cristianismo pretendeu ser mais do que a verdade? E quando a especulação a compreende, está tudo em ordem, não há dúvida. E no entanto não, não é assim.

---

558. *Kunststykke*
559. *bevare*
560. *det Opbevarede*
561. *ophæver*
562. *tilintetgjør*
563. *ophæver*

Com relação ao cristianismo, a especulação sistemática é apenas um pouco engenhosa no emprego de todas as formulas diplomáticas que seduzem os crédulos. O cristianismo, tal como é compreendido pelo especulante, é algo diferente daquilo que é apresentado aos simples. Para esses, ele é o paradoxo, mas o especulante sabe como anular[564] o paradoxo. Então, não é o cristianismo que é, foi e continuará sendo a verdade, e a compreensão do especulante não é a compreensão de que o cristianismo é a verdade – não, é a compreensão do cristianismo pelo especulante que constitui a verdade do cristianismo. A compreensão é, então, outra coisa, diferente da verdade; as coisas não se passam assim, que só quando a compreensão tiver compreendido tudo aquilo que se encontra na verdade, só então a verdade estará compreendida, e sim, que só quando aquela verdade κατα δύναμιν [*gr.*: em potência] for compreendida do modo como o especulante a compreende, só então – [VII 188] sim, então não será a especulação que se terá tornado verdadeira, mas a verdade é que terá começado a existir. A verdade, portanto, não está dada, nem a compreensão desta é o que se espera, porém o que se espera é que a compreensão especulativa se complete, pois só então a verdade terá aparecido. O saber especulativo não é, desse modo, como de resto costuma ser o saber, algo de indiferente em relação ao que é conhecido, de modo que este não seja alterado ao ser conhecido, mas permaneça o mesmo; não, o saber especulativo é, ele próprio, o objeto do saber, de modo que ele não se mantém o mesmo que era, mas passa a existir simultaneamente com a especulação como a verdade.

Se a especulação está certa, é uma outra questão; aqui se pergunta apenas como sua explicação do cristianismo se relaciona com o cristianismo que ela explica. E como deveriam eles se relacionar? A especulação é objetiva, e, objetivamente, não há nenhuma verdade para um existente, mas apenas uma aproximação, já que, pelo existir, ele está impedido de se tornar inteiramente objetivo. O cristianismo, ao contrário, é subjetivo; a interioridade da fé no crente é a eterna decisão da verdade. E objetivamente, não há nenhuma verdade, pois o saber objetivo da verdade, ou das verdades, do cristianismo é, justamente, inverdade; saber recitar de cor uma confissão de fé é paganismo, pois o cristianismo é a interioridade.

---

564. *hæve*

Tomemos o paradoxo do perdão dos pecados. O perdão dos pecados é, socraticamente, um paradoxo, na medida em que a verdade eterna se relaciona com um existente, *sensu strictiori*, porque o existente é um pecador, uma determinação pela qual a existência é marcada uma segunda vez, porque quer ser uma decisão eterna no tempo, com força retroativa para superar[565] o passado, e porque está ligada ao [fato de] Deus ter existido no tempo. O ser humano individual existente tem de se sentir um pecador (não objetivamente, o que não faria sentido, mas sim subjetivamente, e esta é a dor mais profunda de todas); com toda sua inteligência levada ao derradeiro recurso (se alguém tem um pouco mais de inteligência do que um outro, isso não representa nenhuma diferença essencial, e gabar-se de sua grande inteligência é, apenas, revelar uma interioridade deficiente, que de resto bem rápido se esvairá), ele tem de querer compreender o perdão dos pecados, e então desesperar da inteligência. Com a inteligência diretamente contra ela, a interioridade da fé tem de segurar o paradoxo; e que a fé combata exatamente assim, como os [VII 189] romanos combateram certa vez, cegados pela luz do sol, é a tensão da interioridade[566]. Se algum dia uma outra compreensão

---

565. *at ophœve*

566. Que se pode combater desse modo, cegado pelo sol, e ainda enxergar para combater, os romanos o demonstraram em Zama; que se pode combater desse modo, às cegas, e ainda enxergar para vencer, os romanos o demonstraram em Zama. E, agora, a batalha da fé, seria essa por acaso uma guerra de brinquedo, uma esgrima de galanteios, com simulações, essa batalha que é mais longa do que uma Guerra dos Trinta Anos, porque não se luta apenas para conquistar, e sim, até mais veementemente, para preservar, essa batalha na qual todo dia é tão quente como o dia da batalha de Zama! Enquanto a inteligência desespera, a fé avança vitoriosamente na paixão da interioridade. Mas quando o crente usa toda a sua inteligência, cada recurso derradeiro do desespero, só para descobrir a dificuldade do paradoxo, então não resta verdadeiramente nenhuma parte com a qual explicar o paradoxo – mas com tudo isso, pode muito bem haver um amplo apoio da fé na paixão da interioridade. Ficar sentado calmamente numa embarcação com bom tempo não é uma imagem para o crer; mas quando a embarcação começa a fazer água, aí então, entusiasticamente, mantê-la flutuando, bombeando, e não buscar, mesmo então, refúgio no porto: esta sim é a imagem. Mesmo que a imagem contenha uma impossibilidade, no longo prazo, isso é mera imperfeição da imagem, mas a fé se mantém. Enquanto a inteligência, como um passageiro desesperado, estica seus braços em direção à terra, mas em vão, a fé trabalha com vigor nas profundezas: alegre e vitoriosamente, ela salva a alma contra o entendimento. É uma contradição deste tipo, o existir crendo; para um existente, o compromisso é uma miragem, dado que já é uma contradição que um espírito eterno exista. Será que alguém já o fez, será que alguém o está fazendo? Que me importa, contanto que isso seja, afinal de contas, ter fé? E embora eu esteja ainda longe de ter compreendido plenamente a dificuldade do cristianismo (e uma explicação que torne fácil a dificuldade deve ser considerada como uma tentação), eu, entretanto, percebo que a batalha da fé não é um tema para poetas de *vaudeville*, e que seu esforço não é um *divertissement* para livre-docentes.

se lhe impuser, ele verá que está a ponto de perder sua fé, tal como uma moça, que descobrisse, ao se tornar esposa do amado, ser fácil compreender por que se tornou a escolhida de seu marido, deveria perceber que é fácil compreender tal explicação como sinal de que ela não está mais amando. Mas um especulante se comporta de outra maneira. Ele se apresenta diante de um estimado público e diz: "Meus senhores e minhas senhoras, pois é assim que devo me dirigir a vocês, a uma congregação de crentes, o paradoxo só pode ser proclamado por um crente, mas a um estimado público a verdade pode ser proclamada por um especulante: portanto, o perdão dos pecados é um paradoxo (excitação geral), a corrente panteísta é um erro que a especulação combate, mas a especulação não se detém no paradoxo; ela o explica e o supera." [VII 190] O digníssimo especulante não apostou todo o seu entendimento quando desesperou; seu desespero foi só até certo ponto, foi um movimento simulado[567]; ele reservou parte de seu entendimento – para a explicação. Isso é o que se chama: tirar proveito de seu entendimento. O crente não tira dele proveito algum; ele o emprega todo no desespero, mas o especulante sabe como esticá-lo bastante; usa a metade dele para desesperar (como se não fosse um contrassenso estar meio desesperado) e a outra metade para perceber que o entendimento não tem nenhum motivo para desesperar. Bem, então a questão se transforma, naturalmente, em outra coisa; e onde residiria então o erro? Naturalmente, em que o primeiro movimento é enganoso, e, portanto, não propriamente em não se deter na fé, mas em nem tê-la alcançado. Ora, suponhamos que o paradoxo do perdão dos pecados[568] tivesse sua razão de ser no fato de que o coitado do ser humano existente é existente, que ele está meio abandonado por Deus, mesmo quando, contra o entendimento, sai vitorioso na interioridade da fé; suponhamos que só a eternidade possa proporcionar uma certeza eterna, enquanto que a existência precisa contentar-se com uma certeza militante, que não é conquistada tornando-se o combate mais atenuado ou mais ilusório, mas somente tornando-se este mais duro. Nesse caso, a explicação é, de fato, que isso é e sempre será um paradoxo, e que tudo só então estará perdido quando se conceber que o paradoxo não existe, ou

---

567. *fingeret*
568. *Synds-Forladelsens*

que exista só até certo ponto. Mas, diz talvez o estimado público, se o perdão dos pecados for algo assim: Como, então, poderá alguém crer nisso? Resposta: Se não for algo assim, como, então, poderá alguém *crer* nisso? – Se o cristianismo tem [ou não] razão, é uma outra questão; aqui se pergunta apenas de que modo a explicação dada pela especulação se relaciona com o cristianismo que ela explica. Mas o cristianismo talvez não tenha razão: ao menos uma coisa é certa, que a especulação certamente não tem razão, pois a única posição consequente fora do cristianismo é a do panteísmo, a de retirar-se da existência, pela reminiscência, de volta para o eterno, com o que todas as decisões da existência só se tornam um jogo de sombras frente àquilo tudo que já está, lá atrás, decidido eternamente. A decisão simulada da especulação é, como toda decisão *simulada*, um contrassenso, pois a decisão é justamente o eterno protesto contra as ficções. O panteísta está eternamente tranquilizado no que se refere ao passado[569]; o instante que é o da existência no tempo, os setenta anos, é algo evanescente. O especulante, por outro lado, quer ser um existente, e contudo um existente que não seja subjetivo, fora da paixão, existindo *sub specie aeterni*, em suma, ele é distraído. Mas no que é explicado em distração não se pode dar fé[570] de modo absoluto – uma tal explicação é, de fato, e neste ponto estou de acordo com a especulação, é uma explicação só até certo ponto.

[VII 191] Se o especulante explica o paradoxo de modo a suprimi-lo, e agora, cientemente, sabe[571] que este está suprimido, e que, consequentemente, o paradoxo não é a relação essencial da eterna verdade essencial para com um existente no limite extremo de sua existência, mas apenas uma contingente relação relativa para as mentes limitadas: então há uma diferença essencial entre o especulante e a gente simples, com o que então toda a existência é confundida desde os fundamentos: Deus é ofendido ao receber um séquito, um grupo de apoio[572] de boas cabeças, e a humanidade é violentada por

---

569. *baglænds*
570. *fidere*
571. *vidende veed*
572. *Mellemstab*

não haver uma relação com Deus que seja igual para todos os humanos. Aquela fórmula piedosa, antes mencionada, da diferença entre o saber da gente simples e o do sábio simples, a respeito do que é simples, de que a diferença consiste numa ninharia sem significado, de que o sábio simples sabe que sabe, ou sabe que não sabe, o que a gente simples sabe, essa fórmula a especulação não respeita de modo algum. Nem tampouco respeita a igualdade, implícita nesta diferença entre o sábio e a gente simples, de que ambos sabem a mesma coisa. Ou seja, o especulante e a pessoa simples não sabem, de modo algum, a mesma coisa, quando o simples crê no paradoxo e o especulante sabe que este foi superado[573]. Ao contrário, segundo a fórmula mencionada, que honra a Deus e ama os seres humanos, a diferença consiste em que o sábio ao mesmo tempo sabe que tem de ser necessariamente um paradoxo o paradoxo em que ele próprio crê. Portanto, eles, afinal, sabem essencialmente a mesma coisa; o sábio não sabe outra coisa sobre o paradoxo, porém sabe que sabe disso sobre o paradoxo. O sábio singelo se concentrará, então, em conceber o paradoxo como paradoxo, e não irá meter-se a explicar o paradoxo argumentando que isto não existe. Se, então, o sábio simples falasse com uma pessoa simples sobre o perdão dos pecados, a pessoa simples provavelmente diria: "Mas eu ainda não posso compreender a misericórdia divina que consegue perdoar pecados; quanto mais vivamente creio nisso, menos capaz sou de compreender". (Portanto, não parece que a probabilidade aumente à medida que a interioridade da fé cresce, antes o contrário.) Mas o sábio singelo por certo dirá: "O mesmo se passa comigo. Tu sabes que eu tive a ocasião de poder dedicar muito tempo para a pesquisa e a reflexão, e, ainda assim, a *summa summarum* disso tudo é, no máximo, que compreendo que não pode ser de outro modo, que isso tem de ser incompreensível. Vê, esta diferença, certamente, não consegue te afligir, nem te fazer pensar melancolicamente sobre as condições mais penosas de tua vida, ou sobre as tuas, talvez, mais modestas habilidades, como se eu tivesse alguma vantagem sobre ti. Minha vantagem é tanto para se rir quanto para se chorar, quando considerada como o fruto do estudo. Contudo, nunca deves desdenhar este estudo [VII 192], como eu mesmo não me arrependo dele, já que, ao contrário,

---

573. *ophævet*

ele me agrada muitíssimo quando sorrio para ele, e, justamente aí, entusiasticamente retomo o esforço do pensamento". E uma tal confissão é feita na maior sinceridade, e não se apresenta no sábio só de vez em quando, mas está presente essencialmente a cada vez que ele se ocupa com o pensamento. Uma vez por ano pensar que se deve agradecer sempre a Deus, não seria, contudo, uma compreensão correta dessas palavras: assim também, de vez em quando, numa ocasião relevante, considerar, comovido, que diante de Deus todos os homens são essencialmente iguais, não significa entender verdadeiramente esta igualdade, quando de resto exatamente nosso trabalho e nosso esforço do dia a dia, de mais de uma maneira, só nos levam a esquecê-la. Mas justamente quando se está mais fortemente na sua diferença, compreender a igualdade da forma mais forte, eis a nobre piedade do sábio singelo.

Muita coisa estranha, muita coisa lamentável, muita coisa revoltante tem sido dita sobre o cristianismo, mas a coisa mais estúpida que já se disse é que ele é verdadeiro até certo ponto. Muita coisa estranha, muita coisa lamentável, muita coisa revoltante tem sido dita sobre o entusiasmo, mas a coisa mais estúpida que já se disse é que ele só é até certo ponto. Muita coisa estranha, muita coisa lamentável, muita coisa revoltante tem sido dita sobre o amor erótico, mas a coisa mais estúpida que já se disse é que ele só é até certo ponto. E quando então alguém se prostitui ao falar desse modo sobre o entusiasmo e sobre o amor, traiu sua estupidez, que, contudo, não é um problema de entendimento, já que sua razão está justamente no fato do entendimento ter se tornado demasiado grande, no mesmo sentido em que a causa da doença do fígado está em que o fígado cresceu demais, e, por isso, como um outro autor[574] apontou, "é a insipidez[575] que o sal assume quando perde sua força": portanto, resta ainda um único fenômeno, ou seja, o cristianismo. Se a visão própria do entusiasmo foi incapaz de ajudá-lo a romper com o entendimento, se o amor foi incapaz de arrancá-lo da escravidão, deixa-o observar o cristianismo. Que se escandalize; afinal, ele é um ser humano; que desespere de algum dia se tornar, ele mesmo, um cristão; ele pode estar, mesmo assim, mais perto disso do que pensa; que trabalhe,

---

574. Vigilus Haufniensis, em O conceito de angústia [N.T.].

575. *Dumhed*: cf. Mt 5,13 em Lutero [N.T.].

querendo erradicar o cristianismo, até sua última gota de sangue; ele é um ser humano, mesmo então – mas se mesmo aqui ele também se dispuser a dizer: "isso é verdadeiro até certo ponto", então ele é estúpido. Talvez alguém pense que eu estremeço ao dizer isso, que devo estar preparado para um terrível castigo da parte do especulante. [VII 193] De jeito nenhum, o especulante há de ser aqui, mais uma vez, consequente e dirá: "O que este homem está dizendo é verdadeiro até certo ponto, só que não se deve ficar parado nisso". Mas também seria de fato de se estranhar se alguém insignificante como eu tivesse êxito naquilo em que nem mesmo o cristianismo o teve: levar o especulante à paixão; e, nesse caso, bem, então minhas migalhas de filosofia receberiam subitamente uma significação com a qual eu nem mesmo sonhara. Mas aquele que não é frio nem quente é repugnante, e tampouco serve a um atirador uma espingarda que, no instante decisivo, falha[576] em vez de atirar, tampouco servem a Deus individualidades falhadas[577]. Se Pilatos não tivesse perguntado objetivamente sobre o que é a verdade, não teria jamais deixado Cristo ser crucificado. Se tivesse perguntado subjetivamente, então a paixão da interioridade, na consideração *do que ele, na verdade, tinha de fazer* no tocante à decisão que lhe cabia, teria evitado que ele cometesse injustiça; nesse caso, não apenas sua esposa se teria angustiado por um sonho apavorante, mas o próprio Pilatos teria ficado insone. Mas quando alguém tem diante de seus olhos algo tão enorme como a verdade objetiva, pode com facilidade riscar fora seu restinho de subjetividade e tudo aquilo que, enquanto sujeito individual, devia fazer. Então, o processo aproximativo da verdade objetiva se exprime de modo sensível pelo ato de lavar as mãos, pois, objetivamente, não há nenhuma decisão, enquanto que a decisão subjetiva mostra que se estava, de fato, na inverdade, ao não entender que a decisão reside, justamente, na subjetividade.

Se ao contrário a subjetividade é a verdade e a subjetividade é a subjetividade existente, então o cristianismo, se me atrevo a dizê-lo, confere com o padrão[578]. A subjetividade culmina na paixão, o cristianismo é o paradoxo; paradoxo e paixão combinam totalmente um

---

576. *klikker*
577. *klikkende Individualiteter*
578. *passet sit Snit*

com o outro, e o paradoxo combina totalmente com aquele que se colocou no extremo da existência. Com efeito, em todo o mundo, não se encontram dois amantes que combinem tanto um com o outro como o paradoxo e a paixão, e a querela entre eles é apenas como a querela dos amantes, quando esta é sobre se foi ele que despertou a paixão dela, ou se ela despertou a dele, e assim é aqui, que o existente está colocado pelo próprio paradoxo no extremo da existência. E o que é mais glorioso para os amantes do que lhes ser concedido um longo tempo para estarem um junto ao outro, sem a ocorrência de qualquer modificação na relação, [VII 194] exceto aquela que a torna mais íntima? E isso é, de fato, concedido àquela compreensão tão altamente isenta de especulação entre a paixão e o paradoxo, pois o tempo todo lhe foi concedido, e só a eternidade constitui sua modificação. Mas o especulante se comporta de modo diferente; ele crê apenas até certo ponto – põe sua mão no arado e olha em torno à procura de algo para saber. Dito num sentido cristão, dificilmente encontra ele algo de bom para saber. Mesmo que isso não fosse assim, o que por certo um sábio singelo, que procura entender o paradoxo, se esforçaria para mostrar, ou seja, que não pode ser de outro modo; mesmo que houvesse um restinho da arbitrariedade divina no paradoxo; nesse caso, Deus, suponho, é contudo Aquele do tipo que se pode permitir dar importância à Sua Pessoa, de modo que não é constrangido a reduzir o preço da relação para com Ele em função de um marasmo[579] religioso (e este termo assenta muito melhor aqui do que quando falamos em uma calmaria[580] no mercado de grãos). E mesmo que Deus o quisesse, o apaixonado jamais o desejaria. Nunca ocorreria a uma moça verdadeiramente apaixonada a ideia de que pagou por sua felicidade um preço demasiado caro, mas antes diria que não lhe custara um preço assim tão caro. E, como a paixão da infinitude era, ela mesma, a verdade, assim também vale do bem supremo, que o preço depende do que se compra[581], e que um preço baixo significa justamente uma má transação, enquanto que, em relação a Deus, não há lucro no preço mais alto, já que o preço mais alto é, precisamente, querer tudo fazer e, ainda assim, saber que

---

579. *Flauhed*
580. *Flauhed*
581. *at Prisen er Kjøbet*

isso não é nada (pois, se for algo, então o preço será mais barato), e ainda assim o querer.

Dado que não me são totalmente desconhecidas as coisas que se têm dito e escrito sobre o cristianismo, poderia, por certo, dizer uma coisa ou outra sobre elas. Não quero, contudo, fazê-lo aqui, mas apenas repetir[582] que só há uma coisa que hei de me vigiar para não falar: que o cristianismo é verdadeiro até certo ponto. Seria, entretanto, possível, afinal, que o cristianismo fosse a verdade, seria entretanto possível, afinal, que, algum dia, houvesse um juízo, no qual a separação dependesse da relação de interioridade para com o cristianismo. Suponhamos que aí se apresentasse alguém que tivesse que dizer: "É bem verdade que eu não acreditei, mas honrei a tal ponto o cristianismo que empreguei cada hora da minha vida para ponderar[583] sobre ele". Ou que se apresentasse alguém de quem o acusador teria que dizer: [VII 195] "Ele perseguiu os cristãos"; e o acusado respondesse: "Sim, eu o admito; o cristianismo inflamou a tal ponto minha alma que não desejei mais nada além de erradicá-lo do mundo, simplesmente por ter compreendido seu terrível poder". Ou suponhamos que se apresentasse alguém de quem o acusador teria que dizer: "Ele abjurou o cristianismo"; e o acusado dissesse: "Sim, é verdade, pois eu percebi que o cristianismo era um tal poder que, se desse a ele um dedo, ele me tomaria por inteiro, e inteiramente eu não poderia pertencer a ele". – Mas suponhamos, agora, que por fim chegasse um livre-docente empreendedor, em passo apressado e azafamado, e falasse o seguinte: "Eu não sou como aqueles três; não apenas acreditei, mas até mesmo expliquei o cristianismo, mostrei que o que foi proclamado pelos apóstolos, e apropriado nos primeiros séculos, só é verdadeiro até certo ponto, mas que, por outro lado, graças à compreensão especulativa, ele é a verdade verdadeira, e, por esse motivo, tenho de requerer uma recompensa adequada por meus serviços prestados ao cristianismo". Qual dessas quatro atitudes teria sido a mais terrível? Seria bem possível, afinal, que o cristianismo fosse a verdade. Suponhamos então que seus filhos ingratos queiram declará-lo incapaz, sob a tutela da especulação; suponhamos que,

---

582. *gjentage*

583. *for at grunde over*

tal como aquele poeta grego[584], cujos filhos também insistiram que seu pai idoso fosse declarado incompetente, maravilhou os juízes e o povo, ao escrever uma de suas mais belas tragédias, como sinal de que ainda era capaz – suponhamos que o cristianismo se erguesse, rejuvenescido, não haveria então ninguém cuja atitude se tornasse tão constrangedora como a dos livre-docentes. Não nego que seja muito distinto pairar tão alto sobre o cristianismo; não nego que seja confortável ser cristão e contudo ser liberado do martírio que sempre permanece, mesmo que não se esteja exposto a nenhuma perseguição externa, mesmo se um cristão permanecer incógnito como se nem tivesse vivido – aquele martírio de crer contra o entendimento, o perigo mortal de flutuar sobre 70.000 braças de água, e só assim encontrar Deus. Vê, o vadeador vai tateando com seu pé, para não ir tão longe que não possa tocar o fundo: e assim também o homem do entendimento vai sondando com o entendimento as probabilidades do caminho, e encontra Deus lá onde a probabilidade for suficiente, e lhe agradece nas grandes festividades da probabilidade, quando tiver conseguido um ganha-pão bastante bom e quando, ainda por cima, houver a probabilidade de uma rápida promoção; quando encontrar, para esposa, uma moça tão bonita quanto simpática, e o próprio Conselheiro de Guerra Marcussen diz que este será um casamento feliz, e que a moça tem o tipo de beleza que, com toda probabilidade, se manterá por um longo tempo, e que ela é constituída de tal modo que, com toda probabilidade, dará à luz crianças saudáveis e fortes. Crer contra o entendimento é uma outra coisa, e crer com o entendimento é algo que não se pode fazer, de jeito nenhum, [VII 196] porque aquele que crê com o entendimento só fala de trabalho e esposa e campos e bois, e coisas tais, que não são, absolutamente, o objeto da fé, dado que a fé *sempre* agradece a Deus, está *sempre* em perigo de vida naquela colisão do infinito e do finito que é, justamente, um perigo de vida para aquele que é composto por ambos. A probabilidade é portanto tão pouco cara ao crente, que ele a teme mais do que tudo, já que bem sabe que com ela começa a perder a sua fé. Com efeito, a fé tem duas tarefas: vigiar e descobrir a cada momento a improbabilidade, o paradoxo, para então, com a paixão da interio-

---

584. Sófocles, conforme referência de Cícero em *De Senectude*, comentada também por Lessing [N.T.].

ridade, permanecer firme. Em geral, representam-se as coisas de tal modo que o improvável, o paradoxo, é algo com que a fé se relaciona apenas passivamente; ela deve contentar-se, provisoriamente, com esta situação, mas, pouco a pouco, as coisas talvez melhorem – de fato, isso é até provável. Ó, que prodigiosa mania de fazer confusões ao falar da fé! Há que começar por crer, confiando ser provável que as coisas talvez melhorem. Desse modo, acaba-se conseguindo introduzir de contrabando a probabilidade, e impedindo-se a si mesmo de crer; assim é fácil de entender que o fruto de ter crido por longo tempo vem a ser o de se cessar de crer; ao invés disso, dever-se-ia crer que o fruto haveria de ser o crer com mais intensidade[585]. Não, a fé relaciona-se, de maneira autônoma[586], com o improvável e com o paradoxo, é autônoma no descobrir e no manter-se a cada instante no improvável – para poder crer. Já se requer toda a paixão da infinitude, e sua concentração[587], para permanecer junto ao improvável, pois o improvável e o paradoxo não devem ser alcançados por meio de uma aproximação quantitativa do intelecto àquilo que é cada vez mais difícil. Onde o entendimento desespera, lá a fé já está presente, a fim de tornar o desespero bem decisivo, para que o movimento da fé não se torne uma transação dentro da esfera de negociações do entendimento. Mas crer contra o entendimento é um martírio; começar a trazer o entendimento um pouco mais para perto de si é tentação e retrocesso. Desse martírio o especulante está livre. Que ele precise estudar, em especial que tenha de ler muitos dos livros modernos, admito de bom grado que seja oneroso, mas o martírio da fé é realmente outra coisa.

O que me apavora, aí, mais do que morrer ou perder o que tenho de mais caro, é dizer do cristianismo que ele é verdadeiro até certo ponto. Ainda que eu viva até os setenta anos, mesmo que eu, entra ano sai ano, encurte as noites de sono e alongue os dias de trabalho, refletindo sobre o cristianismo: quão insignificante seria este pequeno estudo, se devesse autorizar-me a julgar de modo tão aristocrático[588] sobre o cristianismo! Pois, se eu, baseado numa fami-

---

585. *inderligere*
586. *selvvirksom*
587. *Sluttethed*
588. *fornemt*, distinto

liaridade superficial, me tornasse tão amargurado com ele a ponto de o declarar como inverdade, [VII 197] seria muito mais perdoável, muito mais humano. Mas a superioridade aristocrática[589] me parece ser a real perdição que torna toda impossível relação salvadora[590] - e, contudo, seria possível afinal que o cristianismo fosse a verdade.

Isso quase parece seriedade. Ora, se eu ousasse proclamar com estardalhaço que vim ao mundo para trabalhar contra a especulação e que fui vocacionado para isso, que esta seria minha ação julgadora, enquanto que minha ação profética seria a de predizer um futuro incomparável, e que, portanto, em razão de eu fazer estardalhaço e de ter uma vocação, as pessoas poderiam, de modo seguro, confiar no que eu dizia - haveria, talvez, muitos que, por falta de considerar a coisa toda como uma fantástica reminiscência da cabeça de um mentecapto, haveriam de encarar tudo como seriedade. Mas algo assim eu não posso dizer, no que me toca. A resolução com a qual comecei pode ser antes considerada como um capricho[591]. Em todo caso, tão longe quanto possível de ter ocorrido um chamado para mim, antes, ao contrário, o chamado que eu, se quiserem, segui, não foi dirigido a mim, mas a um outro; e, com relação ao que se refere, não se poderia nem de longe dizer no sentido mais estrito, tratar-se de um chamamento. Mas mesmo que alguém tivesse recebido um chamado, eu, contudo, mesmo seguindo o chamado, não fui a pessoa chamada. A história é bastante simples. Foi há uns quatro anos, num domingo - bem, agora talvez ninguém acredite em mim, porque, mais uma vez, se trata de um domingo, mas, no entanto, tenho certeza de que era um domingo, cerca de dois meses depois do domingo mencionado antes[592]. Era bem tarde, quase noite. E o adeus que a noite dá ao dia e àquele que vivenciou o dia é um discurso enigmático; sua advertência é como a recomendação solícita da mãe para que o filho volte para casa na hora combinada, mas o seu convite, mesmo se a despedida não tem culpa de ser mal-entendida desta maneira, é um inexplicável aceno, como se só se pudesse achar o sossego per-

---

589. *Fornemheden*

590. *frelsende Forhold*

591. *Indfald*

592. Cf. acima, em VII 154 [N.T.].

manecendo-se fora, num encontro noturno, não com uma mulher, mas, à maneira feminina, com o infinito, persuadido pelo vento da noite, quando este monotonamente se repete a si mesmo, perscruta a floresta e a várzea e suspira, como se procurasse alguma coisa, persuadido pelo eco longínquo de calma de dentro de si mesmo, como se pressentisse algo, persuadido pela sublime tranquilidade do céu, como se esta tivesse sido encontrada, persuadido pelo audível silêncio do orvalho, como se fosse isso a explicação e o refrigério da infinitude, igual como a fecundidade de uma noite calma, entendida apenas pela metade, como a semitransparência da névoa noturna. Contra os meus hábitos, eu fora àquele jardim que é chamado de jardim dos mortos, [VII 198] onde, por sua vez, a despedida do visitante é duplamente difícil, pois não tem sentido dizer "ainda uma vez", porque a última vez já passou, e porque não há nenhuma razão para parar com as despedidas, quando o início é feito depois da última vez ter passado. A maioria das pessoas já tinha ido para casa, um único indivíduo desaparecia entre as árvores; não contente com o encontro, ele se desviou, pois estava procurando mortos, e não viventes; e reina sempre nesse jardim um belo acordo entre os visitantes, que não se vai até lá para ver e ser visto, mas cada visitante se esquiva do outro. Também não se necessita de companhia, muito menos de um amigo conversador, ali onde tudo é eloquência, onde o morto expressa a breve palavra que foi posta sobre sua lápide, não como faz um pastor, que se expande na pregação sobre o dito, mas sim como o homem silencioso, que apenas profere esta palavra, mas a pronuncia com paixão, como se o morto tivesse de romper o túmulo – ou não é estranho mandar colocar na sua lápide, "Nós nos veremos de novo", e então ficar ali embaixo? E, contudo, quanta interioridade há nessa palavra justamente graças à contradição. Pois que o homem que voltará amanhã diga "Vamos nos ver de novo" não é nada chocante. Ter tudo contra si, nenhuma, nenhuma expressão direta para sua interioridade, e ainda assim manter sua palavra – isso é a verdadeira interioridade; e a interioridade é falsa na mesma medida em que se tem prontamente à mão expressões externas, em semblante e conduta, em palavras e asserções – não porque a expressão seja, ela mesma, falsa, mas porque a inverdade estava em que a interioridade não passava de um momento. O morto permanece bem quieto enquanto o tempo passa. Na tumba do guerreiro famoso colocaram sua espada, e a impudência derrubou a cerca de estacas que a rodeava, porém o morto não se levantou, não empunhou sua espada para defender-se e a seu lugar de descanso. Não gesticula, não protesta, não se inflama num instante de interioridade, mas, silencioso como o túmulo e quieto como um morto, mantém sua interioridade e sustenta sua palavra. Louvado seja o vivente que se relaciona no exterior como um falecido com sua interioridade e, justamente com isso, a mantém, não como a excitação de um instante ou um encantamento de mulher, mas como o eterno que foi alcançado através da morte. Este é um homem, pois que uma mulher extravase [emoções] na interioridade instantânea, não é feio, e que ela logo torne a se esquecer disso, não é feio – com efeito, um corresponde ao outro, e ambos correspondem à natureza feminina, e àquilo que é entendido no dia a dia como interioridade.

Cansado de andar, sentei-me num banco, testemunhando maravilhado como aquele orgulhoso soberano que já por milhares de anos tem sido o herói do dia e continuará a sê-lo até o último dia, [VII 199] como o sol lançava, em sua brilhante partida, clarões de transfiguração em todo seu entorno, enquanto meus olhos miravam, para além do muro que cerca o jardim, o eterno símbolo da eternidade – o horizonte infinito. O que o sono é para o corpo, é para a alma um tal descanso, para que ela possa soltar direito a respiração. No mesmo instante, descobri, para meu assombro, que as árvores que me escondiam dos olhos dos outros, haviam escondido outros de mim; pois ouvi uma voz bem perto de mim. Sempre ofendeu meu pudor ser testemunha da expressão de um tipo de sentimento a que uma outra pessoa só se entrega quando pensa que não está sendo observada, porque há uma interioridade de sentimento que, por decência, se oculta, e se manifesta apenas para Deus, exatamente como a beleza de uma mulher se oculta de todos e se apresenta apenas para o amado – por isso, decidi afastar-me. Mas as primeiras palavras que ouvi me cativaram fortemente, e como temia com o ruído de minha partida perturbar mais do que se me quedasse lá sentado, escolhi a segunda opção, e então me tornei testemunha de uma situação que, por mais solene que fosse, não sofreu nenhuma ofensa devido à minha assistência[593]. Por entre as folhas, vi que eram dois: um ancião

---

593. *Tilstædeværelse*, presença

de cabelos brancos como giz e uma criança, um menino de uns dez anos. Ambos trajavam luto e sentavam junto a um túmulo recentemente coberto, do que era fácil concluir que o que os ocupava era uma perda recente. A figura respeitável do velho tornava-se ainda mais solene na incandescência transfiguradora do crepúsculo, e sua voz, calma e, contudo, emocionada, pronunciava as palavras, cada vez mais claramente, com a interioridade que tinham no orador, que ora ou outra fazia uma pausa quando se sufocava no lamento, ou seu ânimo se esgotava num suspiro. Pois ânimo[594] é algo como o Rio Níger, na África; ninguém conhece sua nascente, ninguém conhece sua desembocadura – só seu percurso é conhecido! Pela conversa, fiquei sabendo que o menininho era neto do ancião e aquele, cujo túmulo visitavam, seria o pai do menino. Ao que tudo indicava, o resto todo da família já teria falecido, pois ninguém foi mencionado (numa visita posterior, confirmei isso lendo o nome na lápide e os nomes dos muitos falecidos). Na conversa, o ancião dizia à criança que ela agora não tinha mais pai, ninguém em quem se apoiar a não ser um homem velho, que entretanto estava velho demais para ele, e já ansiava por deixar este mundo; mas que havia um Deus no céu, a partir do qual se designa toda paternidade, no céu e na terra, que havia um único nome no qual havia salvação, o nome de Jesus Cristo. Ele se interrompeu por um instante e então falou, a meia-voz, para si mesmo: Que este consolo houvesse de se tornar, para mim, um terror, que ele, o meu filho, que agora repousa enterrado na sepultura, fosse capaz de abandoná-lo! [VII 200] Para que toda a minha esperança, para que todo o meu cuidado[595], para que toda a sabedoria dele, agora que sua morte, em meio ao seu extravio, há de deixar uma alma de crente incerta a respeito de sua salvação, levar meus cabelos grisalhos, em dor, ao túmulo, fazer um crente deixar o mundo em ansiedade, fazer um ancião correr como um descrente atrás de uma certeza, e, desencorajado, ficar procurando o que sobreviveu. Depois tornou a falar com o menino, contando que havia uma sabedoria que desejaria passar voando[596] pela fé, que para além da fé haveria um amplo percurso, tal como as montanhas azuis, uma aparente terra

---

594. *Stemning*
595. *Omhu*
596. *flyve Troen forbi*

firme, que aos olhos do mortal aparecia como uma certeza maior do que a da fé, mas que o crente temia esta miragem como o navegador teme uma outra semelhante, temia que ela fosse uma aparência de eternidade em que um mortal não pode viver, mas, se ele a olhasse fixa e firmemente, perderia sua fé. Ficou novamente silencioso, e então falou para si mesmo, a meia-voz: Que ele, meu filho infeliz, se tivesse deixado enganar! Para que, então, toda a sua erudição, se ele não conseguia se fazer inteligível nem para mim, que não pude falar com ele sobre seu erro, porque este era elevado demais para mim! Então ele se ergueu e conduziu a criança até o túmulo e, com uma voz cuja impressão jamais esquecerei, disse: "Pobre menino, tu és apenas uma criança, e, contudo, logo estarás sozinho no mundo. Promete-me, pela memória de teu falecido pai que, se pudesse agora falar-te, falaria deste modo, e agora fala através da minha voz; promete, em atenção à minha idade avançada e aos meus cabelos brancos; promete, na solenidade deste lugar sagrado, pelo Deus cujo nome aprendeste a evocar, pelo nome de Jesus Cristo, o único em quem existe salvação – promete-me que irás te agarrar firmemente a esta fé, na vida e na morte, que não te deixarás enganar por nenhuma fantasmagoria, por mais que mude a forma do mundo – me prometes isso?" Subjugado pela impressão, o pequeno caiu de joelhos, mas o ancião o ergueu e o apertou contra o seu peito.

Por amor à verdade, devo confessar que esta foi a cena mais comovente que jamais testemunhei. O que faria, por um instante, uma ou outra pessoa se inclinar a considerar a coisa toda como uma ficção – que um ancião falasse assim com uma criança – foi, precisamente, o que mais me abalou: o infeliz ancião que ficou sozinho no mundo com uma criança, e não tinha ninguém com quem conversar sobre sua preocupação, exceto uma criança, e tinha apenas uma única pessoa para salvar, uma criança, e, contudo, não poderia pressupor maturidade para entender e, contudo, não poderia arriscar-se a aguardar pela chegada da maturidade, porque ele próprio já era um ancião. É belo ser um ancião, é um deleite para o homem de idade ver a família crescer ao seu redor, um cálculo alegre o de ir somando cada vez que o número cresce. [VII 201] Mas, caso se torne sua sina ter que recalcular, caso o cálculo se transforme no subtrair toda vez que a morte leva um e leva outro, até quitar a conta, e só reste o velho para passar o recibo – o que haverá de tão penoso como ser um ancião! Tal como a necessidade pode levar um homem ao extremo, assim me parece que o sofrimento do velho encontrou sua expressão mais forte naquilo que se poderia chamar, em termos poéticos, uma inverossimilhança: que um ancião tenha numa criança o seu único confidente, e que se exija de uma criança uma promessa sagrada, um juramento.

Embora apenas espectador e testemunha, eu estava profundamente emocionado; num instante, era como se eu mesmo fosse aquele moço a quem o pai tinha enterrado com horror. No instante seguinte era como se eu fosse a criança que se ligava pela sagrada promessa. Entretanto, não senti nenhum ímpeto para me precipitar e, emocionado, expressar ao velho senhor a minha solidariedade, assegurando-lhe, com lágrimas e voz trêmula, que eu jamais olvidaria aquela cena, ou talvez até lhe implorando que tomasse também o meu juramento, pois é só para os precipitados[597], nuvens estéreis e chuviscos passageiros[598] que nada exige tanta pressa como prestar um juramento[599], porque, por não serem capazes de cumpri-lo, devem sempre depô-lo[600]. Eu penso que "não querer jamais esquecer esta impressão" é diferente de afirmar alguma vez, num instante solene, "jamais o esquecerei". A primeira é interioridade, a segunda, talvez apenas interioridade instantânea. E se alguém jamais esquece algo, a solenidade com que foi proclamado não se julga muito importante, pois a solenidade continuada, com a qual, dia a dia, alguém se impede de esquecê-la, é uma solenidade mais verdadeira. O jeito de pensar e agir das raparigas[601] é sempre perigoso. Um aperto de mãos carinhoso, um abraço apaixonado, uma lágrima no olho, não é exatamente a mesma coisa que a consagração silenciosa da resolução[602]; e a interioridade do espírito é, mesmo, sempre como algo de estrangeiro e forasteiro num corpo – para que, então, gesticulações? Brutus em Shakespeare diz, com tanta verdade, quando os conspiradores querem ligar-se ao seu projeto por meio de um juramento: "Não, ne-

---

597. *overilede*

598. *Ilinger*

599. *aflægge Eed*

600. *lægge den af*: jogo de palavras com o sentido de "largá-lo" [N.T.].

601. *Fruentimmeragtige*

602. *Beslutningens stille Indvielse*

nhum juramento... deixem os padres e os covardes e os cautelosos, velhotes sem tutano e almas sofredoras prestarem juramentos... mas não enfraqueçam a força silenciosa de nosso propósito, nosso indomável fogo interior, pensando que nossa causa, nossa obra, necessita de um juramento". A efusão instantânea da interioridade [VII 202] frequentemente deixa atrás de si uma lassidão que é perigosa. Além disso, ainda de um outro modo, uma simples observação me ensinou a prudência quanto a fazer juramentos e promessas, de modo que a verdadeira interioridade seja até forçada a se expressar pela oposição. Não há nada que pessoas apressadas e facilmente excitáveis sejam mais inclinadas a fazer do que exigir promessas sagradas, porque a fraqueza interior necessita do poderoso estimulante do instante. Para uma pessoa dessas, dever fazer uma promessa sagrada é algo de muito duvidoso e, por isso, age-se melhor evitando essa entrada solene enquanto a gente se liga, com uma pequena *reservatio mentalis* [*lat.*: reserva mental], se por acaso a exigência da promessa estiver de algum modo justificada. Deste modo, beneficia-se o outro, evita-se a profanação do sagrado, impede-se que o outro fique preso por um juramento – que acabaria, afinal de contas, com o juramento sendo quebrado. Se, desse modo, Brutus, em vista do fato de que, com uma única exceção, os conspiradores eram, sem dúvida, cabeças esquentadas e, portanto, precipitados ao fazer juramentos e promessas sagradas e ao exigir promessas sagradas, os tivesse afastado de si e, com isto mesmo, os tivesse impedido de fazer uma promessa, e se, ao mesmo tempo, já que a considerava como justificada e também justificado que se dirigissem a ele, ele silenciosamente se consagrasse à causa – então, me parece que sua interioridade teria sido ainda maior. Assim como está, ele declama um tanto[603], e embora haja verdade no que ele diz, há ainda uma pequena inverdade quando o diz aos conspiradores, sem realmente deixar claro para si mesmo, para quem ele fala.

Então também eu fui para casa. No fundo eu compreendi o velho imediatamente, pois meus estudos me haviam levado, de diversos modos, a perceber uma relação dúbia[604] entre uma moderna especulação cristã e o cristianismo, mas isso não me havia ocupado de um modo decisivo. Agora a questão ganhou sua importância. O

---

603. *lidt declamerende*

604. *misligt*

venerável ancião com sua fé me pareceu uma individualidade absolutamente justificada, a quem a existência tinha injustiçado, na medida em que uma moderna especulação, tal como uma reforma monetária, tornara duvidosa a garantia de propriedade da fé[605]; a dor do respeitável senhor por ter perdido seu filho, não apenas para a morte, mas, como ele o compreendia, ainda mais terrivelmente para a especulação, comoveu-me profundamente, enquanto a contradição de sua situação, que ele não pudesse nem mesmo explicar como a força inimiga operava, tornou-se, para mim, um desafio decisivo para encontrar uma pista determinada. A coisa toda me atraía como um complicado caso criminal, no qual as circunstâncias muito emaranhadas tornaram difícil perseguir a verdade. [VII 203] Aquilo era coisa para mim. E então eu pensei desse jeito: Estás um tanto entediado com as distrações da vida, entediado com as jovens, a quem amas apenas de passagem; precisas ter algo que te possa ocupar totalmente o teu tempo; aqui está: descobrir onde reside o mal-entendido entre a especulação e o cristianismo. Esta, então, foi minha decisão[606]. Não falei sobre isso deveras com ninguém, e estou certo de que minha senhoria não percebeu nenhuma mudança em mim, nem naquela mesma noite, nem no dia seguinte.

"Mas", disse a mim mesmo, "já que tu não és um gênio e, de modo algum, tens alguma missão de tornar no final toda a humanidade abençoadamente feliz, e já que também não prometeste nada a ninguém, podes dedicar-te à causa inteiramente *con amore* [*ital.*: com amor] e proceder completamente *methodice* [*lat.*: metodicamente], como se um poeta e um dialético mantivessem cada passo teu sob vigilância, agora que ganhaste uma compreensão mais determinada da ideia que te ocorreu, de que tinhas que tentar fazer algo difícil". Meus estudos, que em certo sentido já me haviam levado à minha meta, agora ficaram organizados de forma mais definida, mas a figura venerável do ancião pairava sempre sobre meus pensamentos, cada vez que eu queria transformar minhas deliberações num saber erudito. Procurei, porém, principalmente, através de reflexão própria, encontrar aquela pista que me levasse ao mal-entendido em sua última instância. Minhas numerosas equivocações, não preciso

---

605. *Troens Eiendomssikkerhed*
606. *min Beslutning*

relatar, mas ao final ficou claro para mim que a desorientação da especulação e seu presumido direito de a partir daí reduzir a fé a um momento, poderiam não ser algo acidental, poderiam estar situados muito mais profundamente na tendência de toda a época, e – provavelmente reside em que, em última análise, por causa do muito saber, as pessoas esqueceram o que é ***existir*** e o que há de significar ***interioridade***.

Tendo entendido isso, também ficou claro para mim que se eu quisesse comunicar algo a esse respeito o ponto principal teria de ser que minha apresentação fosse feita numa forma *indireta*. Se, com efeito, a interioridade é a verdade, resultados são apenas trastes velhos[607], com que não deveríamos incomodar uns aos outros, e o querer comunicar um resultado é um trato não natural de uma pessoa com outra, na medida em que todo ser humano é espírito, e a verdade consiste justamente na autoatividade[608] da apropriação, o que impede o resultado. O mestre pode muito bem ter, em relação à verdade essencial (pois, no restante, a relação direta entre mestre e aprendiz está inteiramente em ordem), bastante interioridade, como se diz, e ter prazer em divulgar seu ensinamento dia após dia. Se ele admite que há uma relação direta entre ele e o aprendiz, então sua interioridade não é interioridade, mas uma imediata efusão, [VII 204] pois o respeito pelo aprendiz, a que este seja justamente, em si mesmo, a interioridade, constitui a interioridade do mestre. Um aprendiz pode muito bem ser entusiasta e nos termos mais fortes proclamar o elogio ao mestre e, assim, como se diz, expor à luz do dia sua interioridade: sua interioridade não é interioridade, mas uma imediata devoção, pois o piedoso acordo tácito, segundo o qual o aprendiz se apropria pessoalmente do que é ensinado, distanciando-se do mestre por voltar-se para dentro de si mesmo – isso justamente é interioridade. *Pathos* é, por certo, interioridade, mas é interioridade imediata e, por isso, se expressa, mas *pathos*, na forma da oposição, é interioridade; que permanece com o comunicador, apesar de se expressar, e não pode ser apropriado diretamente, a não ser através da *auto*atividade do outro, e a forma da oposição é justamente o dinamômetro da interioridade. Quanto mais completa a

---

607. *Skramlerie*
608. *Selvvirksomhed*

forma da oposição, tanto maior é a interioridade; e quanto menos estiver presente, até a comunicação tornar-se direta, tanto menor será a interioridade. Pode ser bastante difícil para um gênio entusiasmado, que gostaria de fazer toda a humanidade abençoadamente feliz e guiá-la até a verdade, aprender a conter-se desse modo e compreender o *NB*.[609] da reduplicação, porque a verdade não é uma circular na qual são coletadas assinaturas, mas está no *valore intrinseco* [ital.: valor intrínseco] da interioridade; para um vagabundo e leviano isso é mais natural de entender[610]. Desde que se possa admitir que a verdade, a verdade essencial, seja conhecida por todos, a apropriação e a interioridade são aquilo pelo que se deve trabalhar, e aqui só se pode trabalhar numa forma indireta. A posição do apóstolo é uma outra, pois este tem de proclamar uma verdade que é desconhecida, e, por isso, a comunicação direta sempre pode ter, temporariamente, sua validade.

É bem estranho que enquanto se clama tanto pelo positivo e pela comunicação direta de resultados, a ninguém ocorre reclamar de Deus, o qual, entretanto, como o espírito eterno do qual procedem os espíritos derivados, bem poderia, na comunicação da verdade, relacionar-se diretamente na relação com os espíritos derivados, num sentido totalmente diferente do que quando a relação é entre os espíritos derivados que, vistos *essencialmente*, são iguais na comum derivação de Deus. Pois nenhum autor anônimo pode esconder-se mais astutamente, e nenhum maiêutico pode subtrair-se da relação direta mais cuidadosamente do que Deus. Ele está na criação, em toda parte na criação, mas não está lá diretamente, e apenas quando o indivíduo singular[611] volta-se para dentro de si mesmo (portanto, só na interioridade da autoatividade), torna-se atento e capaz de ver [VII 205] a Deus. A relação direta com Deus é, justamente, paganismo, e só quando a ruptura já aconteceu, apenas então, pode-se falar de uma verdadeira relação com Deus. Mas esta ruptura é, precisamente, o primeiro ato da interioridade no rumo da determinação de que a verdade é a interioridade. A natureza é, por certo, a obra

---

609. Abreviatura de *nota bene*, no sentido de uma advertência, uma chamada de atenção [N.T.].

610. *for en Løsgænger og Letsindig falder dette mere naturligt at forstaa*

611. *enkelte Individ*

de Deus⁶¹², mas só a obra⁶¹³ está presente diretamente, não Deus. Em relação ao ser humano individual, não se comporta Ele como um autor ardiloso, que em lugar algum apresenta seu resultado em grandes caracteres, e nem o disponibiliza de antemão num Prefácio? E por que Deus é ardiloso? Precisamente porque Ele é a verdade e, assim o sendo, procura resguardar o homem da inverdade. O observador não desliza direto ao resultado, mas tem de, por seus próprios meios, preocupar-se em encontrá-lo e, com isso, romper a relação direta. Mas esta ruptura⁶¹⁴ é precisamente a irrupção⁶¹⁵ da interioridade, um ato de autoatividade, a primeira determinação de que a verdade é a interioridade. Ou não está Deus tão imperceptivelmente, tão ocultamente presente em sua obra⁶¹⁶, que um homem não possa muito bem ir vivendo, casar-se, ser respeitado e estimado como marido, pai e campeão de tiro ao alvo, sem descobrir Deus na sua obra⁶¹⁷, sem nunca, mesmo, obter uma impressão da infinitude do ético, porque se apoiou com uma analogia na confusão especulativa do ético com o histórico-universal, ao se apoiar no costume e na tradição da cidade em que viveu? Como uma mãe adverte o filho que está para ir a uma reunião social, "Agora, presta atenção a teus modos, observa as outras crianças bem-educadas e te comporta como elas", assim também, uma pessoa pode viver e se comportar do modo como vê os outros fazerem. Jamais faria qualquer coisa antes dos outros e jamais teria uma opinião, a não ser que antes soubesse que outros a tinham, porque "os outros" seriam, exatamente, o seu antes. Em ocasiões extraordinárias comportar-se-ia como alguém a quem num banquete servem um prato, e ele não sabe como se deve comer⁶¹⁸ aquilo; daria uma espiada⁶¹⁹ ao redor, até ver como é que os outros senhores faziam etc. Tal homem poderia, talvez, saber muito, talvez

---

612. *Guds Gjerning*
613. *Gjerningen*
614. *Brud*
615. *Gjennembrud*
616. *Værk*
617. *Gjerning*
618. *spises*
619. *speide*

até conhecer o sistema de cor; poderia talvez viver num país cristão, saber como se inclina a cabeça a cada vez que o nome de Deus é pronunciado, talvez até visse Deus na natureza se estivesse na companhia de outros que o viam; em resumo, poderia ser um companheiro agradável – [VII 206] e, contudo, seria enganado pela relação direta para com a verdade, para com o ético, com Deus. Se se quisesse representar tal homem num ensaio imaginário, ele seria uma sátira sobre o que significa ser homem[620]. A rigor, é a relação para com Deus que faz de um ser humano um ser humano e, contudo, isso é o que lhe faltaria, enquanto que ninguém hesitaria em considerá-lo um verdadeiro ser humano (pois a ausência de interioridade não é vista diretamente), embora ele fosse mais como uma figura de marionete que, muito enganosamente, imitava todo o humano exterior – até teria filhos com sua esposa. Ao final de sua vida, ter-se-ia que dizer que uma única coisa lhe escapara: não aprendera a prestar atenção a Deus. Pudesse Deus permitir-lhe uma relação direta, certamente ele se teria tornado atento. Se Deus tivesse tomado a forma, por exemplo, de uma ave rara, um pássaro verde imensamente grande, com um bico vermelho, que se empoleirasse numa árvore em cima da muralha e talvez até piasse de uma maneira inaudita: então, nosso homem mundano por certo teria seus olhos abertos; teria conseguido, pela primeira vez em sua vida, ser o primeiro. Nisto reside todo o paganismo, que Deus se relacione diretamente com o ser humano, como o que dá na vista[621] ao que se admira[622]. Mas a relação espiritual para com Deus em verdade, ou seja, interioridade, é justamente condicionada em primeiro lugar pela irrupção da interiorização, que corresponde à divina malícia de que Deus não tenha nada, nada que dê na vista, de fato, Ele está tão longe de dar na vista que é invisível, de modo que a gente não se dá conta de que Ele está ali[623], enquanto que sua invisibilidade, por sua vez, constitui sua onipresença. Mas um ser onipresente é, exatamente, aquele que é visto em toda parte, como, por exemplo, um oficial de polícia: que ardiloso, então, que um ser onipresente seja reconhecível justamente pelo fato de ser in-

---

620. *over det at være Menneske*
621. *Paafaldende*
622. *Forundrede*
623. *er til*: existe

visível[624], pura e simplesmente por isso, pois sua visibilidade significa justamente anular[625] a onipresença. Esta relação entre onipresença e invisibilidade é como a relação entre mistério[626] e revelação: [VII 207] de modo que o mistério expressa que a revelação é revelação num sentido mais estrito, que o mistério é a única marca pela qual ela pode ser conhecida, já que, de outro modo, uma revelação se torna algo assim como a onipresença de um policial. Caso Deus queira revelar-se numa figura humana e dar uma relação direta assumindo, por exemplo, a figura de um homem de seis côvados de altura[627], então aquele homem do mundo e campeão de tiro que construímos experimentalmente por certo prestará atenção. Mas, já que Deus não quer enganar, a relação espiritual, em verdade, exige justamente que sua forma não tenha pura e simplesmente nada de surpreendente; de modo que o homem do mundo terá de dizer: Não há nada, nada mesmo, para ver. Se a divindade não tem nada de surpreendente, o homem do mundo talvez se engane ao não se tornar nem um pouco atento. Mas o deus não tem culpa nisso, e a realidade deste engano é sempre também a possibilidade da verdade. Mas se o deus tiver algo de surpreendente, então engana com isso, que um ser humano preste à inverdade, e esta atenção é também a impossibilidade da verdade. – No paganismo, a relação direta é idolatria; no cristianismo, cada um bem sabe que Deus não pode se mostrar desse modo. Mas esse saber não é, de modo algum, interioridade, e no cristianismo bem pode acontecer a um daqueles que o conhece de cor que se torne totalmente "sem Deus no mundo", como não ocorria no paganismo, pois ali ainda havia a relação não verdadeira do culto idólatra. E a

---

624. A fim de ilustrar o quanto o retórico pode ser ardiloso, quero mostrar aqui como se poderia, talvez, produzir retoricamente um efeito num ouvinte, não obstante o enunciado fosse um retrocesso dialético. Que um orador religioso pagão diga que aqui na terra o templo de deus está propriamente vazio, mas (e agora começa o retórico) que no céu, onde tudo é mais perfeito, onde a água é ar, e o ar é éter, também há templos e santuários para os deuses, mas com a diferença de que os deuses realmente habitam esses templos; assim, é um retrocesso dialético que o deus realmente more no templo, pois o não morar ele no templo é uma expressão para a relação espiritual com o invisível. Retoricamente, porém, isso produz efeito. [VII 207] – Eu tive em vista, aliás, uma passagem específica de um autor grego, que, no entanto, eu não quero citar.

625. *ophœve*

626. *Hemmelighed*: segredo

627. quase 4 metros [N.T.].

idolatria é, por certo, um triste sucedâneo, mas que o artigo Deus[628] desapareça completamente é algo ainda mais louco.

Portanto, nem o próprio Deus se relaciona diretamente com o espírito derivado (e isso é a maravilha da criação: não é produzir algo que nada seja frente ao Criador, mas sim produzir algo que é algo e que, na verdadeira adoração a Deus, pode usar esse algo para por si mesmo anular-se diante de Deus); muito menos um homem pode relacionar-se deste modo com um outro *em verdade*. A natureza, a totalidade da criação, é obra de Deus e, contudo, Deus não está lá, mas dentro do ser humano individual há uma possibilidade (ele é, de acordo com sua possibilidade, espírito) de na interioridade ser despertado para uma relação com Deus e, então, é possível ver Deus em toda parte. [VII 208] A distinção sensível entre o grandioso, o espantoso, o superlativo que mais clama ao céu numa nação meridional, é um retrocesso à idolatria em comparação com a relação espiritual da interioridade. Isso não é como se um autor escrevesse 166 volumes de folhas duplas, e o leitor lesse e relesse, assim como alguém observa e volta a observar a natureza, mas sem descobrir que o sentido[629] dessa obra enorme está no leitor mesmo; pois o assombro pelos muitos volumes e pelas quinhentas linhas por página, que é similar ao assombro diante de quão imensa é a natureza e quão numerosas são as espécies de animais, não é, afinal de contas, compreensão.

Em relação à verdade essencial, uma relação direta entre espírito e espírito é impensável; se se admite uma tal relação, isso significa propriamente que uma das partes cessou de ser espírito, algo que não levam em conta muitos gênios que, por um lado, ajudam a gente a se introduzir *en masse* na verdade, e, por outro lado, têm a bondade de achar[630] que aclamação, boa vontade para escutar, para assinar embaixo etc., significam ter aceitado a verdade. Exatamente tão importante quanto a verdade e, se tiver que optar, mais importante das duas, é a maneira como a verdade é aceita, e de muito pouco adianta que alguém conquiste milhões que aceitem a verdade, se, pelo próprio modo de aceitação desses, eles são empurrados para a

---

628. *Artiklen Gud*
629. *Mening*
630. *at mene*

inverdade. E, por isso, toda boa vontade, toda persuasão, toda barganha, toda atração direta, com a ajuda de sua própria pessoa, em consideração ao fato de se sofrer tanto por esta causa, de se chorar pela humanidade, de se estar tão entusiasmado etc. – todas essas coisas não passam de um mal-entendido, um *falsum* em relação à verdade, com o que, conforme a habilidade que se tem, ajuda-se um monte de gente a adquirir a aparência da verdade[631].

Olha, Sócrates era um mestre do ético[632], mas estava atento a que não há nenhuma relação direta entre o mestre e aquele que aprende, porque a interioridade é a verdade, e a interioridade em ambos é, precisamente, o caminho que os separa um do outro. Porque o percebera, provavelmente por isso ficava tão feliz com sua aparência exterior vantajosa. Qual era essa? Ora, tenta adivinhar! Em nossos dias, dizemos, com efeito, de um pastor que ele tem um exterior muito privilegiado[633]; alegramo-nos com isso e entendemos que ele é um homem bonito, que a veste talar lhe cai muito bem, que tem uma voz sonora e um porte com que qualquer alfaiate – ou, o que eu queria mesmo dizer – com que qualquer ouvinte teria de se alegrar. [VII 209] Ah, sim, quando se é tão bem equipado pela natureza e tão bem-vestido pelo alfaiate, pode-se facilmente ser professor de religião, e ainda ter sorte; pois as condições dos que ensinam a religião variam ao extremo – de fato, mais do que se pensa quando se ouvem reclamações de que alguns cargos de pastores representam um ganha-pão tão grande, enquanto os de outros são muito pequenos; a diferença é ainda maior – há uns que ensinam a religião e são crucificados – mas é a mesmíssima *relijão!*[634] E ninguém se preocupa grande coisa com a repetição reduplicada da representação de como deve ser o mestre, contida na doutrina. Expõe-se a ortodoxia e se adorna o mestre com categorias estético-pagãs. Apresenta-se o Cristo em expressões bíblicas; o fato de ele carregar todo o pecado do mundo não consegue comover, realmente, a congregação; entretanto, o orador o anuncia e para reforçar o contraste descreve a beleza de Cristo (pois o contras-

---

631. *Sandhedens Skin*

632. *Lærer i det Ethiske*

633. *fordeelagtigt*

634. "*Reglionen*" [cf. *SKS*]: como transcreve o autor, utilizando uma grafia errada, do linguajar popular [N.T.].

te entre a inocência e o pecado não é forte o bastante), e a comunidade crente se emociona com esta determinação totalmente pagã do deus em forma humana: a beleza. – Mas retornemos a Sócrates. Ele não tinha uma aparência tão favorável como a que foi descrita; era muito feio, tinha pés grosseiros e, mais do que isso, muitos calombos na testa e em outros lugares, que tinham de convencer a todos de que ele era um sujeito desmoralizado. Olha, era isso o que Sócrates entendia como sua aparência vantajosa e se alegrava com isso como um menino que ganhou presente, de modo que teria considerado uma chicana da parte do deus se, com o objetivo de impedi-lo de ser um professor de moral, este o tivesse dotado da aparência agradável de um sentimental tocador de cítara, o jeito bucólico de um *Schäfer* [*al.*: pastor], os pés pequenos de um diretor de dança na Sociedade dos Amigos, e *in toto* [*lat.*: no conjunto] uma aparência tão vantajosa quanto poderia desejar para si alguém que estivesse a procurar emprego no *Adresseavisen* [Jornal de anúncios], ou um candidato em teologia que depositasse suas esperanças num emprego privado[635]. Por que será que aquele antigo mestre ficava tão satisfeito com sua aparência vantajosa, a não ser por ter percebido que ela podia ajudá-lo a afastar de si o aprendiz, de modo que não o deixasse preso numa relação direta com o mestre – talvez aquele o admirasse, mandasse fazer roupas iguais às dele, mas teria de compreender, pela repulsão do contraste, que por sua vez numa esfera mais alta era a sua ironia, que o aprendiz teria a ver, no essencial, consigo mesmo, e que a interioridade da verdade não é a interioridade da camaradagem com que dois amigos do peito caminham de braços dados um com o outro, mas é [VII 210] aquela separação na qual cada um por si está existindo no que é verdadeiro.

 Estava totalmente claro para mim que qualquer comunicação direta em relação à verdade como interioridade é um mal-entendido, mesmo que possa ser diferente em relação com o diferente sujeito[636] responsável por ela, seja ela um amável embaraço, uma nebulosa simpatia, oculta vaidade, bobagem, audácia, e outras mais. Mas só porque me esclarecera sobre a forma da comunicação, daí não seguia que eu tivesse algo para comunicar, embora estivesse em ordem que

---

635. *privat Kald*

636. *forskjellig i Forhold til den Forskjellige*

antes se tornasse clara para mim a forma, pois a forma é, afinal, a interioridade.

Minha ideia principal era que, em nosso tempo, devido ao muito saber, a gente se esqueceu do que é *existir*, e do que pode significar *interioridade*, e que o mal-entendido entre a especulação e o cristianismo poderia ser explicado por isso. Resolvi agora recuar o mais longe possível, para não chegar cedo demais ao que significa existir religiosamente, para nem mencionar o existir religiosamente de modo cristão, e, assim, deixar as coisas dúbias para trás. Se a gente se esqueceu do que é existir religiosamente, decerto também se esqueceu do que é existir humanamente; essa questão também precisaria ser levantada. Mas antes de mais nada, isso não poderia ser feito à maneira docente[637], pois no mesmo instante o mal-entendido aproveitaria, num novo mal-entendido, a tentativa de explicação, como se o existir consistisse em aprender algo sobre um ponto particular. Se isso é comunicado como um saber, então o receptor é induzido ao mal-entendido de que está recebendo algo para saber, e aí estamos de novo no âmbito do saber. Só quem tem alguma noção da tenacidade de um mal-entendido para assimilar em si até a mais rigorosa tentativa de explicação e ainda assim permanecer como um mal-entendido, só esse estará consciente da dificuldade de uma produção autoral[638], em que se precisa prestar atenção a cada palavra, e cada palavra tem de passar pelo processo da dupla-reflexão. Com uma comunicação direta sobre o existir e sobre interioridade só se alcançará que o especulante, benevolentemente, a assuma e deixe que se entre deslizando com ela. O sistema é hospitaleiro! Tal como um burguês filisteu quando vai passear na floresta, já que há espaço sobrando na carruagem de quatro lugares de Holstein, leva consigo Fulano e Beltrano sem questionar se eles combinam um com o outro, assim também o sistema é hospitaleiro – tem espaço de sobra. Não vou sonegar que admiro Hamann, embora de bom grado eu conceda que a elasticidade de seus pensamentos carece de equilíbrio, e sua tensão sobrenatural, de autodomínio, caso ele devesse ter trabalhado coordenadamente. Mas a originalidade do gênio se mostra em suas sentenças breves, e o vigor da forma corresponde de todo ao arrojo dessultório de um pensamento. [VII 211] Com corpo e alma, até

---

637. *docerende*
638. *et Forfatterskabs Vankelighed*

sua última gota de sangue, ele está concentrado numa única palavra, o protesto apaixonado de um gênio superdotado contra um sistema da existência. Mas o sistema é hospitaleiro; pobre Hamann, tu foste reduzido a um § por Michelet. Se o teu túmulo alguma vez foi objeto de atenção especial, eu não sei; se está agora maltratado, eu não sei; mas uma coisa eu sei: que com violência e poder diabólicos foste enfiado no uniforme dos §§ e empurrado a cutiladas para dentro das fileiras. Não nego que Jacobi me entusiasmou com frequência, por mais que eu veja muito bem que sua habilidade dialética não é proporcional a seu nobre entusiasmo, mas ele é o eloquente protesto de um espírito nobre, autêntico[639], amável e ricamente dotado, contra o estrangulamento sistemático da existência[640], uma consciência vitoriosa de que a existência tem de ter um significado mais extenso e mais profundo do que os poucos anos em que a gente se esquece de si lendo o sistema, e um combate entusiástico para promover essa ideia. Pobre Jacobi! Se alguém visita teu túmulo, eu não sei; mas sei que a charrua do § nivela toda a tua eloquência, toda a tua interioridade, enquanto algumas pobres palavras são registradas como tua significação no sistema[641]. Foi dito de Jacobi que ele representava o sentimento com entusiasmo; uma tal referência zomba tanto do sentimento quanto do entusiasmo, que possuem, justamente, o segredo de que não se deixam referir de segunda mão e por isso não podem, na forma de um resultado, tornar facilmente bem-aventurado, por uma *satisfactio vicaria* [lat.: satisfação vicária], alguém que só fala o que decorou[642].

    Assim, resolvi então iniciar; e a primeira coisa que eu queria realizar, para começar pelo fundamento, era *fazer a relação existencial entre o estético e o ético surgir numa individualidade existente*. A tarefa estava colocada, e previ que o trabalho me levaria bem longe e, sobretudo, que eu tinha de estar preparado para às vezes parar em repouso, se o espírito não me sustentasse com *pathos*. Mas o que aconteceu então, devo contar num apêndice a este capítulo.

---

639. *uforfalsket*: não corrompido
640. *Tilværelsens systematiske Indkniben*
641. *Din Betydning i Systemet*
642. *en Ramser*

APÊNDICE
Olhada sobre um labor simultâneo na literatura dinamarquesa

[VII 212]

O que acontece? Enquanto eu sentava ali tranquilamente, aparece *Ou isto – ou aquilo*. O que eu pretendia fazer, já estava feito aí. Fiquei bem infeliz ao pensar na minha solene resolução, mas então pensei de novo: Afinal de contas, tu não prometeste nada a ninguém; contanto que a coisa seja feita, então tudo bem. Mas a coisa ainda ficou mais louca para mim; pois, a cada passo, justamente quando eu queria começar a executar minha resolução, pondo mãos à obra, aparecia um escrito pseudônimo que realizava o que eu pretendia. Havia nisso tudo algo estranhamente irônico; ainda bem que jamais comentara com alguém sobre a minha resolução, nem mesmo minha senhoria havia notado algo em mim, pois, de outro modo, teriam rido de minha cômica situação, pois que também era bastante engraçado ver que a causa que eu havia resolvido assumir progredia, só que não graças a mim. E eu me convencia de que a causa tinha avançado, pois cada vez que eu acabava de ler um tal escrito pseudônimo, ficava mais nítido o que eu havia almejado. Desse modo, tornei-me uma tragicômica testemunha interessada nas produções de V. Eremita e de outros autores pseudônimos. Se meu entendimento é o mesmo dos autores, não posso, naturalmente, saber com certeza, já que sou apenas um leitor; por outro lado, alegra-me que os autores pseudônimos, presumivelmente conscientes da relação da comunicação indireta com a verdade como interioridade, não tenham dito nada por eles mesmos, e nem tenham abusado de um prefácio para assumir uma posição oficial para com sua criação, como se, num sentido puramente legal, um autor fosse o melhor intérprete de suas próprias palavras, como se pudesse ser de alguma ajuda a um leitor que um autor "quisesse tal ou qual coisa", caso essa não se tivesse realizado;

ou como se fosse certo que ela se tinha realizado, dado que o próprio autor o havia afirmado no prefácio; ou como se uma desorientação existencial fosse retificada[643] quando levada a uma decisão definitiva, como loucura, suicídio, e outras desse tipo, que especialmente as mulheres empregam quando autoras, e tão rapidamente que quase começam com isso; ou como se adiantasse a um autor ter um leitor que, justo por causa do trabalho desajeitado do autor, soubesse com certeza tudo sobre o livro.

Ou isto – ou aquilo, cujo título já é demonstrativo, faz a relação existencial entre o estético e o ético[644] formar-se na individualidade existente[645]. Essa é, para mim, a polêmica indireta do livro contra a especulação, que deixa indiferente frente à existência. [VII 213] Que não haja nenhum resultado e nenhuma decisão final, é uma expressão indireta para a verdade como interioridade, assim talvez uma polêmica contra a verdade enquanto saber. O próprio prefácio diz algo a respeito, porém não de modo docente, pois então eu saberia algo com certeza, mas na forma jocosa do gracejo e da hipótese. Que não haja nenhum autor, é um meio de afastamento.

O primeiro *Diapsalma* (1ª Parte, p. 3) semeia uma cizânia na existência[646], como a dor de uma existência de poeta, tal como poderia ter persistido numa existência de poeta, o que B. utiliza contra A. (2ª Parte, p. 217 infra). A última palavra de toda a obra (2ª Parte, p. 368) tem o seguinte teor: só a verdade que *edifica* é verdade *para ti*. Esse é um predicado essencial em relação à verdade enquanto interioridade, com o que sua determinação decisiva como edificante *para ti*, ou seja, para o sujeito, é sua diferença essencial em relação a todo saber objetivo, com o que a própria subjetividade se torna sinal da verdade.

A *primeira parte* representa uma possibilidade de existência que não consegue ganhar existência[647], uma melancolia que deve ser elaborada eticamente. Ela é essencialmente melancolia, e tão profunda

---

643. *berigtiget*
644. *det Æsthetiske og det Ethiske*
645. *blive til i existerende Individualitet*
646. *sætter en Splid i Tilværelsen*
647. *vinde Existents*

que, embora autopática, enganosamente se ocupa do sofrimento dos outros (*Silhuetas*) e de resto engana com a máscara[648] do gozo, da razoabilidade[649], da perversidade, mas o engano e o ocultamento[650] são ao mesmo tempo sua força e sua impotência, sua força na fantasia e sua impotência em alcançar a existência. É uma existência de fantasia em paixão estética, por isso paradoxal e fracassando[651] no tempo; em seu máximo, ela é desespero; portanto não é existência, mas possibilidade de existência em direção à existência, e trazida tão perto disso, que quase se pode sentir como é desperdiçado cada momento no qual ainda não se chegou a uma decisão. Mas a possibilidade de existência no existente A. não quer tomar consciência disso, e mantém a existência afastada por meio do mais sutil de todos os enganos, o pensamento; ele já pensou tudo o que era possível, e contudo ainda não existiu, de modo algum. Isso faz com que só os *Diapsalmata* sejam efusões puramente poéticas, enquanto que o restante contém abundante conteúdo de pensamento em si, o que facilmente pode iludir, como se o ter pensado sobre algo fosse idêntico com o existir. Se um poeta tivesse estruturado a obra, dificilmente teria pensado nisso e, talvez, com a própria obra, tivesse promovido o velho mal-entendido mais uma vez. Com efeito, a relação não deve ser entre um pensamento imaturo e um maduro, mas entre não existir e existir. [VII 214] Por isso A. é desenvolvido como pensador; como dialético é de longe superior a B., recebeu todos os sedutores dons da inteligência e do espírito; com isso torna-se mais claro o que faz com que B. seja diferente dele.

A segunda parte representa uma individualidade ética existindo em virtude do ético. A segunda parte é também aquela que leva a primeira parte a avançar[652], pois A. queria, por sua vez, imaginar o ser autor como uma possibilidade, executar realmente isso – e então parar por aí. O ético [*já*] *desesperou* (cf. 2ª Parte, p. 163-227 – a primeira parte *era* desespero); no desespero, ele *escolheu a si mes-*

---

648. *Skjul*
649. *Forstandighedens*: do cálculo
650. *Skjulet*
651. *strandende*
652. *bringer... frem*

mo (p. 239ss.); ele se torna, graças a[653] esta escolha e nesta escolha, *manifesto* (cf. 2ª Parte, p. 336: "A expressão que enfatiza com acuidade a diferença entre o estético e o ético é: tornar-se manifesto é um dever de todo ser humano" – a primeira parte era ocultamento); ele é esposo (A. estava familiarizado com todas as possibilidades no âmbito erótico, e contudo não estava propriamente enamorado, pois no mesmo instante estava, de algum modo, em processo de consolidar-se) e, contrariando justamente o ocultamento do estético, se concentra no matrimônio como a mais profunda forma de manifestação da vida, com o que o *tempo* joga a favor do [indivíduo] eticamente existente, e a possibilidade de *ter uma história* é a vitória ética da continuidade, sobre o ocultamento, a melancolia, a paixão ilusória e o desespero. Através das miragens fantasmagóricas, das distrações de um opulento conteúdo teórico, cujo desenvolvimento, se para alguma coisa serve, é o principal mérito do autor, alcança-se um ser humano bem individualizado, existente em virtude do ético. Esta é a mudança de cenário ou, mais corretamente, agora a cena está aí: em vez de um mundo de possibilidades, inflamado pela fantasia e dialeticamente organizado, surgiu um indivíduo – e só a verdade que edifica é verdade para ti – ou seja, a verdade é a interioridade, mas, é bom notar, a interioridade da existência, aqui em determinação ética.

Assim essa ventania passou[654]. O mérito do livro, se o possui, não é da minha conta; se tem algum, deve consistir em não fornecer, essencialmente, nenhum resultado, mas tudo transformar em interioridade: interioridade da fantasia, na primeira parte, para conjurar possibilidades com paixão intensificada, dialética para no desespero transformar tudo em nada; [VII 215] *pathos* ético na segunda parte para, com a calma, incorruptível e contudo infinita paixão da resolução, abraçar a modesta tarefa do ético, edificada, com isso, manifestamente diante de Deus e dos homens. – Sem discurso docente, mas daí não se segue que não haja conteúdo de pensamento; pois afinal pensar é uma coisa, e existir no que foi pensado[655] é outra coisa. Existir em relação ao pensar é tão pouco algo óbvio,

---

653. *ved*

654. *dette Pust overstaaet*

655. *at existere i det Tænkte*

quanto algo irrefletido[656]. Não é nem mesmo uma convicção que se comunique e exponha, talvez, como se diz, com interioridade; pois uma convicção também se pode ter na representação, por meio do que facilmente se torna dialética, no sentido de ser mais ou menos verdadeira. Não, lá se existe no pensamento, e o livro ou o escrito não tem nenhuma relação finita com alguém. A transparência desse pensamento na existência é justamente interioridade. Assim, por exemplo, se a especulação, em vez de expor à maneira docente[657] *de omnibus dubitandum* e acolher um coro que jura, que vai jurar pelo *de omnibus dubitandum*, em vez disso tivesse feito uma tentativa de levar um tal cético a vir a ser em interioridade existencial, de modo que se pudesse ver, até o mais ínfimo detalhe, como ele se comporta fazendo isso – sim, se tivesse feito isso, ou seja, se tivesse começado por aí, teria então desistido outra vez e percebido, envergonhada, que o grande mote[658] que qualquer recitador[659] jura ter realizado é não apenas uma tarefa infinitamente difícil, mas uma impossibilidade para um existente. E este é, de fato, um dos lados tristes de toda comunicação, que o bom comunicador[660], ora para conquistar pessoas, ora por vaidade, ora por falta de reflexão, se gabe de não só ter feito, num estalar de dedos, tudo aquilo que seria possível a um eminente espírito existente numa longa vida, mas inclusive o impossível. A gente se esquece de que o existir torna a compreensão da mais simples verdade extremamente difícil e extenuante para o homem comum na transparência da existência; com a ajuda de um resultado, a gente acredita em qualquer mentira, sem mais nem menos (já ouvi pessoas, tão tolas que se poderia dar marradas em portas com sua cabeça, dizerem: não se pode ficar parado na ignorância socrática) e acaba como qualquer cabeça de vento[661], tendo feito afinal até mesmo o impossível. A interioridade tornou-se uma questão de saber, o existir, uma perda de tempo. Daí que a pessoa mais medíocre que escrevinha

---

656. *Tankeløst*

657. *docerend*

658. *det store Ord*

659. *Ramser*

660. *Meddeler*

661. *Vindbeutler*: sopradores/blasonadores, cabeças de alho; na culinária corresponde aos "sonhos" [N.T.].

umas páginas em nossa época fala de modo a nos fazer crer que ela vivenciou tudo, e é só prestar atenção a suas orações intercaladas para se ver que se trata de um farsante; [VII 216] e daí que, em nossa época, uma pessoa que exista apenas com tanta energia quanto tinha um filósofo grego mediano já é considerada demoníaca. Sabe-se de cor a ladainha da dor e do sofrimento, do mesmo modo que o elogio da constância. Recitar, qualquer um pode; se existe então uma pessoa que, por amor a uma opinião, se expõe a si mesma a um pequeno desconforto, é considerada demoníaca – ou tola; pois a gente sabe tudo e, para não ficar parado nisso, sabe-se também que não se tem de realizar a mínima dessas coisas, pois, com a ajuda do conhecimento exterior, a gente está no sétimo céu, e caso se tenha de começar a realizá-las a gente se tornará um pobre homem existente individual, que tropeça a cada passo e avança muito lentamente de ano a ano. De fato, a gente pode, às vezes, lembrar-se, com certo alívio, que César deixou incendiar toda a biblioteca de Alexandria, de modo que se poderia, sem má intenção, realmente desejar para a humanidade que esta superfluidade do saber fosse jogada fora outra vez, para que se pudesse, novamente, aprender o que significa viver como um ser humano.

Que *Ou isto – ou aquilo* terminasse justamente na verdade edificante (sem contudo chegar a colocar as palavras em itálico, e muito menos adotar um tom docente) me surpreendeu. Eu poderia desejar ver isso enfatizado de forma mais definida, para que cada ponto particular no caminho do existir religioso cristão pudesse tornar-se claro. Pois a verdade cristã como interioridade é também edificante, mas daí não se segue, de modo algum, que qualquer verdade edificante seja cristã; o edificante é uma categoria mais ampla. Concentrei-me outra vez neste ponto, mas o que acontece? Justamente quando minha intenção era começar, aparecem *Dois discursos edificantes*, do Magister Kierkegaard, de 1843. Depois seguiram três discursos edificantes, e o prefácio repetia que não eram sermões, contra o que eu, se ninguém mais, teria realmente protestado incondicionalmente, dado que eles empregam tão somente categorias éticas da imanência, e não as categorias religiosas duplamente refletidas no paradoxo. Caso se deva evitar toda confusão de linguagem, o sermão [a prédica] deve ser reservado para a existência religiosa cristã. Hoje em dia, ouvimos decerto, ocasionalmente, sermões que são qualquer coisa, menos sermões, porque as categorias são as da imanência; o Magister quis, talvez, tornar isso claro, indiretamente, ao ver, de modo puramente filosófico, até onde se pode chegar na edificação, [VII 217] de modo que o discurso edificante certamente tem sua validade, mas, contudo, ao enfatizá-lo indiretamente, o autor vem em ajuda da causa que chamo de minha, de um modo ridículo, visto que sempre chego tarde demais quando se trata de fazer algo. Mas, de um modo bastante estranho, pelo que me contou o Magister, alguns sem mais nem menos chamaram os discursos edificantes de sermões, de fato, até pensando que os estavam honrando com tal título, como se o discurso edificante e o sermão se relacionassem mutuamente como um juiz distrital e um desembargador, e como se se honrasse o juiz distrital chamando-o de desembargador, quando ele é apenas um juiz. Outros, ao contrário, criticaram os discursos edificantes por não serem verdadeiros sermões, o que é o mesmo que criticar uma ópera por não ser uma tragédia[662].

O ético em *Ou isto - ou aquilo* salvou-se ao desesperar, superou o ocultamento na transparência; mas no meu entender havia aqui uma coisa que não se encaixava[663]. Para se definir na interioridade da verdade de um modo diferente daquele da especulação, usou, em lugar da dúvida, o desespero, mas, não obstante, fez com que parecesse que, pelo desespero, nesse mesmo desespero, ele, *uno tenore* [ital.: sem interrupção], por assim dizer, encontrava a si mesmo. Se se tivesse que esclarecer em *Ou isto - ou aquilo* onde é que reside

---

662. Talvez um ou outro, com sua objeção, não tenha levado tanto em consideração que os discursos edificantes eram filosóficos e pura e simplesmente não usavam categorias cristãs, mas antes acharam que os discursos haviam incorporado um elemento estético numa escala mais ampla do que a usual no terreno do edificante. Comumente, o orador edificante mantém-se afastado da descrição mais forte e mais completa dos estados da alma com um jogo de cores psicológico, e deixa essa tarefa ao poeta e ao *impetus* [ímpeto] poético, qualquer que seja a razão, seja que o orador individual não pode ou não quer fazê-lo. Isso, de qualquer modo, pode facilmente criar uma fissura no ouvinte, já que o discurso edificante lhe faz sentir falta de algo que ele, portanto, deve procurar em outro lugar. Salvo melhor juízo, pode ser certo incluir a descrição poética. Só que permanece decisiva a diferença entre o poeta e o orador edificante, que o poeta não tem um τέλος [fim, meta] além da verdade psicológica e da arte da apresentação, enquanto o orador tem, além disso, *principalmente*, a intenção de traduzir tudo para o edificante. O poeta se absorve na descrição da paixão, mas para o orador edificante isso é apenas o primeiro passo, e o seguinte é o decisivo para ele – compelir o inflexível a depor as armas, tranquilizar-se, esclarecer, em suma, a transportar-se para o edificante.

663. *Mislighed*

a questão duvidosa, o livro teria que ter tido uma orientação religiosa, ao invés de ética, e teria dito de uma vez tudo o que, em minha opinião, só deveria ser dito sucessivamente. A discrepância não foi tocada nem de leve, e isso correspondia bem ao meu modo de ver. Se isso estava claro para o autor, eu naturalmente não sei. O ponto duvidoso é que se suponha que o si-mesmo ético teria de ser encontrado no desespero de maneira imanente; que, ao suportar o desespero, o indivíduo conquistava a si mesmo. Se bem que usou a determinação da liberdade, o escolher a si mesmo, o que parece remover a dificuldade que, provavelmente, não chamou a atenção de muitos, já que, *philosophice* [*lat.*: filosoficamente], tudo ocorre assim, num um, dois, três, se duvida de tudo, e assim se encontra o verdadeiro começo. Mas isso não adianta. Quando desespero, uso a mim mesmo para desesperar, e por isso posso realmente desesperar de tudo, por mim mesmo[664], mas não posso, quando o faço, retornar por mim mesmo. É neste instante da decisão que o indivíduo precisa de uma assistência divina, embora seja bem correto que, antes, se deve ter entendido a relação existencial entre o estético e o ético, para se posicionar nesse ponto, quer dizer, estando[665] a gente aí decerto em paixão e interioridade, atenta ao religioso – e ao *salto*.

Avante. A determinação da verdade como interioridade, que ela seja edificante, deve ser compreendida mais especificamente, antes mesmo que religiosa, para nem falar de religiosa no sentido cristão. No que tange ao edificante, é importante que produza antes de tudo o horror necessário adequado, pois senão o edificante será uma fantasia[666]. O ético, com a paixão do infinito, no instante do desespero havia escolhido a si mesmo, livrando-se do *horror* de ter a si mesmo, sua vida, sua realidade, em sonhos estéticos, em melancolia, em ocultamento. Visto desse ângulo, então, não se pode mais falar de horror; a cena é a interioridade ética na individualidade existente. O horror tem que ser uma nova determinação da interioridade, por meio da qual o indivíduo, numa esfera mais alta, retrocede novamente àquele

---

664. *ved mig selv*
665. *ved at være*
666. *Indbildning*

ponto em que a manifestação, que é a vida do ético[667], outra vez se torna impossível, mas de modo que a relação se inverte, de modo que o ético[668], que antes auxiliava na manifestação (enquanto o estético[669] a impedia), é agora o impeditivo[670], e aquilo que auxilia o indivíduo a uma manifestação superior, para além do ético, é algo diferente.

Para quem teve interioridade para captar com paixão infinita o ético, o dever e a validade eterna do universal, nenhum horror no céu, na terra, ou debaixo da terra, poderia comparar-se com o de se defrontar com uma colisão na qual o ético se torna a tentação[671]. E, contudo, esta colisão atinge cada um, senão de outro modo então porque religiosamente [VII 219] é mister que ele se relacione com o paradigma religioso – ou seja, porque o paradigma religioso é a irregularidade e mesmo assim deve ser o paradigma (assim como a onipresença de Deus seria invisibilidade, e uma revelação um mistério), ou então porque o paradigma religioso não expressa o universal, mas o caso singular[672] (o particular, como, p. ex., apelando a visões, sonhos etc.), e no entanto deve ser o paradigma. Mas ser o paradigma significa justamente ser para todos, mas só se pode ser modelo para todos sendo aquilo que todos são ou devem ser, i. é, o universal, e, contudo, o *paradigma religioso* é exatamente o oposto (o irregular e o particular), enquanto que o *herói trágico* expressa para todos a flexão regular do universal.

Isso se tornara claro para mim, e eu estava apenas esperando pelo apoio do espírito em *pathos* para apresentá-lo numa individualidade existente; pois ali não se deveria ensinar ao modo dos professores[673], já que, em meu modo de ver, a desgraça de nossa época está exatamente em que acabou por saber demais e esqueceu o que

---

667. *det Ethiskes Liv*

668. *at det Ethiske*

669. *det Æsthetiske*

670. *det Forhindrende*

671. *Anfægtelsen*. No contexto religioso, não temos para esta palavra (*Anfechtung*, no alemão) tradução melhor que a tentação ou, talvez, a dúvida religiosa. No jurídico há outras acepções: impugnação, protesto. O verbo *at fægte* tem a ver com esgrima, esgrimistas e gladiadores. Comporta a ideia de combate complexo [N.T.].

672. *det Enkelte*

673. *doceres skulde der ikke*

significa existir e o que é interioridade. A forma tinha de ser então indireta. Aqui direi a mesma coisa de outro modo, como convém quando se trata de interioridade; pois quem tem a sorte de lidar com a multiplicidade[674], pode facilmente ser recreativo. Ao terminar com a China pode pegar a Pérsia; depois que estudou o francês pode começar com o italiano, e então se ocupar com a astronomia, a ciência veterinária etc., e ter sempre certeza de ser visto como um cara poderoso. Mas a interioridade não tem uma tal abrangência que desperte o assombro do mundo dos sentidos; assim, a interioridade no amor[675] não significa, afinal de contas, casar-se sete vezes com moças dinamarquesas, e então se atirar às francesas, às italianas etc., mas, sim, amar uma e a mesma e, contudo, continuamente rejuvenescer-se no mesmo amor, de modo que este continuamente floresça como novo, em ânimo e exuberância, o que, no que tange à comunicação, é a inesgotável renovação e a fecundidade da expressão. A interioridade não pode ser comunicada diretamente, porque expressá-la diretamente seria exterioridade (sua orientação para fora e não para dentro); e o fato de expressar a interioridade diretamente não é, de jeito nenhum, prova de que ela exista (a efusão direta de sentimentos não é, de jeito nenhum, prova de que a gente os tenha, mas a tensão da forma antitética é o dinamômetro da interioridade[676]), e a recepção da interioridade não é uma reprodução direta [VII 220] do que foi comunicado, pois esta seria um eco. Mas a repetição[677] da interioridade é aquela ressonância na qual o dito desaparece, como se deu com Maria, quando *ocultava* as palavras em seu coração. Mas quando a relação é entre seres humanos, nem mesmo isso é a expressão verdadeira da repetição da interioridade, porque ela *guardava* as palavras como um tesouro, na bela moldura de um belo coração, porém há interioridade quando o que é dito pertence ao receptor como se fosse propriamente seu – e agora, é de fato propriamente seu. Comunicar-se desse modo é o mais belo triunfo da interioridade resignada. Por isso, ninguém é tão resignado como Deus, pois Ele comunica criando, de tal modo que, ao criar, Ele *dá* autonomia fren-

---

674. *det Mangfoldige*
675. *Elskov*
676. *Kraft-Maaler*: medidor de força
677. *Gjentagelse*

te a Ele mesmo; o mais resignado que um ser humano consegue ser consiste em reconhecer a autonomia dada a qualquer ser humano e, de acordo com sua capacidade, fazer tudo para verdadeiramente ajudar alguém a preservá-la. Mas em nossa época não se fala de tais coisas – por exemplo, se é permitido o que se chama conquistar uma pessoa para a verdade, caso aquele que tem alguma verdade para comunicar também possua a arte da persuasão, tenha o conhecimento do coração humano, tenha engenhosidade para tomar o outro de surpresa, tenha capacidade de cálculo para capturar com vagar, se ele tem então o direito de usar tudo isso para ganhar adeptos[678] para a verdade, ou se deveria, humilde diante de Deus, amando os seres humanos com o sentimento de que Deus não precisa dele[679], e de que todo ser humano é essencialmente espírito, usar todos esses dons justamente para impedir a relação direta e, em vez de, confortavelmente, ter alguns adeptos, deveria, consciente de seus deveres, suportar que o acusem de leviandade, falta de seriedade etc., por disciplinar-se na verdade e livrar sua vida da mais terrível de todas as inverdades: um adepto.

Como já disse, eu havia entendido aquela que era a mais horrível colisão da interioridade, e estava apenas esperando o espírito vir em meu auxílio – e o que acontece? Bem, o Magister Kierkegaard e eu, cada um a seu modo, certamente fazemos um papel ridículo em relação aos livros pseudônimos. Que eu fico aqui sentado, bem quieto, com a constante intenção de fazer aquilo que os autores pseudônimos estão fazendo, ninguém sabe, é verdade. O Magister Kierkegaard, entretanto, tem de comparecer cada vez que um escrito desses vem a público. E pelo menos isso é certo – se todas aquelas coisas que são ditas nas sábias rodas de chá e em outras reuniões

---

678. *Tilhængere*

679. Pois Deus não é como um rei em apuros, que diz ao Ministro do Interior, em quem ele mais confia: "O senhor precisa fazer tudo, o senhor precisa criar a atmosfera favorável a nossa proposta e conquistar a opinião pública para o nosso lado. O senhor pode fazê-lo, use sua espertezza; se eu não puder confiar no senhor, não tenho mais ninguém." Mas em relação a Deus, não existem instruções secretas para um ser humano, tampouco como alguma escada dos fundos; e até mesmo o espírito mais eminente que venha apresentar um relatório, é melhor que se apresente com temor e tremor, pois Deus não carece de gênios, Ele pode, afinal, criar várias legiões deles, e no serviço de Deus querer se fazer de indispensável diante de Deus significa *eo ipso* demissão. E todo ser humano é criado à imagem de Deus, isto é o absoluto [*det Absolute*]; a migalha que ele deve aprender de Pedro e Paulo não tem avaliação tão alta.

amigáveis para o enobrecimento e aperfeiçoamento deste homem, se o terror dos discursos fulminantes e a severa voz da acusação e o juízo de condenação pudessem realmente trazer-lhe proveito, então ele teria de se tornar, dentro de pouco tempo, um homem excepcionalmente bom. Enquanto do outro lado um único mestre tem vários discípulos para aperfeiçoar, ele se encontra na posição digna de inveja de ter uma contemporaneidade tão honorável com homens e mulheres, eruditos e não eruditos e limpadores de chaminés, todos conjuntamente ocupando-se com o aperfeiçoamento dele. Só é uma pena que a punição e tudo o que visa ao enobrecimento do coração e do intelecto aconteça e seja dito apenas na sua ausência, jamais quando ele está presente; de outro modo, decerto algum resultado surgiria daí.

O que acontece? Aparece um escrito: *Temor e tremor*. O não poder se tornar manifesto, o ocultamento, é aqui um horror, comparado com o qual o ocultamento estético é brincadeira de criança.

Representar essa colisão existencial numa individualidade existente era impossível, dado que a dificuldade da colisão, enquanto *liricamente* espicaça ao extremo a paixão, *dialeticamente* reduz a expressão ao silêncio absoluto. Por isso, Johannes de Silentio não é, ele próprio, retratado como um tal existente; ele é um tipo reflexivo[680] que, com o herói trágico como *terminus a quo* [lat.: ponto de partida], o interessante como *confinium* [lat.: fronteira] e a paradigmática irregularidade religiosa como *terminus ad quem* [lat.: ponto de chegada], continuamente bate de frente, por assim dizer, com o entendimento[681], enquanto o lirismo reage ao repelão. Foi assim que o próprio Johannes se apresentou. Chamar este livro de "*eine erhabene Lüge* [al.: uma nobre mentira]", como o fez a Firma Kts[682], evocando Jacobi e Desdêmona é, segundo o meu pensar, característico, [VII 222] visto que o próprio enunciado contém uma contradição. O contraste da forma[683] é totalmente necessário para

---

680. *en Reflekterende*

681. *løber Forstandens Pande imod*

682. O Bispo Mynster assinava com "Kts" seus artigos de revistas. Citou a mentira de Desdêmona, referindo-se a temor e tremor [N.T.].

683. *Formens Modsætning*

qualquer produção nessas esferas. Na forma da comunicação direta, na forma do grito, temor e tremor é uma insignificância, pois a comunicação direta indica precisamente que a direção é para fora, como a direção do grito, e não para dentro para o abismo da interioridade, onde "temor e tremor" só então são terríveis, o que só pode ser expresso numa forma enganadora. Não posso saber, naturalmente, com certeza, qual é a real situação de Johannes de Silentio, já que não o conheço pessoalmente e, mesmo que o conhecesse, não estou propriamente inclinado a crer que ele quisesse fazer-se de bobo, oferecendo uma comunicação direta.

O ético é a tentação; surgiu a relação para com *Deus*; a imanência do desespero ético *foi rompida*; *o salto foi posto*; *o absurdo é a notificação*.

Tendo compreendido isso, pensei que, como precaução, seria bom se assegurar de que o já alcançado não fosse anulado por um *coup de mains* [*fr.*: lance de surpresa], de modo que o ocultamento viesse a ser aquilo que se chama de ocultamento, um pouquinho de estética, e a fé viesse a ser algo assim como o que a gente chama de imediatidade, p. ex., *vapeurs* [*fr.*: sentimentos histéricos, hipocondríacos], e o paradigma religioso, algo assim como o que a gente chama de um modelo, um herói trágico, por exemplo. O que acontece? Nesses mesmos dias, recebo de Reitzel um livro, intitulado *A repetição*. Ali não se ensina ao estilo docente, longe disso, e era justamente como eu desejava, pois, em meu ponto de vista, a desgraça de nossa época era que a gente aprendeu coisas demais e se esqueceu de existir e do que significa a interioridade. Numa tal situação, é desejável que o comunicador saiba subtrair e, para isso, uma forma de contraste perturbadora[684] é até útil. E Constantin Constantius escreveu, como ele próprio o chama, "um livro engraçado". A repetição é basicamente a expressão da imanência, de modo que a gente desespera até o fim e tem a si próprio, duvida até o fundo e tem a verdade. Constantin Constantius, esta cabeça estética intrigante, que de resto não desespera de nada, desespera da repetição, e o Jovem torna visível que, se esta tiver que surgir, terá que ser uma nova imediatidade, de modo que ela própria seja um movimento *em virtude*

---

684. *forvirrende*

do absurdo, e a suspensão teleológica, *uma provação*[685]. [VII 223] A provação, por sua vez, corresponde à irregularidade inerente ao paradigma religioso, pois uma provação, vista eticamente, é impensável, dado que o ético é o universalmente válido exatamente por ser válido sempre. A provação é a mais alta seriedade do paradigma religioso, mas para o meramente ético provação é uma brincadeira, e *existir experimentando*[686] não é, de modo algum, seriedade, mas sim um motivo cômico, que nem se compreende como é que nenhum poeta usou ainda para descrever a falta de vontade, elevada a um grau quase insano, como se alguém quisesse se casar só para experimentar[687] etc. Mas que a suprema seriedade da vida religiosa se reconheça numa brincadeira é como dizer que o paradigma é a irregularidade ou a particularidade, e que a onipresença de Deus é sua invisibilidade, e a revelação o mistério.

O escrito *A repetição* foi chamado na página de título de "experimento psicológico". Que essa era uma forma de comunicação duplamente refletida, logo ficou claro para mim. Pois por ocorrer na forma de experimento, a comunicação forjou, para si mesma, uma resistência, e o experimento reforça um abismo aberto entre o leitor e o autor, estabelece a separação da interioridade entre eles, de modo que a compreensão direta ficou impossibilitada. O experimento é a consciente e provocadora revogação da comunicação, o que tem sempre importância para um existente que escreve para pessoas existentes, para que a relação não se transforme na de um recitador para recitadores. Se um homem quisesse parar num pé só ou numa postura cômica de dança balançar seu chapéu e nesta atitude expor algo de verdadeiro, seus poucos ouvintes se dividiriam em duas classes; e muitos ele não teria, pois a maior parte logo o abandonaria. Uma das classes diria: Como o que ele diz pode ser verdadeiro se ele gesticula desse jeito? A outra classe diria: Bem, não faz diferença se ele executa um passo de dança ou anda de cabeça para baixo ou dá cambalhotas; o que ele diz é verdade, disso eu me apropriarei e não ligarei para ele. Assim também com o experimento. Se o que é dito é sério para o escritor, ele mantém essencialmente a seriedade para

---

685. *Prøvelse*
686. *paa Prøve*
687. *paa Prøve*

si mesmo; se o receptor o interpreta como seriedade, o faz essencialmente por si mesmo e isso é justamente a seriedade, e já na educação infantil a gente distingue entre "aprender de cor" e "exercício de inteligência", distinção esta que frequentemente chama bastante a atenção para o "aprender de cor" sistemático. O *litígio*[688] do experimento favorece a interioridade dos dois *apartando-os, cada um para sua interioridade*. Esta forma ganhou minha inteira aprovação, e acreditei também descobrir que os autores pseudônimos continuamente tinham em mira o *existir* e que desse modo sustentavam uma polêmica indireta contra a especulação. [VII 224] Se alguém sabe tudo, mas o sabe decorado, a forma do experimento é um bom meio exploratório; a gente lhe conta dessa forma até o que ele sabe: não o reconhece. – Mais tarde um novo pseudônimo, Frater Taciturnus, assinalou o lugar do experimento em relação com as produções estéticas, éticas e religiosas (cf. *Estádios no caminho da vida*, p. 340ss., § 3).

Se de resto *Temor e tremor* junto com *A repetição* têm algum valor, não vou decidir. Se têm valor, o critério de julgamento não será a importância docente dos parágrafos[689]. Se o infortúnio da época consiste em ter esquecido o que é interioridade, então não se deveria escrever para os "devoradores de parágrafos", mas individualidades existentes deveriam ser retratadas em sua aflição[690] quando a existência se embaralha para elas, o que é algo diferente de sentar confortavelmente num canto junto à estufa para recitar *de omnibus dubitandum*. Portanto, se a produção deve ser significativa, convém que tenha sempre paixão. Constantin Constantius até se serviu de um caso amoroso[691], que é sempre um tema utilizável em relação ao significado do existir, ainda que *philosophice* [*lat.*: filosoficamente] em relação à recitação seja uma tolice. Ele se serviu de um noivado. Isso eu aprovo integralmente, e quando se diz que duas pessoas se amam mutuamente, só mesmo exauridos[692] leitores de romances

---

688. *Mellemvœrende*
689. *docerende Paragraph-Vigtighed*
690. *Vaande*
691. *Kjerlighedshistorie*
692. *kun udtjent*

estão acostumados a compreender com isso, e ainda apreciar, aquilo que a plebe mais rasteira, profanando, entende por esta expressão. Um noivado é uma promessa, um noivado rompido é uma promessa quebrada, mas aí não há nenhuma nota secreta que fizesse uma mulher enrubescer. Daí não segue que um noivado devesse ter um toque menos sério, mas que sua seriedade e o horror do rompimento ficam mais puros. Chamar de promessa, uma promessa quebrada, quando um homem engravida a amada no romance e depois a abandona, é falta de reflexão e é imoral, e sobretudo é impeditivo de qualquer desenvolvimento dialético posterior. Pois um tal caso não permite um posterior tratamento dialético, dado que o saudável bom-senso facilmente nos diz que pelo menos quatro crimes foram cometidos aqui: engravidar a moça (mesmo que se case com ela depois, permanece sendo um crime); com isso, fazer da criança um filho ilegítimo (mesmo que isso seja remediado depois, permanece sendo um crime); abandonar a mãe, abandonar a criança; e então como herói de romance talvez se envolver com uma nova amada, com o que ele, mesmo que este novo relacionamento seja um casamento correto, comete adultério, de acordo com a palavra da Escritura [VII 225], e transforma o casamento da moça abandonada, caso ela contrate um, numa vida desregrada, segundo os ensinamentos da Escritura. Neste sentido, ainda posso entender[693] muito bem por que a história de um noivado foi escolhida, e, mais tarde, ainda uma outra por Frater Taciturnus. Quanto mais puramente o relacionamento rompido puder ser mantido, enquanto o horror da mais fina qualidade[694] cresce e aumenta, tanto mais descobertas a dialética pode fazer. Mas ponderar dialeticamente sobre aquilo que mais apropriadamente se trataria no segundo protocolo do tribunal criminal – sim, até mesmo usar um sórdido bocado de dialética para permitir que o herói escape bem disso – é algo que deve ser deixado aos romancistas. Um romancis-

---

693. Posso também entender bem por que o autor pseudônimo repetidamente traz à tona o tema do casamento. As pessoas ordinariamente param onde as dificuldades começam. De acordo com um costume antigo, a poesia se vale do caso amoroso e deixa o casamento ser o que quiser. Mas na poesia moderna (no drama e no romance), isso foi tão longe que o adultério, como uma coisa corriqueira, é utilizado como uma sofisticada experiência para um novo caso amoroso. A poesia inocente não explica nada sobre o matrimônio; a poesia culpada o explica como adultério.

694. *Forfærdelsen af p r i m a Qualitet,* sendo as duas últimas palavras adaptadas do alemão [N.T.].

ta veria um noivado como algo tão insignificante que nem poderia perder tempo com a ideia de uma tal promessa quebrada. Nos autores pseudônimos a dialética é empregada justamente para tornar a questão tão horrível quanto possível, e o herói se torna herói precisamente pela paixão com que concebe o horror em si mesmo e como decisivo para sua vida, e a pureza consiste precisamente no fato de a promessa quebrada ser concebida no sentido de uma suspensão teleológica, e a pureza do herói consiste em que sua suprema paixão está em querer reparar o que foi feito, e o martírio do herói consiste em que entre outras coisas ele mesmo percebe que sua vida se torna absurda para a maioria das pessoas que em geral entendem tanto do ético e do religioso quanto a maioria dos romancistas. Do ponto de vista ético e religioso, ninguém se torna um herói por ser um tipo despreocupado, capaz de lidar com tudo levianamente[695], mas, antes, por tomar a vida com infinita gravidade[696] – note-se, porém, não na forma de meia hora de gritaria de mocinhas, mas na forma de perseverança na interioridade.

[VII 226] Entretanto, uma provação (para sua dialética, cf. *A repetição*) é uma passagem; a pessoa provada volta de novo a existir no ético, ainda que guardando uma eterna impressão do horror, uma impressão mais interior do que quando os cabelos grisalhos recordam ao que passou pela experiência[697] o instante de horror e perigo mortal, quando então seus cabelos embranqueceram. A suspensão teleológica do ético tem de ter uma expressão religiosa ainda mais definida. O ético[698] está aí, presente a todo instante com sua infinita exigência, mas o indivíduo não está em condições de realizá-lo. Esta impotência do indivíduo não deve ser compreendida como uma imperfeição do esforço continuado para atingir um ideal, pois nesse caso a suspensão não seria posta, tampouco quanto o homem que cumpre suas funções de modo medíocre está suspenso. A suspensão consiste em que o indivíduo se encontra num estado diretamente oposto ao que o ético requer, de modo que, longe de ser capaz de

---

695. *let*
696. *uendelig tungt*
697. *den Forsøgte*: aquele que foi tentado, experimentado [N.T.].
698. *det Ethiske*

começar, a cada instante em que permanece nesse estado é sempre mais impedido de conseguir começar: a situação não é a da possibilidade para a realidade, mas a da impossibilidade. Assim, o indivíduo está suspenso do ético do modo mais terrível, na suspensão ele é heterogêneo frente ao ético, o qual contudo lhe dirige a exigência do infinito, que a cada instante se exige do indivíduo e, com isso, cada instante apenas assinala mais determinadamente a heterogeneidade como heterogeneidade. Na tentação (quando *Deus* tenta uma pessoa, como é dito de Abraão no Gênesis), Abraão não era heterogêneo em relação ao ético, ele bem podia realizá-lo, mas foi impedido disso por aquela coisa superior que, ao acentuar *absolutamente* a si mesma, transformou a voz do dever em tentação. Tão logo essa coisa superior libera a pessoa tentada[699], tudo volta ao normal, embora permaneça por toda a eternidade o horror de que isso poderia tornar a acontecer, mesmo que por um décimo de segundo. Pois o quanto dura a suspensão é algo de menor importância; o decisivo é que ela ocorre. Mas a gente não esquenta a cabeça com tais coisas. A apresentação do sermão[700] usa sem cerimônia a categoria de "provação"[701] (em que o ético é tentação), que confunde absolutamente o ético e em última análise todo o pensamento simplesmente humano; e isso passa como se nada fosse – nem é mesmo muito mais que isso.

Agora a situação é outra. O dever é o absoluto, sua exigência é o absoluto e não obstante o indivíduo está impedido de realizá-lo, sim, de um modo desesperadamente irônico, está como que isento (no mesmo sentido em que a Escritura fala sobre estar isento da lei de Deus) por ter-se tornado heterogêneo em relação ao ético, [VII 227] e, quanto mais profundamente sua exigência lhe é proclamada, mais clara se torna para ele sua terrível isenção[702]. A terrível isenção de fazer o ético, a heterogeneidade do indivíduo em relação ao ético, essa suspensão para fora do ético[703] é *o pecado* como estado num ser humano.

---

699. *den Fristede*

700. *Prædikeforedraget*: exposição homilética

701. *Prøvelse*: prova

702. *rædselsfulde Fritagelse*

703. *fra det Ethiske*

O pecado é uma expressão decisiva para a existência religiosa. Enquanto o pecado não é posto, a suspensão fica sendo um momento transitório que por sua vez desaparece ou se mantém fora da vida como o totalmente irregular. O pecado, contudo, é o ponto de partida decisivo para a existência religiosa, não é um momento dentro de alguma outra coisa, dentro de outra ordem de coisas, mas é ele mesmo o começo da ordem de coisas religiosa. O pecado não viera à tona em nenhum dos escritos pseudônimos. É verdade que o ético de *Ou isto – ou aquilo* dera um matiz religioso à categoria ética do escolher-se a si mesmo, ao ajuntar ao ato de desesperar o arrepender-se, fora da continuidade do gênero humano, mas isso era uma banalização[704] que decerto tem sua razão de ser no querer manter a obra como ética – como se ocorresse bem de acordo com meu desejo, para que cada momento pudesse se tornar claro por si. A observação edificante, ao final de *Ou isto – ou aquilo*, de "que, contra Deus, nunca temos razão", não é uma determinação do pecado como fundamento[705], mas é a discrepância entre o finito e o infinito apaziguada na reconciliação entusiasta do infinito. É o derradeiro clamor entusiasta do espírito finito (na esfera da liberdade) a Deus: "Não posso te entender, mas quero te amar; tu tens sempre razão, sim, mesmo que me parecesse como se não me quisesses amar, mesmo assim eu quero te amar". É por isso que o tema se intitula: o edificante que reside no pensamento etc.; o edificante é procurado não na anulação da discrepância, mas na entusiasmada vontade de suportá-la, e nesta coragem final de, por assim dizer, superá-la. Em *Temor e tremor*, o pecado foi ocasionalmente usado para aclarar a suspensão ética de Abraão, mas nada mais do que isso.

Assim estavam as coisas quando então apareceu um escrito intitulado *O conceito de angústia* – uma simples reflexão psicológico-demonstrativa direcionada ao problema dogmático do pecado hereditário. Tal como *Ou isto – ou aquilo* tinha assegurado que a suspensão teleológica não fosse confundida com o ocultamento estético, assim também estava assegurado, graças aos três escritos pseudônimos, que o pecado, quando exposto, [VII 228] não seria confundido com isso ou aquilo, com fragilidade ou imperfeição, que se entristecer com o

---

704. *Forflytigelse*

705. *som Grund*

pecado não seria confundido com toda sorte de coisas, suspiros e lágrimas, ou choramingar por nós e por esse vale de lágrimas, que o sofrimento no pecado não seria confundido com um *quodlibet* [*lat.*: qualquer coisa]. O pecado é decisivo para toda uma esfera da existência, para a esfera religiosa, no mais estrito sentido. Justamente porque, em nossos dias, a gente talvez saiba demais, é muito fácil confundir tudo numa confusão da linguagem, em que os estetas usam as mais decisivas categorias da religião cristã em comentários espirituosos, e os pastores as usam, de modo irrefletido, como um estilo de diplomatas que é indiferente em relação ao conteúdo.

Mas se a desgraça de nossa época está em ter chegado a saber demais, e ter esquecido o que significa existir e o que é a interioridade: então foi importante que não se concebesse o pecado em categorias abstratas, nas quais ele não pode ser concebido de jeito nenhum, ou seja, decisivamente, porque ele se mantém numa relação essencial com o existir. Portanto, foi bom que o escrito se constituísse numa investigação psicológica, que explica ela mesma que o pecado não pode achar lugar no sistema, provavelmente do mesmo modo como imortalidade, fé, paradoxo, e coisas tais que se relacionam de modo essencial com o existir, de que precisamente o pensamento sistemático desvia o olhar. O termo "angústia" não sugere importância de parágrafos, mas antes interioridade existencial. Tal como *Temor e tremor* era o estado de alguém suspenso teleologicamente ao ser posto à prova por Deus, assim também a angústia é o estado da mente de alguém suspenso teleologicamente na desesperada dispensa[706] de realizar o ético. A interioridade do pecado enquanto angústia na individualidade existente é o afastamento máximo possível e o mais doloroso de todos os afastamentos em relação à verdade, quando a verdade é a subjetividade.

Não devo ocupar-me mais de perto com o conteúdo do escrito; comento sempre esses escritos na medida em que eles formam momentos na realização da ideia que eu tive, mas que, de uma maneira irônica, fui dispensado[707] de realizar. E quando olho para eles desse modo, aparece uma nova estranheza, tal como a profecia sobre a

---

706. *Fritagelse*

707. *blev fritagen fra at realisere*

relação entre Esaú e Jacó, de que o maior deve servir ao menor: do mesmo modo, os escritos pseudônimos, maiores, servem às minhas *Migalhas*. Contudo, não quero ser presunçoso dizendo isso, dado que prefiro dizer que enquanto os escritos têm sua significação própria, também têm significação para o bocadinho que produzi.

[VII 229] De resto, *O conceito de angústia* difere essencialmente dos outros escritos pseudônimos porque a forma dele é direta e até um pouco docente. Talvez seu autor pensasse que nesse ponto poderia ser necessária uma comunicação de saber, antes que se pudesse passar para uma interiorização que se refere àquele que se supõe essencialmente como instruído e que não necessita aprender simplesmente algo mais, mas sim ser impulsionado. É à forma do escrito, um pouco docente, que se deve, indubitavelmente, que ele, mais do que qualquer outro dos pseudônimos, tenha encontrado migalhas de graça aos olhos dos docentes. Que considero este favor um mal-entendido, não nego, e nesse sentido muito me alegrou que simultaneamente fosse publicado um livrinho divertido de Nicolaus Notabene. Os livros pseudônimos em geral são atribuídos a uma única autoria, e agora quem quer que por um instante esperasse por um autor docente, teria logo de abdicar da esperança ao ver uma literatura recreativa brotar da mesma mão.

E então vieram, afinal, minhas *Migalhas*; pois a interioridade da existência estava agora determinada ao ponto de que o religioso-cristão poderia aparecer, sem ser logo confundido com todo tipo de coisas. Mas só mais uma coisa. Os discursos edificantes do Magister Kierkegaard tinham acompanhado o passo, com constância, o que, aos meus olhos, era um sinal de que se mantinha informado, e me chamou a atenção que os quatro últimos discursos assumiram um traço do humorístico cuidadosamente esfumado. Assim termina decerto também o que se pode alcançar na[708] imanência. Enquanto a exigência do ético é mantida em vigor, enquanto a vida e a existência são acentuadas como um caminho exaustivo, a decisão[709], contudo, não vem a ser posta num paradoxo, e a retirada metafísica para o eterno[710], pela recordação, é sempre possível e dá à imanência o

---

708. *ved*

709. *Afgjørelsen*

710. *Tilbagetagen i det Evige*

traço de humor, como uma revogação do todo pelo infinito no já-estar-decidido lá atrás na eternidade[711] [712]. A paradoxal expressão da existência (ou seja, o existir) [VII 230] como pecado, a verdade eterna como o paradoxo por ter surgido no tempo, em poucas palavras, o que há de decisivo para o religioso-cristão, não se encontra nos discursos edificantes, que algumas pessoas, conforme o disse o Magister, acharam que *bem* poderiam ser chamados de sermões, enquanto que outras objetaram que não seriam exatamente sermões. O humor, quando usa categorias cristãs, é uma falsa reprodução[713] da verdade cristã, pois o humor não é essencialmente diferente da ironia, mas é essencialmente diferente do cristianismo e no essencial não difere

---

711. *Afgjorthed bag ved*

712. O humorístico aparece quando alguém responde a pergunta das *Migalhas* ("pode haver um ponto de partida histórico para uma felicidade eterna?"), não com o Sim ou Não de uma decisão, mas com um sorriso triste (eis o lírico no humor), que significa que tanto os setenta anos do ancião quanto a meia hora de vida da criança quase natimorta são pequenos demais para se tornarem a decisão para uma eternidade. Tal como se pode voluptuosamente enfiar a cabeça debaixo do edredom e deixar o mundo correr, do mesmo modo o humorista, com a ajuda da imanência, se esconde na eternidade das recordações atrás de si, e sorri tristemente à existência temporal com sua trabalheira passageira e sua decisão ilusória. O humorista não ensina a imoralidade [*Usædelighed*] – longe disso. Ele honra o que é moral [*det Sædelige*] e de sua parte faz tudo tão bem quanto pode, e volta a sorrir de si mesmo [VII 230], mas está femininamente apaixonado pela imanência – e a recordação é seu casamento feliz e a recordação é seu anelo feliz. Um humorista bem poderia ter a ideia, e de fato realizá-la, de trabalhar mais zelosamente do que qualquer outro e lidar com o tempo de modo mais sovina do que um trabalhador por dever; mas se devesse este trabalho ter um mínimo de importância no que toca à decisão de uma felicidade eterna, ele haveria de sorrir. Para ele, a temporalidade é um episódio fugaz e de significado muito duvidoso e nela é para ele um antegozo de sua felicidade que ele tenha sua eternidade assegurada de antemão [*bag ved*] na recordação, fora da temporalidade. Do ponto de vista do eterno, só se pode pensar uma felicidade eterna. O paradoxal, por isso, reside em que (exatamente como quando se pensa uma infelicidade eterna) a vida no tempo deva ser o ponto de partida, como se o existente tivesse perdido a eternidade da recordação lá atrás de si, como se recebesse uma felicidade eterna num determinado momento do tempo, enquanto que uma felicidade eterna, de fato, pressupõe eternamente a si mesma. Se o humor e a especulação têm razão é uma outra coisa, mas jamais terão o direito de se fazerem passar por cristianismo. – Se o essencial estar decidido da eternidade deve ser alcançado retroativamente na recordação, então, de modo bem consequente, a mais alta relação espiritual para com Deus é aquela em que o deus dissuade [*fraraader*], retém, porque a existência no tempo não pode jamais se tornar comensurável com uma decisão eterna. Assim, o gênio de Sócrates, como se sabe, era apenas dissuasivo, e é assim também que o humorista deve entender sua relação com Deus. A onipotência metafísica da recordação eterna para afrouxar e dissolver supera [*overflyver*] a disjunção, que o humorista não rejeita e sim reconhece e, contudo, apesar de todo reconhecimento, dissolve na decisão já tomada [*Afgjørthed*] da eternidade. No paradoxo, é o inverso; lá o espírito está encorajando, mas isso, por sua vez, é a expressão paradoxal para o quão paradoxalmente o tempo e a existência no tempo foram acentuados.

713. *Gjengivelse*

do cristianismo de maneira diferente[714] daquela da ironia. É só aparentemente diferente da ironia por ter aparentemente se apropriado de todo o crístico[715], sem, contudo, ter se apropriado disso de um modo *decisivo* [VII 231] (mas o crístico consiste, precisamente, na decisão e no estar-decidido[716]), pelo contrário o essencial para a ironia: o retirar-se da recordação[717], da temporalidade para dentro do eterno[718], é por sua vez essencial para o humor. Aparentemente, o humor confere maior significação ao existir do que o faz a ironia, mas, de qualquer modo, a imanência é *übergreifend* [al.: abrangente] e o mais ou menos é uma quantificação evanescente frente ao qualitativo estar-decidido do crístico. O humor se torna por isso o último *terminus a quo* [*lat.*: ponto de partida] na relação para determinar o crístico. Humor, quando emprega as determinações cristãs (pecado, perdão dos pecados, reconciliação, Deus no tempo etc.), não é cristianismo, mas uma especulação pagã que chegou a *saber* tudo sobre o crístico. Isso pode aproximar-se enganadoramente do crístico, mas lá onde a decisão segura[719], lá onde a existência segura o existente como a mesa segura a carta lançada[720], de modo que ele tem de permanecer na existência enquanto a ponte da recordação e da imanência é cortada lá atrás; lá onde a decisão ocorre no instante, e o movimento para frente [leva] rumo à verdade eterna que veio à existência no tempo – lá o humor não acompanha. Do mesmo modo a moderna especulação engana, aliás, nem se pode dizer que ela engane, pois logo não haverá ninguém a enganar, e a especulação o faz *bona fide* [*lat.*: de boa-fé]. A especulação realiza a proeza de entender todo o cristianismo, mas, é bom notar, não o entende de modo cristão, porém especulativamente, o que é precisamente o mal-entendido, dado que o cristianismo é o exato oposto de especulação. – Mag. Kierkegaard, muito provavelmente, sabia o que fazia quando chamou os discursos edificantes de *Discursos edificantes*, como também por

---

714. *ikke anderledes forskjellig*

715. *tilegnet sig hele det Christelige*

716. *i Afgjørelsen og Afgjørtheden*

717. *Erindringens Tilbagetagen*

718. *ud af ... ind i*

719. *fanger*

720. *Bordet fanger*

que se absteve do uso de determinações dogmáticas cristãs, de mencionar o nome de Cristo etc., o que, aliás, se faz sem mais nem menos em nossa época, enquanto as categorias, pensamentos, o dialético na apresentação etc., são apenas os da imanência. Tal como os escritos pseudônimos, além do que são diretamente, são também indiretamente uma polêmica contra a especulação, assim esses discursos também o são, não por não serem especulativos, pois são justamente especulativos[721], mas por não serem sermões. [VII 232] Se o autor os tivesse chamado de sermões, teria sido um Zé-Mané[722]. São discursos edificantes; o autor repete, no prefácio, com todas as letras, "que não é um professor[723] "e que os discursos não são "*para* edificação", e com essa determinação, já no prefácio, revoga humoristicamente sua significação teleológica. Eles "não são sermões"; ou seja, o sermão corresponde ao crístico, e a um sermão corresponde um pastor, e um pastor é essencialmente o que ele é pela ordenação, e a ordenação é uma transformação paradoxal do mestre no tempo, pela qual ele, no tempo, se torna algo diferente daquilo que seria o desenvolvimento imanente de gênio, de talento, de dom etc. É claro, porém, que ninguém é ordenado desde a eternidade ou, tão logo tenha nascido, é capaz de se recordar de si mesmo como ordenado. Por outro lado, a ordenação é um *caracter indelebilis* [*lat.*: caráter indelével]. O que isso significa, senão que aqui mais uma vez o tempo se torna decisivo para o eterno, com o que a retirada imanente da recordação rumo ao eterno fica impedida. Com a ordenação está novamente o *nota bene* cristão. Se isso é certo, se a especulação e o humor não têm razão,

---

721. Assim, a firma Kts (na *Intelligensblad*, do Professor Heiberg) tinha toda razão ao excetuar um dos discursos, "O Senhor deu, o Senhor tomou; bendito seja o nome do Senhor", [VII 232] e ao dizer dos outros que eram filosóficos demais para serem sermões; mas não tinha razão ao negligenciar que o próprio autor havia dito o mesmo, chamando-os de discursos edificantes e avisando expressamente no prefácio que eles não eram sermões. Que a especulação em nossos dias está conseguindo confundir a forma do sermão [*Prædikeforedraget*] – disso não há dúvida. Pode-se chamar a atenção para isso diretamente ao escrever, por exemplo, um pequeno artigo num periódico, mas isso também pode ser feito indiretamente, e então se tem muito mais trabalho, como na escrita de discursos edificantes que são filosóficos e não sermões. Quando então dizem deles que podem muito bem ser chamados de sermões, isso mostra que a confusão está presente, mas mostra também que o autor que os escreve e lembra explicitamente o mal-entendido não precisa que lhe esclareçam que o mal-entendido existe.

722. *Sluddermads*: pateta, parvo, palerma, sendo que *Mads* é um nome próprio, ou alcunha [N.T.].

723. *Lærer, lit.*: mestre

é uma questão totalmente diferente; mas por mais que a especulação tivesse razão, ela jamais teria o direito[724] de se fazer passar por cristianismo.

Então, aí cheguei eu com minhas *Migalhas*. Se com este opúsculo fui bem-sucedido em pôr, de um modo indireto, o cristianismo em relação com o existir, em relacioná-lo de uma forma indireta com um leitor instruído cujo infortúnio talvez seja precisamente que ele é instruído[725] – [VII 233] isso não cabe a mim decidir. Com uma comunicação direta não se poderia fazê-lo, já que essa sempre se relaciona apenas a um receptor em termos de conhecimento, não de modo essencial a um existente. Com uma comunicação direta talvez se pudesse ter despertado uma certa sensação, mas sensação não tem a ver com o existir, mas antes com a conversa fiada. Existir naquilo que se compreendeu[726] não pode ser comunicado direto a um espírito existente, nem mesmo por Deus, muito menos por um ser humano. Como já disse, se o opúsculo teve êxito nisso, não vou decidir; nem tenho vontade de me dar ao incômodo de comentá-lo eu mesmo, o que, para ser consequente, deveria de novo ser feito na forma indireta da dupla reflexão. O que raramente me acontece, aqui é o meu caso: estou de acordo com todo mundo. Se ninguém teve vontade de comentá-lo, eu também não tenho[727]. Se teve sucesso: quanto mais,

---

724. Ret

725. *Vidende*

726. *i det Forstaaede*

727. Contudo, é verdade, justo nesses dias fiquei sabendo que ele foi comentado e, o que é bem estranho, num periódico alemão, *Allgemeines Repertorium für Theologie und kirchliche Statistik*. O comentador tem uma excelente qualidade: é conciso e se abstém quase completamente do que usualmente se encontra nas resenhas: os cerimoniosos louvores de exame introdutório e conclusivo ao autor, ao citá-lo para especial distinção, ou até mesmo para especial distinção e congratulação. Isso eu aprecio tanto mais, que no primeiro ponto do comentário ("*diese Schrift eines der produktivsten Schriftsteller Dänmarks ist wegen der Eigenthümlichkeit ihres Verfahrens einer kurzen Besprechung nicht unwerth* [devido à singularidade de seu método, este escrito de um dos mais produtivos escritores da Dinamarca não deixa de merecer uma discussão crítica]") as palavras "*Besprechung* [discussão crítica]" e "*nicht unwerth* [não deixa de merecer]", me provocaram um susto. O resenhista afirma que o conteúdo do livro é um desenvolvimento dos pressupostos positivos cristãos, nota em seguida que isso é feito de tal maneira "*daβ unsere Zeit, die Alles nivellirt, neutralisirt und vermittelt, sie kaum wiedererkennen wird* [que nossa época, que nivela, neutraliza e media tudo, dificilmente irá reconhecê-los]", e então passa a resenhar (portanto, sem ter se utilizado do aceno da ironia que está contido no que ele próprio diz sobre o apresentar os pressupostos cristãos para nossa época, de tal modo que esta, não obstante já ter acabado com eles e ter ido mais adiante, não consegue nem mesmo reconhecê-los). Sua resenha é acurada e, no conjunto, dialeticamente confiável, mas agora vem o nó da questão: não obstante a resenha ser exata, quem quer que leia só a resenha, terá uma impressão totalmente falseada do escrito. Ora, compreende-se, a desgraça não é tão grande, mas, por outro lado, isso é sempre menos desejável quando um livro deve ser discutido justamente por causa da sua singularidade. [VII 234] A resenha é docente [*docerende*], pura e simplesmente docente; portanto, o leitor terá a impressão de que o opúsculo também é docente. Esta é, a meus olhos, a impressão mais falsa que se pode ter dele. Do contraste da forma, da resistência provocativa do experimento aos conteúdos, a audácia inventiva (que até mesmo inventa o cristianismo), a única tentativa feita para ir além (isto é, além do assim chamado construir especulativo), a atividade infatigável da ironia, a paródia do pensamento especulativo no plano inteiro da obra, o satírico que há em se fazer esforços, como se daí devesse surgir algo *ganz Auβerordentliches und zwar Neues* [completamente extraordinário, e novo], enquanto que o que sempre surge é a ortodoxia de antigamente em seu legítimo rigor: de tudo isso o leitor da resenha não encontra o mínimo vestígio no relato. E, contudo, o livro está tão longe de ter sido escrito para não instruídos, que precisassem aprender algo, que aquele com quem dialogo no livro é sempre instruído, o que parece indicar que o livro foi escrito para pessoas instruídas, cujo infortúnio está em saberem demasiado. A verdade cristã, pelo fato de que todos a conheçam, gradualmente se tornou uma tal trivialidade que fica difícil de se adquirir uma impressão primitiva dela. Quando este é o caso, a arte de ser capaz de *comunicar* se torna, finalmente, a arte de ser capaz de *retirar*, ou de tirar ardilosamente [*franarre*] alguma coisa de alguém. Isto soa estranho e muito irônico, e, contudo, creio que consegui expressar exatamente o que quero dizer. Se um homem encheu tanto sua boca de comida de modo que por isso não consegue comer e terminará por morrer de fome, dar alimento a ele consiste em encher-lhe a boca ainda mais ou, ao invés, dar um jeito de ele se livrar um pouco para que possa voltar a se alimentar? De modo similar, quando um homem é muito instruído, enquanto seu conhecimento não tem significado, ou quase não tem significado para ele, a comunicação razoável consiste em dar a ele ainda mais a saber, ainda que ele proclame em voz alta que é disso que precisa, ou consiste, ao invés, em tirar alguma coisa dele? Quando então um comunicador se relaciona a uma parte do muito que o homem muito instruído conhece, e a comunica a ele numa forma que a tornou estranha para ele, o comunicador está, por assim dizer, tirando esse conhecimento, pelo menos até que o que já sabia seja capaz de assimilar o conhecimento, ultrapassando a resistência da forma. Suposto, agora, que a desgraça daquele muito instruído seja que está acostumado a uma forma particular, "que ele consegue demonstrar um teorema matemático se as letras dizem ABC, mas não quando dizem ACB"; então a forma alterada de fato retirará seu conhecimento, e, contudo, nesse retirar consiste justamente a comunicação. Quando então uma época que fala sistematicamente sem pensar [*systematisk ramsende*] está pronta com a compreensão do cristianismo e com a compreensão de todas as dificuldades, de modo que proclama com júbilo quão fácil é compreender a dificuldade, então, afinal, há que se fomentar uma suspeita. [VII 235] Com efeito, é melhor compreender que algo é tão difícil que simplesmente nem pode ser compreendido, do que compreender que uma dificuldade é tão fácil de compreender; pois se é tão fácil assim, então talvez simplesmente não haja nenhuma dificuldade, dado que a dificuldade afinal é justamente reconhecível por isso: por ser difícil de compreender. Ora, quando a comunicação numa tal ordem de coisas não visa a tornar a dificuldade mais fácil, a comunicação se torna um retirar. Reveste-se a dificuldade de uma nova forma, com a qual ela fica realmente difícil. Essa é a comunicação para aquele que já esclareceu que a dificuldade era fácil demais. Caso ocorra então, como sugere o resenhista, que um leitor mal consiga reconhecer, no apresentado, aquilo que para ele já está resolvido há muito tempo, a comunicação o levará a uma parada – contudo não para lhe comunicar algo novo, que se adicionasse a todo aquele saber, mas sim para retirar algo dele. Afora isso, não há nada a dizer sobre o resenhista, exceto que as últimas quatro linhas são, de novo, uma prova de como tudo em nossos tempos docentes é concebido de modo docente: "*Wir enthalten uns jeder Gegenbemerkung, denn es lag uns, wie gesagt, bloβ daran, das eigenthümliche Verfahren des Verfassers zur Anschauung zu*

melhor; não teve: ora, a desgraça não é tão grande, [VII 234] um tal opúsculo eu consigo escrever rápido, e se me ficasse claro que não posso, nem mesmo tornando algo difícil, [VII 235] beneficiar de alguma maneira algum de meus contemporâneos, essa dura convicção também me liberaria de todo incômodo de escrever.

[VII 236] No entanto, a questão que realmente me ocorreu foi se eu não estaria num mal-entendido, se não estaria pressupondo algo nos leitores, e errando ao fazer isso. Pois eu quero ser bem sincero: minha ideia de comunicação através de livros é muito diferente daquilo que geralmente vejo apresentado neste tópico, ou daquilo que se admite tacitamente como dado. A comunicação indireta faz do comunicar uma arte, num sentido distinto daquele que de ordinário se assume que seja, ao supor que o comunicador tenha de apresentar a comunicação a alguém que conhece[728], de modo que este possa julgá-la, ou a alguém que não conhece[729], para que este possa

---

bringen. Im Uebrigen stellen wir es dem Ermessen eines Jeden anheim, ob er in dieser apologetischen Dialektik Ernst oder etwa Ironie suchen will [Abstemo-nos de toda réplica, pois só nos interessava, como foi dito, mostrar o método peculiar do autor. De resto, deixamos à apreciação de cada um se quer procurar seriedade ou talvez ironia nesta dialética apologética]". Mas meu método peculiar [*eiendommelige Fremgangsmaade*], se deve ser mencionado, e especialmente "mostrado", reside precisamente na forma de oposição da comunicação e não, de modo algum, nas talvez novas combinações dialéticas pelas quais os problemas se tornam mais claros; reside, em primeiríssimo lugar e decisivamente, na forma de oposição, e então uma vez enfatizada esta, pode haver, se necessário, breve menção a alguma peculiaridade um pouquinho docente. Quando o resenhista deixa por conta de cada um se irá procurar seriedade ou ironia no opúsculo, isso induz ao erro. Comumente, costuma-se dizer algo assim quando não se sabe dizer outra coisa; e, se a apresentação de um livro é seriedade professoral [*docerende*] pura e sem mistura, então se aguenta ouvir dizer isso, porquanto se diz algo sobre o livro que não está no livro: o livro é pura seriedade; agora o resenhista diz: sabe Deus se isso é ironia ou seriedade, e, com isso, alguma coisa está dita, alguma coisa dita ao se deixar que o leitor *procure*, ou que *queira procurar* – por alguma coisa que não está diretamente no livro. É bem diferente, ao contrário, quando se trata apenas de *encontrar* o que lá está. Mas o opúsculo estava longe de ser pura e simples seriedade, esta pura seriedade surgiu tão somente na resenha. Nessa medida, a conclusão da resenha pode muito bem ter um significado em relação à resenha (por exemplo, como uma sátira sobre ela), mas, em relação ao [meu] escrito, ela é tola [*taabelig*]. [VII 236] Suponhamos que alguém estivesse presente a uma das conversações irônicas de Sócrates; se, mais tarde, essa pessoa a relata para outrem, mas deixa de fora a ironia e diz: sabe Deus se uma conversa dessas é ironia ou seriedade: então ela está satirizando a si mesma. Mas da presença da ironia não se segue que a seriedade esteja excluída. Tal coisa só os docentes presumem. Com efeito, enquanto eles, de resto, suprimem o disjuntivo *aut* [ou], não temem nem a Deus nem ao demônio, dado que eles mediam tudo – abrem uma exceção à ironia; essa eles não conseguem mediar.

728. *en Vidende*

729. *en Ikke-Vidende*

aprender algo. Mas ninguém se importa com o que vem em seguida, justamente aquilo que torna a comunicação tão dialeticamente difícil: que o receptor é um existente, e que isso é o essencial. Deter um homem na rua e parar para conversar com ele não é tão difícil quanto, ao passar por ele, ter de dizer algo ao passante, sem parar e sem reter o outro, sem querer induzi-lo a seguir o mesmo caminho, mas justamente encorajando-o a seguir seu próprio caminho – e assim é a relação entre um existente e outro existente quando a comunicação diz respeito à verdade como interioridade existencial. No que toca à minha concepção discrepante do que significa comunicar, às vezes me pergunto se este tema da comunicação indireta não poderia ser comunicado diretamente. Assim, vejo que Sócrates, que ordinariamente se atinha de modo estrito ao perguntar e ao responder (o que é um método indireto), porque o discurso longo, a exposição docente, o recitar mecânico, só fazem confundir, algumas vezes discursa mais longamente e aí justifica dizendo que aquele com quem está falando necessita de um esclarecimento antes que o diálogo possa iniciar. Faz isso, p. ex., no *Górgias*. Mas isso me parece uma inconsequência, uma impaciência que teme que vá levar muito tempo até que se chegue a entender um ao outro; [VII 237] pois com o método indireto deve-se poder alcançar igualmente tudo, apenas mais devagar. Mas a pressa não tem absolutamente nenhum valor em relação à compreensão lá onde a interioridade é a compreensão. Parece-me ser melhor chegar a se entender verdadeiramente um ao outro na interioridade de cada um, mesmo que isso ocorra vagarosamente. Sim, mesmo que isso jamais viesse a ocorrer porque o tempo passou e o comunicador foi esquecido sem que ninguém chegasse a compreendê-lo, a mim me parece ser mais consequente da parte do comunicador não se ter feito culpado da mínima acomodação para obter que alguém o compreendesse e, do princípio ao fim, cuidar para não se fazer de importante em relação aos outros, o que, longe de ser interioridade, é uma conduta externa, barulhenta. Se ele o faz, deverá ter aquele consolo no julgamento, quando o deus julga, que ele não se permitiu coisa alguma para conquistar alguém, mas que com o máximo de seus dons trabalhou em vão, deixando ao deus decidir se isso teria alguma importância ou não. E isso decerto agradará o deus mais do que se o azafamado lhe falasse: "Conquistei para ti 10.000 adeptos; alguns ganhei chorando sobre a miséria do mundo e profetizando sua destruição iminente; outros, abrindo perspectivas brilhantes, sorridentes, caso aceitassem meus ensinamentos; outros, de outras maneiras, descontando aqui um pouco, acrescentando ali outro tanto. Todos se tornaram adeptos, adeptos até por aí. Sim, se enquanto eu vivia tivesses descido à terra para inspecionar, eu teria encantado teus olhos com o suspiro dos muitos adeptos, tal como Potemkin encantava os olhos de Catarina"... sim, tal como Potemkin encantava os olhos de Catarina, bem assim – ou seja, com a ajuda de cenários de teatro e, assim, seriam também os 10.000 adeptos da verdade um divertimento teatral.

Que a subjetividade, a interioridade, é a verdade, era minha tese. Procurei então mostrar como, de acordo com minha suposição, os autores pseudônimos se esforçam para chegar a esta tese, que em seu máximo é o cristianismo. Que também fora do cristianismo se pode existir com interioridade, os gregos, entre outros, mostraram suficientemente, mas em nossa época chegou-se ao ponto de que, enquanto somos todos cristãos e conscientes do cristianismo, já é uma raridade encontrar alguém que [VII 238] tenha ao menos tanta interioridade existente como um filósofo pagão. Não é de admirar então que a gente tão rapidamente se desvencilhe do cristianismo, tão pronto se começa a se pôr naquele estado no qual receber uma impressão por menor que seja do cristianismo é algo totalmente fora de questão. A gente se torna objetiva, quer considerar objetivamente – que o deus foi crucificado – algo que, quando ocorreu, não permitiu nem mesmo ao templo ser objetivo, pois seus véus se rasgaram; nem mesmo permitiu aos mortos permanecerem objetivos, pois eles se levantaram de seus túmulos: portanto, aquilo que é capaz de tornar subjetivo até mesmo o inanimado e os falecidos, é o que agora é considerado objetivamente pelos Srs. Objetivos. A gente se torna objetiva, quer contemplar objetivamente o cristianismo, o qual, de saída, toma a liberdade de fazer do contemplador um pecador, se é que se trata de qualquer maneira de se chegar a ver algo. E ser um pecador, o que tem de ser o mais terrível sofrimento da subjetividade, a gente o quer – objetivamente. Mas então a gente se socorre de longas introduções sistemáticas e de visões panorâmicas histórico-universais: neste contexto, pura bobagem; em relação à decisão acerca do cristianismo, pura protelação. A gente se torna cada vez mais objetiva – quanto antes, melhor. A gente desdenha ser subjetiva, despreza a categoria da individualidade, quer consolar-se com a da geração, mas não compreende o quanto de covardia e de desespero há em que o sujeito se agarre a qualquer coisa brilhante e não se torne coisa alguma; a gente é cristã assim sem nada mais, em ocasiões festivas, ainda se reflete sobre a questão que decerto confrontava os austeros padres da Igreja – se os pagãos podem ser salvos – e não percebe a sátira de que o paganismo está muito mais próximo do cristianismo que uma tal cristandade objetiva, onde Cristo se tornou Sim e Não, enquanto que em Corinto, proclamado por Paulo, ele não era Sim e Não (2Cor 1,19)! Existir subjetivamente com paixão (e objetivamente só se pode existir em distração) é, em última análise, uma condição absoluta para poder ter alguma opinião sobre o cristianismo. Todo aquele que não quer fazê-lo e, contudo, quer ocupar-se com o cristianismo, seja quem for e por maior que seja, nesta questão é essencialmente um bufão[730].

Se minha compreensão dos autores pseudônimos concorda com o que eles próprios pretendiam, não posso decidir, dado que sou apenas leitor, mas que eles têm alguma coisa a ver com minha tese é bastante claro. Se não se percebe isso em outras coisas, [VII 239] percebe-se no se absterem de ensinar à maneira docente. Que ali não deva haver ensinamento docente, mostra, em meu modo de ver, a verdadeira compreensão da confusão de nossa época, que reside justamente na abundância de ensinamento docente. Proeminentes docentes desprezaram os livros pseudônimos, *item* [*lat.*: igualmente] meu pequeno opúsculo, porque não eram docentes; muitos concluíram sem mais nem menos que isso se devia ao fato de que os autores, inclusive eu, eram incapazes de alcançar as alturas que se exigem para o ensino docente – para a objetividade que é a posição dos docentes. Talvez seja isso, mas suposto que a subjetividade fosse a verdade, então as alturas dos docentes sempre se tornariam duvidosas. Também me espantou que, embora se assuma que qualquer estudante de teologia seja mais ou menos capaz de ensinar de modo docente, não se consiga resolver a crer que os autores pseudônimos, *item* eu, Johannes Climacus, pudéssemos ensinar de modo docente quase tão bem quanto muitos outros que ensinam de modo docente, mas

---

730. *Nar*

que, ao contrário, tal gente facilmente se entrega à suposição de que nós todos juntos deveríamos ser apontados como pobres coitados, que somos incapazes de fazer o que, hoje em dia, quando toda uma literatura alemã foi desenvolvida exclusivamente nesta linha, é quase tão fácil para um leitor universitário que quer tirar excertos de livros alemães, quanto é, hoje em dia, escrever versos, uma habilidade que pode em breve ser exigida de empregados domésticos. No entanto, seja como for, sempre é bom ser reconhecido por alguma coisa, e eu não exijo outra coisa que não seja ser apontado como o único que não *consegue* ensinar de modo docente e, com isso, também o único que não compreende as exigências da época.

Que a subjetividade, a interioridade, é a verdade, é minha tese; que os autores pseudônimos relacionam-se com ela é bastante fácil de ver, senão por outra coisa, então por seu olhar para o cômico[731]. A comicidade é sempre uma característica da maturidade, e então o que importa é apenas que um novo broto surja nessa maturidade, que a *vis comica* [*lat.*: força cômica] não sufoque o *patético*, mas que meramente indique que um novo *pathos* tem início. A força no cômico, eu a considero uma legitimação indispensável para qualquer um que deva ser considerado como habilitado no mundo do espírito em nossa época. Quando uma época é tão completamente perpassada de reflexão como a nossa e como se diz que a nossa é, então, se isso é verdade, o cômico deve ser descoberto por qualquer um, e primitivamente por qualquer um que queira participar da conversa. Mas os docentes são tão privados de força cômica que chega a ser chocante; mesmo Hegel, segundo a afirmação de um zeloso hegeliano, é completamente desprovido do senso cômico[732]. Um ridículo mau humor e imponência de parágrafos[733], que conferem a um docente notável semelhança [VII 240] com o guarda-livros de Holberg, os docentes chamam de seriedade. Qualquer um que não possua esta apavorante solenidade é um leviano. Talvez. Mas o que quer dizer ter *realmente* saído do imediato pela reflexão sem ter se tornado um mestre do cômico? O que quer dizer isso? Bem, quer dizer que se está men-

---

731. *Blik for det Komiske*: senso de comicidade

732. *aldeles blottet for Sands for det Komiske*. Aparentemente, um comentário de Martensen [N.T.].

733. *Paragraphen-Vittighed*

tindo. O que significa dar garantias de que se saiu pela reflexão e comunicá-lo de forma direta como notícia? O que quer dizer isso? Bem, quer dizer que se está falando ao léu. No mundo do espírito, os diferentes estádios não são como cidades numa viagem, sobre as quais está tudo bem que o viajante diga diretamente, por exemplo: Saímos de Pequim, e chegamos a Cantão; no dia 14 estávamos em Cantão. Pois um viajante como esse muda de lugar, mas não muda a si mesmo; e então está tudo bem para ele mencionar e *narrar* a mudança de forma inalterada, direta. Mas no mundo do espírito, mudar de lugar é ser mudado em si mesmo, e portanto toda asserção direta de se ter chegado aqui ou acolá é uma tentativa *à la* Münchhausen. Que se alcançou aquele longínquo lugar no mundo do espírito, a própria apresentação o demonstra; se ela testemunha o contrário, toda asserção é apenas uma contribuição ao cômico. Força no cômico é como o distintivo do policial, o emblema do poder, que, em nossos dias, todo agente que realmente é um agente deve portar. Mas esta comicidade não é impetuosa nem selvagem, nem sua risada é gritante; ao contrário, é cuidadosa com a imediatidade que põe de lado. De modo similar, a foice do colheitador é equipada com ripas de madeira que correm paralelas à lâmina afiada e enquanto a foice corta a espiga esta afunda quase voluptuosamente na grade de sustentação, logo após ser deitada nítida e belamente na fileira ceifada. É assim também com o cômico justificado em relação com a imediatidade amadurecida. O ato do corte é uma ação solene; aquele que corta não é um ceifador sem alegria e contudo é diante da agudeza e da cortante lâmina do cômico que a imediatidade se abate, não sem beleza, e mesmo na queda, amparada pelo corte. Esse cômico é essencialmente humor. Se o cômico é frio e desolador, então isso é um sinal de que não há nenhuma imediatidade em germe, então não há colheita, somente a paixão sem conteúdo de um vento estéril quando este se desencadeia sobre campos vazios. – Ser conhecido por alguma coisa sempre pode ser bom; eu não exijo nada melhor do que ser conhecido como o único que em nossos tempos *sérios* não era sério. [VII 241] Longe de ansiar por alguma mudança nesse juízo, desejo apenas que os honrados docentes, não só os que gesticulam na cátedra, mas também os que vociferam nas rodas de chá, mantenham seu juízo e não esqueçam de repente as palavras de seriedade declamadas *privatissime* (*lat.*: reservadamente) bem frequentemente contra os autores pseudônimos, para, por outro lado, poder lembrar claramente que eram esses que desejavam fazer do cômico uma determinação de seriedade, e da piada, um libertador da mais triste das tiranias: a tirania do mau humor, da estupidez e da rigidez. Os autores pseudônimos, e eu com eles, somos todos subjetivos; eu não exijo nada melhor do que ser conhecido, em nossos tempos *objetivos*, como o único que não conseguia ser objetivo.

Que a subjetividade, a interioridade, é a verdade, que o existir é o decisivo, que seria este caminho o que se deveria tomar para o cristianismo, o qual é justamente interioridade, mas, note-se, não uma interioridade qualquer, razão por que com certeza não se poderia prescindir dos estádios preliminares: esta era a minha ideia. Nos escritos pseudônimos acreditei encontrar um empenho[734] similar, e procurei tornar clara minha concepção deles e a relação deles para com as minhas *Migalhas*. Se alcancei o que os autores tinham em mente, não posso saber com certeza, mas em todo caso quero aqui lhes pedir desculpas por tê-los de algum modo resenhado, embora meu comentário, justamente por não ter se envolvido com o conteúdo, não fosse, a rigor, uma resenha. Para mim jamais foi enigmático [saber] por que os autores pseudônimos sempre de novo dispensaram resenhas. Dado que a forma antitética da apresentação torna impossível relatar, porque um relato deixa de fora precisamente o que é o mais importante e falsamente transforma o escrito numa exposição docente, os autores têm toda a razão de preferir satisfazerem-se com uns poucos leitores verdadeiros, do que serem mal compreendidos pelos muitos que com uma resenha recebem algo para espalhar[735]. Essa é também minha opinião *qua* autor, e relembro aqui uma palavra de Zenão que, provocado pelo fato de Teofrasto ter muitos seguidores, disse: "O coro dele é mais numeroso, o meu é mais harmonioso". Justamente nesses dias reli essas palavras em Plutarco, num pequeno tratado sobre "como louvar a si mesmo de um modo lícito".

[VII 242] Minhas *Migalhas* se aproximaram do cristianismo de um modo decisivo, sem entretanto mencionar seu nome ou o de Cristo. Numa época onde predomina o saber, na qual todos são cris-

---

734. *Stræben*

735. *at løbe med*

tãos e sabem o que é o cristianismo, é demasiado fácil usar os santos nomes sem pensar nada ao fazê-lo, recitar a verdade cristã sem ter a menor impressão dela. Se alguém quiser admitir que o motivo por que esses nomes não foram mencionados era a minha ignorância, que eu não sabia que o fundador do cristianismo se chamava Cristo, e o seu ensinamento, cristianismo: por mim tudo bem. Sempre é bom ser conhecido por alguma coisa; de minha parte, eu não exijo nada melhor do que ser o único, em meio ao cristianismo, que não sabe que o fundador do cristianismo foi Cristo: ser ignorante, porém, é sempre melhor do que estar ciente disso tão bem como de cem outras trivialidades.

Quando então minhas migalhas filosóficas vieram a público e eu estava pensando num *postscriptum* para "dar ao problema uma vestimenta histórica", apareceu mais uma vez um escrito pseudônimo: *Estádios no caminho da vida*, um escrito que só atraiu a atenção de uns poucos (o que ele próprio prevê na p. 309 e na p. 376), talvez também porque não havia, como em *Ou isto – ou aquilo*, "O diário do sedutor", pois decerto foi este mais ou menos o mais lido e, naturalmente, contribuiu em especial para a sensação. Que essa obra tem uma relação com *Ou isto – ou aquilo* fica bastante claro e definitivamente mostrado pelo fato de serem utilizados, nas primeiras seções, nomes conhecidos daquela obra. Se o autor dos *Estádios* tivesse vindo conversar comigo, eu lhe teria desaconselhado, por razões estéticas, de lembrar uma obra anterior pelo uso de nomes conhecidos[736]. Em relação a tudo o que deve ser considerado arriscado, e que é arriscado por depender da sorte, [VII 243] é sempre duvidoso evocar uma recordação. Evitá-lo é fácil; fazê-lo é arriscar-se a si mesmo e à sua sorte numa ousada aventura, cuja periculosidade é expressa em várias passagens do escrito[737]. Conta-se a história de

---

736. Também por uma outra razão (assumindo, como aliás comumente se faz, que os escritos pseudônimos são de um único autor), eu o teria advertido contra o trabalho exaustivo [*anstrængede*]. Com efeito, a sagacidade recomenda que não se trabalhe zelosa e perseverantemente demais – senão os homens estúpidos pensam que se trata de um trabalho relaxado. Não, muito barulho, e aí uma pequena contribuição [*Præstation*]: então sim a plebe pensa que se trata de alguma coisa. Mas talvez eu não conseguisse nada; pois não é impensável que o próprio autor o tenha percebido mas tenha desdenhado agir com sagacidade, e considerado suspeito ganhar a admiração de numerosas pessoas.

737. Veja na p. 16: "Quão fácil não é dar um banquete, e contudo Constantin afirmou que jamais se arriscaria a isso outra vez! Quão fácil não é admirar, e contudo Victor Eremita afir-

um marinheiro que caiu do topo do mastro sem se machucar, levantou-se e disse: Quero ver quem faz o mesmo que eu fiz; mas muito provavelmente ele próprio se absteve de pretender fazê-lo outra vez. Assim, a repetição que envolve sorte e inspiração é sempre uma ousada aventura. Pois o que, pela comparação provocada, levanta uma exigência absoluta é a fecundidade de expressão, pois não é difícil repetir suas próprias palavras, ou repetir literalmente palavras escolhidas de modo feliz. Repetir o mesmo também quer dizer, portanto, alterar sob condições dificultadas pelo precedente; e enquanto o leitor curioso é repelido pelo fato de ser a mesma coisa, pois o leitor curioso reivindica mudanças exteriores em nomes, decorações, vestimentas, penteados etc., o leitor atento se faz mais rigoroso em suas reivindicações, pois ali não há absolutamente nada de aliciador[738], nada que distraia, não há adornamentos, nenhuma particularidade referente à aparência exterior de personagens desconhecidas e às condições climáticas de territórios distantes etc. Contudo, aquilo foi ousado, e o autor desconhecido não estava inconsciente do perigo, assim como dificilmente ignoraria por que Sócrates punha sua honra e seu orgulho numa única coisa: dizer sempre a mesma coisa e sobre a mesma coisa[739]. [VII 244] Ao atrever-se a isso, o autor pseudônimo

---

mou que jamais daria expressão a sua admiração (a saber, a Mozart), porque um malogro é mais terrível do que se tornar inválido na guerra!" Como um ético, o Assessor expressa com paixão ética o contrário, na p. 86: "Isso deve bastar sobre o casamento; neste momento, não me ocorre nada mais a dizer; numa outra vez, talvez amanhã, direi mais, mas 'sempre o mesmo e sobre a mesma coisa', pois apenas ciganos e ladrões e trapaceiros seguem o ditado: Nunca voltar para onde já se esteve uma vez".

738. *Bestikkende*

739. Pode-se ter uma oportunidade de obter uma profunda impressão [*Indblik/Indtryk (?)*] de uma pessoa – sobre se ela é espírito ou é determinada apenas pelos sentidos – averiguando o que ela entende por riqueza e por pobreza de um autor. [VII 244] Se um pastor aguentasse pregar por todo o ano sobre o mesmíssimo texto, rejuvenescendo-se constantemente a si mesmo numa nova opulência de expressão, ele seria, em minha opinião, incomparável, mas um ouvinte preso aos sentidos o consideraria tedioso. Se Oehlenschläger, no momento em que acabou de compor seu *Valborg*, pudesse tê-lo composto outra vez, a meus olhos teria sido até maior do que ele é. Compor *Signe* já é mais fácil, porque as condições, o campo onde as ações têm lugar, a redondeza etc., são diferentes. Mas escrever *Valborg*, deixar que o leitor o leia, depois escrever o mesmo *Valborg* de novo, o mesmo, isso quer dizer, todo o exterior seria o mesmo e bem conhecido; somente as delícias do amor apaixonado, na expressão dos lábios de Valborg, seriam novas, novas como um reflorescer: bem, mesmo se muitos o achassem tedioso, ele me permitiria achá-lo surpreendente. Uma das coisas que mais admirei em Shakespeare foi seu Falstaff, e entre outros motivos também porque ele vem a ser retomado [*gjentages*]. Ora, dá para entender, Falstaff não tem muitas cenas de cada vez, mas se Shakespeare pudesse ter mantido Falstaff inalterado em todos os cinco

obteve uma vitória indireta sobre um público leitor amante de novidades. Pois, quando esse público leitor passa os olhos[740] pelo livro e vê os nomes conhecidos de Victor Eremita, Constantin Constantius etc., joga fora o livro e diz, com enfado: É bem a mesma coisa de *Ou isto – ou aquilo*. O leitor amante de novidades diz, portanto: É a mesma coisa. E se um leitor desse tipo diz isso em alto e bom som, aí o autor pseudônimo pensa talvez desse modo: "Quem dera fosse realmente como tu dizes, pois tal juízo é um cumprimento, já que não pode ser entendido como se significasse que é literalmente o mesmo, palavra por palavra; mas eu de fato sinto que não tenho essa opulência de interioridade numa medida tão grande, e que por isso me aventurei a repetir apenas numa redução considerável e com considerável alteração nos pontos de partida. No entanto, como autor, tive uma vantagem sobre o editor de *Ou isto – ou aquilo*, pois o interesse pela novidade e as dimensões do livro e o *Diário do sedutor* ocasionaram um tumulto[741], dado que se acreditou que algo estava acontecendo lá, de modo que a obra foi comprada, e agora até dizem que está esgotada, aí, um argumento muitíssimo duvidoso acerca da qualidade do livro; a gente quase fica tentado a supor que se trata de um livro para presente de Ano-Novo. [VII 245] Eu, ao contrário, estou livre dos farejadores de curiosidades". Pois, em relação às diversões do [parque] Tivoli e à literatura para presente de Ano-Novo, vale para os escritores caça-níquel[742], e também para os que foram cativados por eles, que a mudança é a lei suprema; mas em relação à verdade como interioridade na existência, em relação a uma alegria incorruptível pela vida, que não tem nada em comum com o anseio por distração do desgosto da vida[743], vale o contrário, e a lei é: o mesmo, e contudo transformado, e contudo o mesmo. Vê, por isso os aficionados pelo Tivoli valorizam tão pouco a eternidade, pois é es-

---

atos, e então mais uma vez em cinco atos: bem, mesmo se muitos achassem isso tedioso, aí eu me permitiria achá-lo divino.

740. É indubitavelmente em relação a esse tipo de leitor curioso que a primeira terça parte do livro tem como mote estas palavras de Lichtenberg: *Solche Werke sind Spiegel: wenn ein Affe hinein guckt, kann kein Apostel heraus sehen* [Tais obras são espelhos: quando um macaco olha para dentro delas, nenhum apóstolo pode espiar lá de dentro].

741. *Opløb*

742. *Stüvefängere = Styverfængere*

743. *Livsledens Higen efter Adspredelse*

sencial à eternidade ser sempre a mesma, e a sobriedade do espírito se caracteriza por saber que a mudança no exterior é distração, mas a mudança no mesmo é interioridade. Mas, no total, o público leitor é tão curioso[744] que um autor que queira se livrar dele precisa apenas dar um pequeno aceno para se livrar, meramente um nome, e então o público diz: Isso é a mesma coisa. Pois, de resto, a diferença entre *Os estádios* e *Ou isto – ou aquilo* é bastante evidente. Para nem mencionar que dois terços dos *Estádios* são quase tão diferentes quanto é categoricamente possível[745], na primeira terça parte Victor Eremita, que antes era apenas o editor, é transformado numa individualidade existente; Constantin e Johannes o Sedutor são definidos de forma mais minuciosa; o Assessor [Guilherme] se ocupa com o matrimônio a partir de um ângulo inteiramente diferente daquele de *Ou isto – ou aquilo*, enquanto que o mais atento leitor dificilmente encontrará uma única frase, um único volteio de pensamento ou um giro de linguagem tal como se encontrava em *Ou isto – ou aquilo*.

Demorei-me propositadamente nessa questão porque isso, ainda que possa convir a um autor solitário, que justamente ama esta isolação, para mim significa algo mais, já que se relaciona com o que tenho enfatizado continuamente, que o [nosso] tempo[746] esqueceu o que significa existir e o que é a interioridade. Perdeu a fé em que a interioridade enriquece os conteúdos aparentemente pobres, [VII 246] enquanto que a mudança no exterior é apenas a distração que o fastio da vida e o vazio da vida tentam agarrar. É a razão por que as tarefas da existência vêm a ser rejeitadas. De passagem, se aprende o que é a fé; então, é claro, ela é conhecida. Então, busca-se agarrar um resultado especulativo e assim outra vez não se avançou nada. Então a Astronomia vem por um dia e desse modo a gente flana por todas as ciências e esferas e contudo não vive; enquanto os poetas, só para entreter os leitores, perambulam pela África, pela América,

---

744. *nysgjerrig*: ávido de novidades

745. Contudo, também em relação às duas terças partes, o próprio livro prediz que o público leitor as achará tediosas (cf. p. 268 supra, 367 infra e 368 supra). Uma história de amor é uma história de amor, diz um tal público leitor; se tivermos que a ler outra vez, então a cena terá de ser a África, pois o cenário é o que fornece a mudança, e um tal público leitor necessita de "cortejos, locações [*Egne*], muitos personagens – e por fim as vacas".

746. *Tiden*

e pelo diabo, pela Trebizonda, por R - - - -⁷⁴⁷, de modo que logo um novo continente deva ser descoberto, para que a poesia não jogue: "eu passo", e por quê? Porque a interioridade está se perdendo cada vez mais.

Vamos então começar pelas duas últimas terças partes do livro, cujo conteúdo é uma *História de sofrimento*. Sofrimento pode haver por toda parte, nos vários estádios da existência, mas quando um livro é organizado com um estádio estético, e então um estádio ético, e finalmente um estádio religioso, e só aqui então a palavra "sofrimento" é usada, isso parece indicar que o sofrimento se relaciona para com o religioso de modo diferente daquele para com o estético e o ético. O termo "história de sofrimento" parece por isso ser empregado de maneira enfática como uma categoria, como se o sofrimento tivesse uma significação decisiva em relação ao religioso. Assim, *História de sofrimento*, como [sub]título, parece querer significar algo diferente em relação ao título de Goethe, *Leiden des jungen Werther* [Os sofrimentos do jovem Werther], ou o *Leiden eines armen Theaterdirectors* [Os sofrimentos de um pobre diretor de teatro], de Hoffmann. Pois o sofrimento, em relação à existência estética e ética, é o acidental[748]; pode estar ausente, e ainda assim pode-se existir de modo pleno estética ou eticamente, ou, se se extrai aqui algum significado mais profundo, ele é como um momento transitório[749]. É diferente aqui, onde o sofrimento é posto como decisivo para a existência religiosa e, especificamente, como caracterizando a interioridade: quanto mais aí se sofre, tanto mais existência religiosa, e o sofrimento perdura. O autor, então, quando escolheu como título *uma história de sofrimento*, não estava em apuros, à procura de um título qualquer para seu escrito, mas tinha com isso algo muito específico em mente, e ele próprio o enfatizou (cf. todo o § 5, p. 353ss., especialmente o meio da p. 357). Enquanto que a existência em termos estéticos é essencialmente gozo, e a existência em termos éticos é essencialmente luta e vitória, em termos religiosos a existên-

---

747. *Rouen*, nome de uma cidade francesa, que, escrito à maneira dinamarquesa (*Røven*) assume um significado chulo. O Autor extrai a citação de uma comédia de Holberg: *Gert Westphaler* [N.T.].

748. *det Tilfældige:* o fortuito

749. *Gjennemgangsmoment*: momento de transição

cia é sofrimento, e não como um momento transitório, mas como um companhamento contínuo; o sofrimento é, para lembrar as palavras de Frater Taciturnus, as 70.000 braças de água sobre cujas profundezas se encontra, continuamente, a pessoa religiosa. [VII 247] Mas sofrimento é precisamente interioridade e encerrando-se frente à interioridade existencial estética e ética. Até nas conversas do dia a dia, quando dizemos de alguém que sofreu muito, costumamos associar prontamente a isso a representação da interioridade.

O título da história de sofrimento é: *Culpado? – Não culpado?* Os pontos de interrogação constituem, obviamente, uma alusão ao processo judicial. Um romancista, muito provavelmente, uniria as duas partes do título, e um público leitor que deseja o resultado teria provavelmente gostado de ver isso. O título ficaria, então, por exemplo: "Infiel, mas mesmo assim um homem de honra", "Uma promessa quebrada, e contudo uma fidelidade eterna", *ad modum* [*lat.*: ao modo de] "Um oficial dos Hussardos, e contudo um bom marido" etc. Na página de título, fica prontamente decidido o que é o quê, e o leitor fica tranquilizado. O leitor não fica apreensivo, nem pela existência, nem pela exatidão dialética da categoria; a narrativa é uma encantadora mixórdia de um pouco do estético, um pouco do ético e um pouco do religioso. Mas o que propriamente ocupa uma pessoa que pensa não é o aprender algo depois do fato, mas justamente o tornar-se contemporânea de um existente em sua existência. E, na tensão entre as questões inquisitoriais, submetido penosamente ao agudo exame das questões, existe o *Quidam* do experimento. Se a desgraça da nossa época está em ter esquecido o que é a interioridade e o que significa existir, é de fato especialmente importante chegar o mais perto possível da existência. Por isso, o experimento não toma seu ponto de partida num momento posterior no tempo e relata um conflito interessante como algo já passado, não relaxa, de jeito nenhum, a tensão do conflito numa conclusão tranquilizadora, mas, com sua forma implicante, torna o leitor até mais contemporâneo do que ele consegue se tornar de uma realidade contemporânea, e o abandona aí, ao não fornecer uma conclusão. Um livro sem conclusão já foi escrito antes, sem dúvida; o autor pode ter morrido ou perdido a vontade de completá-lo etc. O caso aqui não é esse; que não haja um final, um resultado, é entendido, tal como antes o sofrimento, como sendo uma determinação categorial relativa à existência religiosa. O próprio Frater Taciturnus desenvolve este ponto (cf. § 3, p. 340, 343 acima). Mas a ausência de resultado é precisamente uma determinação da interioridade, pois resultado é algo externo, e a comunicação de um resultado uma relação externa entre um que sabe e um que não sabe.

A história de sofrimento foi chamada de um experimento, e o próprio Frater explica o seu significado (§ 3).

A *História de sofrimento* continha uma conexão com *A repetição* (cf. p. 313 e 339, infra). A diferença, contudo, é muito evidente quando se considera a determinação categorial, [VII 248] que pode, só ela, ter interesse para o pensamento, enquanto a diferença nos trajes de fantasia interessa as galerias, que por isso provavelmente também aceita que a maior atriz é aquela que pode atuar não apenas em variados trajes femininos fantásticos, mas até mesmo trajando com decência calça e jaqueta com colarinho engomado, já que se determina o alcance do desempenho artístico[750] pelo do figurino e, por isso, considera a mais pobre das atrizes aquela que em especial tem os papéis em que atua com seus próprios trajes. Em vez de serem mantidas separadas, como em *A repetição*, a sensatez e a espontaneidade superior da juventude, em Constantin como o sensato, e no Jovem como o apaixonado, esses dois fatores são combinados num só, no *Quidam* do experimento, com o que o duplo movimento se torna necessário e nítido, e até a *seriedade* se compõe de troça e seriedade (cf. p. 283). É a mesma pessoa que, com seu entendimento, vê o cômico e sofre o trágico[751] e, fora da unidade entre o cômico e o trágico, escolhe o trágico (cf. p. 327 e 328 supra). Em *A repetição*, ironia e sentimentalidade estão postas em relação recíproca; na *História de sofrimento*, o humor passa ao primeiro plano. O próprio Constantin precisava participar e assumir *partes* [*lat.*: papéis], enquanto que Frater Taciturnus fica inteiramente de fora, como um "inspetor de polícia", pois *Quidam* tem inteligência suficiente, e o humor é alcançado pelo fato de ele mesmo representar os elementos

---

750. *Kunst-Præstationens*

751. Um pequeno mote de *Quidam* sugere prontamente a humorística atmosfera dúplice de ânimo, enquanto que a epígrafe latina "*Periissem nisi periissem* [Eu teria perecido, se não tivesse perecido]" é uma revogação patética [*lidende*] humorística da coisa toda.

discretos. Se se deixa de fora a personagem feminina, que, tanto na *História de sofrimento* quanto em *A repetição*, só participa indiretamente, então há dois personagens em *A repetição*, e apenas um na *História de sofrimento*. "A coisa se torna cada vez mais entediante; não há nem ao menos algo como suicídio, ou loucura, ou nascimento clandestino, ou qualquer coisa desse tipo. Além disso, quando o autor escreveu a primeira história de amor, já esgotou o material; então, deve exercitar-se em outra direção, por exemplo, uma história de bandido". - Frater Taciturnus se define como ocupando um nível inferior de existência em relação à de [VII 249] *Quidam*, visto que este tem uma nova imediatidade. Já Constantin não deixava de estar inclinado a isso na relação com o Jovem, mas tinha contudo a sensatez e a ironia de que carece o Jovem. Comumente, imagina-se isso de outro modo, que o experimentador, o observador, seja superior, ou se situe acima do que o que ele produz. Daí a facilidade em prover resultados. Aqui é o contrário; o sujeito do experimento descobre e demonstra o mais alto, mais alto não no sentido de entendimento e pensamento, mas no sentido da interioridade. A interioridade de *Quidam* se reconhece justamente por ter ele sua interioridade definida pelo contraste que há nele mesmo, por ele próprio perceber como algo cômico o que, no entanto, está nele com toda a paixão da interioridade. Uma interioridade feminina como dedicação é menos interioridade, pois sua direção é obviamente para fora, voltada para algo, enquanto que a presença do contraste significa, especialmente, a direção para dentro. O próprio *Quidam* é a unidade do cômico e do trágico, porém ele é mais do que esta unidade; está para além dela na paixão (o comitrágico, cf. § 2 *passim*). O Frater é essencialmente humorista e demonstra, por repulsão, justo por isso, a nova imediatidade.

Assim o humor avançou como último *terminus a quo* em relação ao religioso cristão. Na ciência moderna, o humor se tornou o mais alto, *para além* da fé. Ou seja, a fé seria o imediato, e pela especulação, que vai além da fé[752], alcança-se o humor. Isso é uma confusão geral em toda a especulação sistemática, quando esta quer tomar conta do cristianismo. Não, o humor encerra[753] a imanência dentro

---

752. *gaaer ud over Troen*

753. *slutter... af*

da imanência, situa-se ainda essencialmente no recuo da recordação saindo da existência rumo ao eterno, e só a partir daí[754] iniciam a fé e os paradoxos. O humor é o último estádio na interioridade da existência antes da fé. Por isso, segundo a minha ideia, ela deveria ser adiantada de modo que nenhum estádio atrás dela fosse deixado despercebido, o que, mais tarde, poderia causar confusão. Isso aconteceu agora na *História de sofrimento*. Humor não é fé, mas antecede a fé; não está para além da fé, nem é um desenvolvimento da fé. Pois, entendido de modo cristão, não há nenhum ultrapassar a fé[755], porque a fé é o mais alto – para um existente, o que já foi suficientemente desenvolvido nas páginas precedentes. Mesmo quando o humor quer exercitar-se com os paradoxos, ele não é a fé. O humor não leva aí consigo o aspecto de sofrimento do paradoxo nem o aspecto ético da fé, mas apenas o aspecto divertido. É, de fato, um sofrimento, um martírio da fé mesmo em tempos de paz, ter a beatitude de sua alma relacionada a algo acerca do qual o entendimento desespera. O humor imaturo, ao contrário, que até fica para trás do que eu, falando propriamente, chamo de humor num equilíbrio entre o cômico e o trágico – [VII 250] este humor imaturo é uma espécie de irreverência de estudante que prematuramente saltou fora da reflexão. Cansado do tempo e da infindável sucessão do tempo, o humorista salta fora e encontra um alívio humorístico ao estatuir o absurdo, tal como pode ser um alívio parodiar o significado da vida ao enfatizar o insignificante paradoxalmente, abandonar tudo e concentrar-se em jogar boliche e domar cavalos. Mas isso é o humor imaturo falsificando o paradoxo, como um incitamento à arbitrariedade de uma paixão melancólica[756]. Este humor imaturo, bem longe de ser religiosidade, é antes um refinamento estético que salta por sobre o ético.

Que a fé e o religioso cristão sejam precedidos pelo humor, mostra, de resto, quão enorme âmbito existencial é possível fora do cristianismo e, por outro lado, a intensidade de vida[757] que é condição

---

754. *først da*

755. *ingen Gaaen ud over Troen*

756. *tungblodet*

757. *Udlevelse*: SKS K7 dá como sinônimos *Livsudfoldelse* e *Livserfaring*; Swenson optou por *experience of life*, Junghans justificou *Lebensentfaltung*; já os Diderichsen optaram por

para se abraçar, propriamente, o cristianismo. Mas, em nossa época, não se existe de jeito nenhum, e então está certo que qualquer um seja cristão sem mais nem menos. Já como criança a gente se torna cristã, o que pode ser muito bonito e bem-intencionado por parte dos pais cristãos, mas é ridículo quando o próprio interessado pensa que assim tudo já está decidido. Pastores obtusos[758] de fato apelam muito literalmente à passagem bíblica, literalmente entendida: de que ninguém entra no Reino de Deus, se não entrar como uma criancinha. Sim, que coisa mais doce e graciosa o cristianismo pode vir a ser com a ajuda da infantilidade de pastores desse tipo! Desse modo os apóstolos seriam até excluídos, pois desconheço que eles tenham entrado como crianças pequenas. Dizer ao espírito mais amadurecido: Sim, meu amigo, se vais tentar te tornar uma criancinha de novo, então te tornarás um cristão – vê, este é um discurso difícil, que se refere à doutrina que era um escândalo para os judeus e para os gregos uma loucura. Mas entender este discurso obscuro de modo como se toda dificuldade fosse removida com o ser batizado enquanto se é uma criancinha e morrendo-se o mais cedo possível, é uma estupidez que é diametralmente oposta à categoria do cristianismo (que, paradoxalmente, acentua a existência temporal) e que nem captou a visão pagã que deixa a criancinha chorar nos Campos Elíseos porque morreu tão cedo, o que, porém, sempre reconhece ao menos alguma importância ao tempo. Por ocasião de sua entrada no mundo o cristianismo não foi proclamado para crianças, mas para uma desgastada religiosidade judaica, um mundo exausto de ciência e arte. Primeiramente o primeiro, depois então o próximo. Se ao menos esta época tivesse tanta interioridade de existência quanto um judeu ou um grego, [VII 251] então ainda se poderia falar de uma relação com o cristianismo. Mas se alguma vez foi terrivelmente difícil tornar-se um cristão, logo isso será certamente impossível, porque tudo se tornou uma trivialidade. Um filósofo grego era verdadeiramente um homem que podia pensar e por isso significava alguma coisa quando o cristianismo se definia como um ensinamento que se torna um escandalo para os judeus e loucura para os gregos, pois o judeu também tinha suficiente inte-

---

Ausleben der Existenz, próximo do *détachement*, de Petit, e do *desapego*, da tradução espanhola [N.T.].

758. *Dumme Præster*

rioridade religiosa para ser capaz de ficar escandalizado. Mas tudo isso se tornou obsoleto na preguiçosa geração que vive agora, e que, na média, tem indubitavelmente muito mais cultura[759] do que era o caso antes, mas que não tem paixão, nem do pensamento, nem da religiosidade. É possível, fora do cristianismo, não só gozar a vida, mas também dar significado e conteúdo a ela, como, aliás, os mais renomados poetas e artistas, os mais eminentes pensadores, até mesmo homens piedosos, têm vivido fora do cristianismo. O próprio cristianismo esteve indubitavelmente consciente disso, e, contudo, não se considerou autorizado a mudar sua condição[760], e quanto mais maturidade espiritual tanto mais o paradoxo se torna uma coisa terrível, a inalterada condição do cristianismo, o sinal de escândalo e loucura. Mas não transformemos o cristianismo, em seus velhos dias, num taberneiro empobrecido[761], que ainda precisa dar um jeito de inventar alguma coisa para atrair fregueses, ou num aventureiro que quer tentar sua sorte no mundo. Compreende-se que a rigor não se pode dizer que o cristianismo tenha feito sucesso quando no seu tempo veio ao mundo, já que deu sua partida com crucifixão, flagelação, e coisas similares. Mas sabe Deus se é realmente seu desejo fazer sucesso no mundo, eu antes penso que ele se envergonha de si mesmo, como um homem idoso que se viu emperiquitado[762] de acordo com a moda, ou, melhor, penso que ele acumula ira contra os homens quando vê a figura distorcida que seria o cristianismo, uma erudição de sarau, saturada de perfume e sistematicamente acomodada, cujo segredo todo se reduziria a meias medidas e então uma verdade até certo ponto: uma cura radical (e só como tal ele é o que é) agora transformada numa vacinação, e a relação para com ela em algo assim – como ter um atestado de vacina. Não, o paradoxo cristão não é algo que é assim e assado, algo maravilhoso e contudo não tão maravilhoso; sua verdade não é como a opinião de Salomon Goldkalb: *vieles* [muito] para frente *und* [e] para trás, *und* sim *und* não ao mesmo tempo[763]. [VII 252] A fé não é algo que qualquer um

---

759. *Dannelse*

760. *Vilkaaret*

761. *reduceret*

762. *udpyntet*

763. Citação de peça de Heiberg, que mistura palavras alemãs com as dinamarquesas [N.T.].

possua, e algo em que nenhum homem culto possa se manter sem se envergonhar. Se ela se deixa agarrar e afirmar pela mais simples das pessoas, é tanto mais difícil de ser alcançada pela pessoa culta. Que humanidade maravilhosa, inspiradora, cristã: o que há de mais alto é comum a todos os seres humanos, e os mais afortunados são só aqueles que passaram pela escola mais severa.

Mas voltemos aos *Estádios*. O livro é visivelmente diferente de *Ou isto – ou aquilo* por uma tripartição. Há três estádios, um estético, um ético, um religioso; porém, não abstratamente, como o mediato-imediato, a unidade[764], mas concretamente na determinação da existência como gozo – perdição, ação – vitória, sofrimento. Contudo, a despeito dessa tripartição, o escrito é, ainda assim, plenamente um *Ou isto – ou aquilo*. Com efeito, o estádio ético e o religioso estão numa relação essencial um com o outro. A inadequação de *Ou isto – ou aquilo* estava justamente no fato de que a obra terminava eticamente, como foi mostrado. Nos *Estádios* isso ficou mais nítido, e o religioso assegurou seu lugar.

Os estádios estético e ético são reapresentados, num certo sentido como recapitulação e no entanto como algo novo. De fato, seria um testemunho de pobreza da interioridade existencial se todo estádio desse tipo não pudesse ser rejuvenescido na apresentação, embora possa ser arriscado ignorar o aparente apoio de exterioridades, com coisas como escolher novos nomes e outras tais, na tentativa de enfatizar a diferença. O ético concentra-se novamente sobre o casamento, como a revelação dialeticamente mais complexa da realidade. Contudo, ele traz à tona um novo aspecto e sustenta em especial a categoria do tempo e sua significação como o meio para aquela beleza que cresce com o tempo, enquanto que, visto esteticamente, tempo e existência no tempo são mais ou menos um retrocesso.

Pela tripartição, altera-se a posição existencial recíproca dos estádios. Em *Ou isto – ou aquilo*, a posição[765] estética é uma possibilidade de existência e o ético é existente. Agora o estético é existente; o ético é combatente, combatente *ancipiti proelio* [*lat*.: numa

---

764. *det umiddelbare Middelbare, Eenheden*; outra tradução possível, supondo com Swenson uma vírgula que faltaria: *o imediato, o mediato, a unidade* [N.T.].

765. *Standpunkt*

batalha de resultado incerto] contra o estético⁷⁶⁶, que, contudo, ele facilmente torna a vencer, não com sedutores dons do espírito, mas com paixão ética e *pathos*; e contra o religioso⁷⁶⁷. Ao chegar a uma conclusão, o ético faz o máximo que pode para se proteger contra a forma decisiva de uma posição mais alta. Está bem que ele se defenda desse modo, já que afinal ele não é um ponto de vista, mas sim uma individualidade existente. [VII 253] Constitui também uma confusão fundamental na ciência mais moderna que, sem mais, se confunda a abstrata observação de pontos de vista com o existir, de modo que se alguém está informado sobre os pontos de vista, está, por isso mesmo, existindo; enquanto que qualquer individualidade existente justamente como existente precisa ser mais ou menos unilateral. Visto abstratamente, não há por certo nenhum conflito decisivo entre pontos de vista, porque a abstração justamente descarta aquilo em que reside a decisão: o *sujeito existente*; mas, não obstante, a transição imanente é uma quimera, uma fantasia, como se o ponto de vista, por si mesmo, determinasse necessariamente sua transição para um outro, dado que a categoria da transição⁷⁶⁸ é, ela mesma, uma quebra na imanência, é um *salto*.

O esteta em *Ou isto – ou aquilo* era uma possibilidade de existência; era um jovem, ricamente dotado, uma pessoa um tanto promissora que estava fazendo experiências consigo mesma e com a vida, alguém "de quem a gente não poderia jamais ficar com raiva, porque nele o mal, tal como na representação medieval a respeito, tinha um ingrediente de infantilidade"; e porque ele não era propriamente nenhuma realidade, mas "uma possibilidade de tudo": é assim que o esteta penetra, por assim dizer, na sala de estar do Assessor⁷⁶⁹. Em sua relação com ele, o Assessor foi acolhedor⁷⁷⁰, eticamente seguro, e essencialmente exortativo, assim como uma pessoa um tanto mais velha e mais madura se relaciona

---

766. *mod det Æsthetiske*

767. *og mod det Religieuse*

768. *Overgangens Categorie*

769. Mesmo o *Diário do sedutor* era apenas uma possibilidade de horror, que o esteta, em sua existência tateante, havia invocado, precisamente porque ele, sem ser realmente nada, tinha que experimentar tudo na possibilidade.

770. *gemytlig*

com uma mais jovem, cujos talentos e superioridade intelectual ela, de algum modo, reconhece, embora tenha incondicionalmente seu poder sobre ela, pela segurança, experiência e interioridade no viver. Nos *Estádios*, o estético se apresenta na existência de modo mais determinado e por isso é latentemente manifesto, na própria apresentação, que a existência estética, mesmo quando uma luz mais suave cai sobre ela, embora ela seja sempre essencialmente brilhante, é perdição. Mas não é um ponto de vista exterior, como o do Assessor, que torna isso claro, como uma advertência, ao jovem, cuja vida não está ainda decidida no sentido mais profundo. Para exortar contra uma existência decididamente estética é tarde demais; querer exortar Victor Eremita, Constantin Constantius, o Modista, ou Johannes o Sedutor [VII 254], é tornar-se ridículo e produzir um efeito tão cômico quanto a situação que certa vez experimentei: na precipitação do perigo, um homem agarra uma bengalinha de brinquedo de seu filho para com ela – espancar um enorme bandido que invadira sua sala. Embora também ameaçado, comecei involuntariamente a rir, porque parecia que ele estava batendo em roupas de varal. A relação entre o Assessor e o Esteta em *Ou isto – ou aquilo* fez com que fosse natural e psicologicamente apropriado ao Assessor fazer exortações. Entretanto, mesmo nessa obra, não havia decisão em sentido definitivo (v. Prefácio), de modo que o leitor pudesse dizer: Olha – agora isso está decidido. Um leitor que precise da confiabilidade de uma reprimenda, ou de um final infeliz (por exemplo, loucura, suicídio, miséria etc.), para ver que o ponto de vista é falso, ainda não percebe nada e está apenas imaginando; e como autor comportar-se desse modo é escrever à maneira feminina para leitores infantilizados[771]. Toma uma figura

---

771. Desejo lembrar aqui mais uma vez algo que, entre outros, Frater Taciturnus enfatiza com bastante frequência. A filosofia hegeliana culmina na proposição de que o exterior é o interior e o interior é o exterior. Com isso, Hegel encerrou. Mas este princípio é essencialmente um princípio estético-metafísico, e assim a filosofia hegeliana se encerra, de modo feliz e seguro, sem se ocupar com o ético e o religioso, vale dizer, finaliza de maneira fraudulenta misturando tudo (inclusive o ético e o religioso) no estético-metafísico. Já o ético põe uma espécie de relação de oposição entre o exterior e o interior, na medida em que põe o exterior na indiferença; a exterioridade, como matéria para a ação, é indiferente [*indifferent*], pois a intenção é o que se acentua eticamente; o resultado como exterioridade da ação tanto faz [*er ligegyldig*; é indiferente], pois a intenção é o que se acentua eticamente, e é justamente antiético [*usœdeligt*] preocupar-se com [*at bryde sig om*, dar importância a] o resultado; a vitória no exterior não prova, eticamente, absolutamente nada, porque, eticamente, a questão é apenas a respeito do interior; a punição no exterior é uma insignificância, e então longe de insistir com afã estético

como a de Johannes o Sedutor. [VII 255] Quem necessita que ele enlouqueça ou se dê um tiro para ver que seu ponto de vista é perdição, não o vê, não obstante, mas apenas se ilude. Ou seja, quem compreende, o compreende tão logo o Sedutor abre a boca; em cada palavra, ouve sua perdição e o juízo sobre ele. O leitor que requer a punição externa só faz papel de bobo, pois afinal se pode tomar uma pessoa muito gentil, deixá-la enlouquecer, e aí um leitor desses crerá que seu ponto de vista era injustificado.

O estádio estético está representado por *"In vino veritas"*. Aqueles que aqui aparecem certamente são estetas, mas não são de jeito nenhum ignorantes a respeito do ético. Portanto, não são apenas apresentados, mas apresentados como pessoas que obviamente sabem prestar contas de sua existência. Em nosso tempo, acredita-se que o saber é o que decide e que, tão logo se chega a saber a verdade, e quanto mais breve e rapidamente melhor, já se está socorrido. Mas existir é algo completamente diferente de saber. – O Jovem é quase que somente uma possibilidade e por isso ainda há esperança para ele. Ele é essencialmente melancolia intelectual (o Ético o explica nas p. 87, 88, no alto, 89). Constantin Constantius é endurecimento do entendimento (cf. o Ético, p. 90. A concepção de Constantin do ciúme se encontra na p. 99, embaixo, e na p. 100, no alto). Victor Eremita é ironia simpática (cf. o Ético, p. 107 e 108. O atentado de Victor ao matrimônio se encontra na p. 85). O Modista é desespero demoníaco em paixão. Johannes o Sedutor é perdição na frieza, uma individualidade "marcada" e extinta[772]. Todos eles são coerentes até o desespero. Tal como na segunda parte de *Ou isto – ou aquilo* encontramos resposta e uma retificação de cada incorreção[773] da primeira parte, assim também se encontrará aqui

---

na visibilidade da punição, o ético orgulhosamente diz: Vou punir, está certo, mas no interior, e é justamente antiético avaliar a punição no exterior como algo que se pode comparar à do interior. – O religioso põe de modo bem determinado a oposição entre o exterior e o interior, definido como oposição; aí reside justamente o sofrimento como categoria existencial para o religioso [*for det Religieuse*], mas aí também reside a infinitude interior da interioridade [*Indvorteshed*] voltada para dentro. Se não estivesse reservado para a nossa época ignorar totalmente [*lade reent være*] o existir, seria impensável que uma sabedoria como a hegeliana [VII 255] pudesse ser considerada o que há de mais alto, o que talvez possa ser para contempladores estéticos, mas não para existentes éticos ou religiosos.

772. *uddød*: sem vida

773. *Misvisning*

a explicação junto ao Ético, só que este essencialmente fala por si[774] e em parte alguma leva diretamente em consideração o que, de acordo com a estrutura da obra, não se pode afirmar que ele saiba. Assim, é deixado ao próprio leitor reunir tudo isso por sua conta, se assim o quiser, mas nada é feito para a comodidade de um leitor. [VII 256] É dessa, logicamente, que os leitores gostam; querem ler livros à maneira dos reis, como um rei lê uma petição, com resumos marginais que o livram de se aborrecer pela prolixidade dos peticionários. Com relação aos autores pseudônimos, isso seria decerto um mal-entendido por parte do leitor; pois pela impressão que tenho deles, não estavam procurando, que eu saiba, qualquer coisa que seja da Nobilíssima Majestade que é a maioria do público leitor. Isso também me soaria muitíssimo estranho. De fato, sempre tive para mim que um autor é alguém que sabe mais do que o leitor, ou que sabe o mesmo de um modo diferente; por isso ele é autor, e não fosse assim não deveria tratar de ser autor. Por outro lado, nunca me ocorreu que um autor fosse um suplicante, um mendigo à porta do leitor, um bufarinheiro[775] que, graças a uma lábia satânica e aos adornos dourados da encadernação, que certamente cativam os olhos das meninas da casa, impinge seus escritos às famílias.

Johannes o Sedutor encerra com a afirmação de que *a mulher é apenas o instante*. Essa é em sua generalidade a proposição estética essencial, que o instante é tudo e, nesse sentido, por sua vez, é essencialmente nada, tal como a proposição sofística de que tudo é verdadeiro significa que nada é verdadeiro. A concepção do tempo é, no geral, o decisivo para todo ponto de vista, até o paradoxo que paradoxalmente acentua o tempo. Na mesma medida em que o tempo é acentuado, na mesma medida se avança do estético, do metafísico, para o ético, o religioso e o religioso-cristão.

Onde Johannes o Sedutor para, inicia o Assessor: *que a beleza da mulher aumenta com os anos*. Aqui o tempo é acentuado eticamente, mas no entanto não de modo a impedir que seja possível o recuo da existência em direção ao eterno, pela recordação.

---

774. *utaler sig*
775. *Bissekræmmer*

O estádio estético é mencionado muito brevemente e, sem dúvida para acentuar o religioso corretamente, o autor chamou a primeira parte de *"Uma recordação"*, a fim de, forçando o estético a recuar, ressaltar tanto mais o estádio ético e em especial o religioso.

No que tange mais de perto ao conteúdo do escrito não entrarei em maiores detalhes. Sua significação, se é que tem alguma, consistirá na interioridade existencial dos diferentes estádios, variegadamente visualizados sob a forma de paixão, ironia, *pathos*, humor, dialética. [VII 257] Tais coisas, naturalmente, não ocupam os docentes. *Am ende* [*al.*: afinal], talvez não fosse impensável que um docente levasse tão longe a cortesia que, *en passant* [*fr.*: de passagem], entre vírgulas, numa nota a um parágrafo do sistema, dissesse deste autor: Ele representa a interioridade. Com isso o autor e um ignorante público leitor já teriam aprendido tudo. Paixão, *pathos*, ironia, dialética, humor, entusiasmo etc., são considerados pelos docentes como algo subordinado, que qualquer um possui. Por isso, quando se diz: Ele representa a interioridade – então, nessas breves palavras, que qualquer um pode dizer, tudo está dito, e muito mais do que o autor havia dito. Qualquer um sabe o que deve pensar com isso, e qualquer docente facilmente poderia ter realizado[776] tudo nessa área, mas o deixara para sujeitos limitados[777]. Se qualquer um realmente sabe, de modo mais concreto, o que é interioridade, e se qualquer um, como autor, pode realizar algo nessa área, deixarei em aberto. De cada um que se cala, estou disposto a aceitá-lo, porém os docentes jamais se calam.

Contudo, como já foi dito, nada tenho a ver com o conteúdo do escrito. Minha tese era de que a subjetividade, a interioridade, é a verdade. Isso era para mim o decisivo com relação ao problema do cristianismo e, partindo da mesma consideração, pensei que deveria perseguir um certo empenho nos escritos pseudônimos, que, até o último, honestamente abstiveram-se de ensinar de modo docente, e pensei que deveria prestar uma atenção privilegiada ao último deles, porque veio a público depois de minhas *Migalhas* e, reproduzindo livremente temas mais antigos, lembra os mais antigos e, por meio do humor como *confinium* [*lat.*: território limite], define o estádio religioso.

---

776. *kunnet præstere*

777. *reducerede Subjekter*

pensamento humano

Confira outros títulos da coleção em

livrariavozes.com.br/colecoes/pensamento-humano

ou pelo Qr Code

Conecte-se conosco:

- facebook.com/editoravozes
- @editoravozes
- @editora_vozes
- youtube.com/editoravozes
- +55 24 2233-9033

www.vozes.com.br

Conheça nossas lojas:

www.livrariavozes.com.br

Belo Horizonte – Brasília – Campinas – Cuiabá – Curitiba
Fortaleza – Juiz de Fora – Petrópolis – Recife – São Paulo

EDITORA VOZES — VOZES NOBILIS — Vozes de Bolso — Vozes Acadêmica

EDITORA VOZES LTDA.
Rua Frei Luís, 100 – Centro – Cep 25689-900 – Petrópolis, RJ
Tel.: (24) 2233-9000 – E-mail: vendas@vozes.com.br